会計と会計学のレーゾン・デートル

友岡 賛 著

慶應義塾大学商学会 商学研究叢書 22

慶應義塾大学出版会

緒　言

　筆者にとって22冊目の本に該るこの書は，偶さかながら，慶應義塾大学商学会の商学研究叢書の第22巻として上木される。

　そうした本書は前々著『会計学の基本問題』(2016年) の続篇に該る。前々著は峯村信吉 (1920 ～ 1993年)，山桝忠恕 (1922 ～ 1984年)，および會田義雄 (1923 ～ 1995年) の三教授に捧げられた[1]が，この商学研究叢書は山桝の『監査制度の展開』(1961年) をもって第1巻とし，また，峯村の『会計学の基本問題』(1969年) もこの叢書の一巻として刊行されている。そこに自著も加えられることとなって，望外の喜び，というほどのことはないが，些か感慨めいたものはないでもない。

　前々著の序は「気が付けば，会計学を生業とするようになってから久しいが，この間，何をしてきたのかといえば，要するに，会計とは何か，を考えてきた」[2]として「本書もまた，要するに，会計とは何か，を扱っている」[3]と続けた。続篇のこの本も大同小異かもしれないが，ただしまた，本書の趣旨は『会計と会計学のレーゾン・デートル』というタイトルに言い尽くされている。

2017年9月3日，三田山上にて

友岡　賛

1　友岡賛『会計学の基本問題』2016年，1頁。
2　同上，1頁。
3　同上，1頁。

謝　辞

　慶應義塾大学出版会の木内鉄也氏には洵にお世話になりました。木内さん
を編集者として出す本はこれが4冊目ですが，毎々のことながら，木内さん
に任せておけば安心，ということです。

　また，慶應義塾大学商学会の商学研究叢書の一巻としての本書の刊行につ
いては商学会委員会に種々の便宜を受けています。

　木内氏および某委員長を首めとする商学会委員会の諸氏に万謝します[4]。

4　商学会の委員長は筆者ですが，しかし，お手盛りではありません。

引用について

　原文における（　）書きや太文字表記や圏点やルビの類いは，原則として，これを省略した。したがって，引用文におけるこの類いのものは，特に断りがない限り，筆者（友岡）による。

　また，引用に際して，旧字体は，原則として，これを新字体に改め，促音や拗音の類いが小文字表記されていない場合は小文字表記に改め，漢数字は多くの場合，算用数字に改めるなどの加筆を施している。

目　　次

緒　言　*1*
謝　辞　*2*
引用について　*3*

序　章　会計と会計学————————————*9*

会計と会計学　*9*／『会計発達史』における会計学　*14*／近代会計学の父ルカ・パチョーリ　*16*／会計に固有のもの，あるいは会計の特徴　*19*

第1部
会計が拘るべきもの ——守るべき構造は何か

第1章　複式簿記への固執と未来指向の否定————————*29*

［単式簿記 → 複式簿記］の否定　*29*／複式簿記　*31*／複式簿記の前の簿記　*35*／会計責任　*39*／スチュワードシップ　*41*

第2章　公正価値会計という行き方————————*47*

現在価値は時価なのか　*47*／［原価 vs. 時価］と種々の会計システム　*50*／「測定属性」　*51*／［原価 vs. 時価］と種々の会計システム（続）　*54*／取得原価会計の短所と，しかし，それが支持されてきた事訳　*54*／現在価値の擡頭　*56*／公正価値　*59*／公正価値ないし現在価値と情報の有用性　*64*

第3章　取得原価会計の存在理由—————————————————69

取得原価主義会計論　*69*／取得原価会計の論拠　*70*／アカウンタビリティ説　*71*／会計企業経験記録説　*73*／貨幣（名目）資本による損益計算説　*74*／収支計算による損益計算説　*75*／客観性としての原価説　*76*／取得原価会計の必然性ないし存在理由　*79*／実現主義と名目資本維持　*80*／名目資本維持の性格と意義　*84*

第4章　収益費用アプローチ，取得原価主義，
　　　　そして名目資本維持—————————————————87

会計をして会計たらしめているもの　*87*／収益費用アプローチ　*88*／取得原価主義　*95*／名目資本維持　*100*

第5章　発生主義の存在理由—————————————————103

発生主義と現金主義　*104*／現金主義と清算　*106*／発生主義と現金主義（続）　*107*／実現と対応　*110*／もたらしたもの，もたらされたもの　*116*

第6章　減価償却思考確立の胚胎と逡巡—————————————119

固定資産の認識　*119*／減価償却の意義　*120*／「depreciation」　*121*／複会計システム　*124*／取替法と廃棄法　*129*／漸うか　*132*

第7章　会計の構造的枠組みの境界—————————————————137

問題の所在　*137*／粗筋　*138*／純資産の部の導入　*139*／中間独立項目と資本直入項目　*140*／曖昧さの排除　*144*／純利益と包括利益　*148*

目　次　7

第2部
会計が果たすべきこと ──担うべき機能は何か

第8章　財務会計論の前提としての株式会社論──────153

株式会社の要件と起源　153／「株式会社」と「joint-stock company」
155／ロシア会社　157／ジョイント–ストック・カンパニーと株式会
社　164／会計が行われる状況　169

第9章　債権者保護と株主の責任──────173

株主と経営者の関係　173／債権者保護と利害調整　175／有限責任制
と債権者保護　180／利害調整機能における計算　183／情報提供の意
義　185／利害調整機能への集約　187

第10章　財務会計と管理会計──────189

山桝を取り上げることについて　189／「会計」の定義と会計学の対
象　191／二つの会計における疑義　194／財務会計と管理会計　197
／「財務」概念の拡大の可能性　201

第11章　簿記の機能と会計との関係──────207

山桝説　207／計算は簿記か　210／簿記と財務諸表の作成　214／「簿
記」の定義の意義　215／複式簿記と単式簿記　218

第12章　近代会計成立史論の展開──────225

近代会計の成立プロセス　225／イギリスと鉄道　226／イギリス会計
史論の先駆　229／固定資産と複会計システムと減価償却　230／オラ
ンダ，そしてイギリス　234／会計法制度（会社法会計制度）　235／
会計プロフェッションと会計学　238

第13章　会計士監査史論の展開────────────243

通説　*243*／簿記監査　*244*／英米の異同　*245*／財務諸表の規則準拠性　*253*／専門的判断　*256*

結　章　公正性と客観性────────────259

会計の意義・目的と公正性　*260*／「公正性」概念論　*261*／「公正性」概念論の先駆　*263*／［公正性 vs. 有用性］　*265*／公正性と客観性　*268*／取得原価と客観性　*270*／客観性の相対性　*273*／エピローグ　*277*

文献リスト　*279*

索　　引　*291*

著者紹介　*301*

序　章
会計と会計学

　会計とは何かをずっと考えてきた[1]が，未だによく分からない。そこで，会計学とは何かも考えてみようと思う。

　会計に固有の何かがあるとしたら，その固有の何かを考え，その体系化を図るものが会計学だろうと思うからである。

会計と会計学

　会計と会計学の異同は何か。会計は行為であって，それを対象とする学が会計学であることは言を俟たないが，しかし，何をもって学とするか。

　言葉的には，日本語の場合，「会計」に「学」を加えれば「会計学」になり，「経営」に「学」を加えれば「経営学」になり，「経済」に「学」を加えれば「経済学」になるが，しかし，例えば英語の場合には，経済と経済学については「economy」と「economics」があるものの，「management」が経営と経営学のどちらを意味するかは文脈によって判断するよりほかなく，また，会計については「accounting」と「accountancy」の2語があるものの，これらの異同は必ずしも判然とはしない。

　例えば「'Accountancy' は会計の知的分野（a field of knowledge）を意味し，'Accounting' は，この知的分野における秩序的活動（the processes active

---

1　友岡賛『会計学原理』2012年。
　　友岡賛『会計学の基本問題』2016年。
　　友岡賛『会計の歴史（改訂版）』2018年。

10

in that field）を意味する」*2*とする A. C. リトルトン（A. C. Littleton）の著 *Accounting Evolution to 1900* の訳書『会計発達史』は「the nineteenth century ―― the time which marks the formative period of accountancy」*3* を「19世紀における会計学 Accountancy の形成」*4*とし，「the nineteenth century saw bookkeeping expanded into accounting」*5* を「19世紀にいたって簿記は会計 Accounting に発展した」*6* としており，あるいはエリック L. コーラー（Eric L. Kohler）の『会計辞典』（*A Dictionary for Accountants*）は「accountancy」をもって「会計の理論および実務；すなわち会計の責任，基準，慣習，および一般的活動」*7*とし，また，「accounting と accountancy はしばしば同義語として用いられる；後者は，文献ではあまり使われていないが，理論と実務の全体を指すことがある；accounting は通常すべてを包括した用語である」*8* としており，あるいは青柳文司は「会計ということば……の三つの基本的な意味」*9* について次のように述べている。

> 「第1は，行為としての会計（accounting）である。この行為を会計用語でいうと，かつては，記録・計算・報告といわれ，近年は，測定・伝達といわれる。……第2は，情報としての会計（accounts）である。記録・計算や測定といった会計行為によって，勘定記録や財務諸表などの会計情報が作成される。……第3は，知識としての会計（accountancy）である。これは会計に関する知識の体系すなわち会計

2　A. C. Littleton, *Accounting Evolution to 1900*, 2nd ed., 1966, p. 165.
　　リトルトン／片野一郎（訳），清水宗一（助訳）『会計発達史（増補版）』1978年，255頁。

3　Littleton, *Accounting Evolution to 1900*, 2nd ed., p. 165.

4　リトルトン／片野（訳），清水（助訳）『会計発達史（増補版）』255頁。

5　Littleton, *Accounting Evolution to 1900*, 2nd ed., p. 165.

6　リトルトン／片野（訳），清水（助訳）『会計発達史（増補版）』255頁。

7　コーラー／染谷恭次郎（訳）『会計学辞典』1973年，7頁。

8　同上，9頁。

9　青柳文司『会計学への道』1976年，6頁。

学という学問を意味する。行為の基礎は知識にあるので，しばしば，会計と会計学は実務家や学者のあいだでも混同されている」[10]。

　ただしまた，会計言語説をもって持論とする[11]青柳は上に引いたリトルトンの「'Accountancy' は会計の知的分野を意味し，'Accounting' は，この知的分野における秩序的活動を意味する」という件について「つまり，前者は言語能力，後者は言語行動に相当する」[12]とし，また，「他方，メイ（George O. May）によれば，"accounts" は財務諸表とその作成資料になる勘定記録の総称である。つまり，言語表現である。したがって，三つの用語（「accountancy」，「accounting」，および「accounts」）は言語過程としての会計過程を構成している」[13]としているが，会計言語説には余り深入りしたくない。

　一方，一般の辞書の類いは，下記の通り，必ずしも一様ではない。

　　　The Oxford English Dictionary[14]
　　　　accountancy
　　　　　会計士・会計係の技術ないし業務
　　　　accounting
　　　　　①計算行為ないし計算の手続き。企業等の財務の管理。
　　　　　　accountancy に同じ。
　　　　　②納得のゆく説明を行うこと

　　　『小学館ランダムハウス英和大辞典』[15]
　　　　accountancy

10　同上，6頁（（　）書きは原文）。
11　青柳文司『会計学の原理（新版）』1979年，「はしがき」2頁。
12　同上，33頁。
13　同上，33頁。
14　J. A. Simpson and E. S. C. Weiner (eds.), *The Oxford English Dictionary*, 2nd ed., 1989.

12

　　　会計士・会計係の業務・職務，会計業務
　　accounting
　　　①会計学，会計，経理，決算，精算，計算
　　　②財務状態・取引の明細勘定報告

　『研究社新英和大辞典』[16]
　　accountancy
　　　①会計・経理事務，会計職
　　　②会計学
　　accounting
　　　①会計学，会計，会計報告，計算
　　　②説明

　やはり「accounting」と「accountancy」の違いはよく分からない。会計
か，それとも会計学か，という観点を採った場合，リトルトンや青柳の所
説によれば，「accountancy」の方が会計学として捉えられようが，上掲の
辞書の説明に鑑みると，どちらともいえず，そもそも「accounting」と
「accountancy」の異同を，会計か，それとも会計学か，という点に求める
ことが適当ではないような気もしてきた。

　そもそも会計と会計学の異同は何か。そもそも○○と○○学（ないし○○
論）の異同は何か。
　ちなみに，例えば大学等の講義科目名についても疑問がある。例えばK
大学には「会計学」や「財務会計論」や「管理会計論」といった科目名が見
受けられ，また，H大学においても「会計学概論」や「財務会計論」や「管
理会計論」といった名称が用いられているが，他方，T大学の講義科目は

15　小学館ランダムハウス英和大辞典第2版編集委員会（編）『小学館ランダムハ
　　ウス英和大辞典（第2版）』1994年。
16　竹林滋（編者代表）『研究社新英和大辞典（第6版)』2002年。

「会計」や「財務会計」や「管理会計」と称されている[17]。すなわち，われわれは会計や財務会計を教えているのか，それとも会計学や財務会計論を教えているのか，という疑問である。

　前出の青柳は次のように説いている。

　　「古代にさかのぼると，アリストテレスの帰納－演繹法が科学的方法を説いた科学哲学のはじまりである。……そこでは，今流にいえば，観察，分類，測定，理論構成，といった分析と総合の科学的方法が展開される。……会計は科学なりや技術なりや。……会計は，取引を観察し，分類し，測定する。科学的方法を適用するものが科学であるならば，そこまでは，会計は科学であるといってよい。……ひるがえって，会計学は科学なりや技術なりや。……その答えは科学というものについての二つの見方のいずれをとるかにかかっている。一つは人間がすむ世界を制御する科学であり，いま一つは世界を理解する科学である。……おおかたの意見によれば，会計学は企業を中心とする世界を制御する科学とみられている。その制御の具体的手続が技術とみられている」[18]。
　　「会計を科学とみたり技術とみたりするときは……認識判断は取引状況の認識である。取引の観察，分類，測定である。一方，会計学を科学あるいは技術とみるときは，認識判断は会計実践の認識である。取引を観察，分類，測定する会計という行為ないし現象の認識である。つまり，認識の対象が取引であるか会計であるかの相違である。会計の対象は取引，会計学の対象は会計，この対象の２段性に留意したい」[19]。

17　各大学の履修案内の類いによる。
18　青柳『会計学への道』68頁。
19　同上，69〜70頁。

14

　このように，会計についても会計学についても，同様の同次元的な観点を
もって科学性を云々する青柳の行き方に関しては，これに得心がゆくような
気もする一方，違和感のようなものがないでもない。

　会計は行為だが，会計学も行為であることは言を俟たず，そのままに会計
も会計学も行為という点においては同様に同次元的に捉え，それらの行為の
方法が科学的であるかどうかを問うことによって行為の科学性を問う青柳の
行き方は，むろん，比較的容易に理解しえようが，他方，○○学も行為であ
ることは認めつつも，学という行為を特別視し，科学性はこれを学という行
為についてのみ云々する行き方は成り立ちえないだろうか。

『会計発達史』における会計学

　前出のリトルトンの訳書の第1章は次のように始まる。

> 「世上往々にして，会計は一箇の学問とよぶにふさわしい尊厳をもた
> ないとする偏見をみうける。……およそ，一つの知的領域が学問とし
> ての尊厳を主張するには，一般に次ぎの三つの資格条件をそなえてい
> ることが必要である。第一には，学問としての家柄および血統であり，
> 第二は，他の学問との交渉範囲であり，第三には，それが社会に提供
> する役だちである。いま，しばらく，これら三つの点について，会計
> が学問とよばれるにふさわしい資格をもたぬものであるかどうかを吟
> 味してみよう」[20]。

　ただし，ここに頻出する「学問」はこれに該当する語を原文には見出すこ
とができず，むろん，これは決して看過しうることではないが，とりあえず
はさて措き，如上の学問の3条件を会計について確認する同書の記述が以下
に引かれる。

20　リトルトン／片野（訳），清水（助訳）『会計発達史（増補版）』3頁。

序　章　会計と会計学　*15*

「人はパツィオロ（Paciolo）の打ち樹てたこの原理（discipline）――われわれはあえてこれを科学（science）とはよぶまい――をば，尊大なる自然科学と，時代比較をしてみるがよい。……パツィオロが複式簿記を書いた時より200年ほども後……今からわずか，200年前ごろの自然科学は……馬鹿らしい無識ぶりを発揮していた……。これにくらべて，簿記は今から400年以上もの昔にあって，すでに，この学問（subject）に関する最初の書物の中で，今日全世界に普及している形にまで出来上がっていたのである。これでもなお，簿記は学問としてほまれ高き家柄をもつことを主張する権利がないであろうか」[21]。

「最初期の簿記書として作者の明らかになっている六つの著書のうち，三つまでは簿記畑以外の著名な人士によって書かれたのである……。簿記は普通の商業専門の学校においてのみ関心をもたるべきではなく，ひろく世の有識者の注目に値するものであるということを知らねばならない。……このように，歴史上著名な人士が簿記について書物を書いているが，それらの著書は簿記学界（field）に必ずしもすぐれた貢献をなしてはいない。簿記について一かどの仕事をなし遂げるには，たしかに，片手間などではとうてい間に合わぬ特殊の創作力を必要とするのである」[22]。

「学問としての尊厳を主張すべき第3の条件は，それが世に重要なる役だちをなしていることである。会計がこの要件を具えていることは，簿記が偶然的所産として世に現われたものではなく，まさしく世の実際的必要に応じて産まれてきたという事実によって充分これに答えることができよう。……簿記が15世紀末葉に出現したこと，またその発祥地がイタリーであったことは，まことにそれだけの理由があったのである。当時のイタリーにおける活発なる時代的覚醒と，とくに商業の異常なる発展については，人のよく知るとおりである。……しかし

21　同上，8～10頁。
22　同上，12～17頁。

ながら，簿記がその後数世紀にわたり惰眠をむさぼっていたことは事実である。それが覚然として目ざめたのは，パツィオロの著書が世に現われてから約400年の後のことである。……19世紀末葉は15世紀末葉にもまして異常な産業勃興の時代であった。欧米各国を通じて大株式会社の建設があまねくみられるにいたり，資本金何億ドルという株式会社が新たに出現するようになってきたまさにそのとき，会計家（accountants）が覚醒したということは偶然の一致ではなくして必然的な反応であったといわねばならぬ。……計算器が発明され，対数表が元帳の傍におかれ，種々の帳簿が記帳され，会計会議が催され，かくして会計学（accounting）が生成するにいたった」[23]。

以上は「これを要するに，会計（accounting）はその発足点においてすでに学問的尊厳をそなえていたものであり，むしろ学者的（academic）でさえあった。……会計はかつてはつねに時代の知識人の関心を得た。それは社会的要望に応えてこの世に現われてきているという事実のうちにみずからの存在の正当性を立証するものである」[24] とまとめられている。

近代会計学の父ルカ・パチョーリ

会計史家の片岡泰彦は「1494年にヴェネツィアで出版されたパチョーリの『スムマ』（Summa）は，世界最初に出版された複式簿記文献として高く評価されている。パチョーリの簿記論は，16世紀以後，世界各国に伝えられ，その後の簿記・会計に大きな影響を与えたのである。したがって，パチョーリは「近代会計学の父」と呼ばれている」[25] と述べ，あるいは「『スムマ』は，世界最初に出版された複式簿記文献であり，この「簿記論」の著者であるが故に，パチョーリは「近代会計学の父」と呼ばれているのである」[26] と述べ，

---

23 同上，18～19頁。

24 同上，21頁。

25 片岡泰彦「複式簿記の誕生とパチョーリ簿記論——イタリア簿記史」平林喜博（編著）『近代会計成立史』2005年，19頁。

後者の注記において「リトルトンは『会計発達史』の中で，パチョーリを近代会計学の父（The Father of modern accounting）と称し，高く評価している」[27]としているが，『会計発達史』は次のように述べており，当該箇所を「学」とはしていない。

> 「われわれは近代会計の発足点（the father of modern accounting）をフランセスコ派の修道僧Luca Pacioloにおくものである。けだし，1494年に出版された彼のSumma de Arithmetica, Geometria, Proportioni et Proportionalitaは代数に関する最初の印刷文献であるばかりではなく，その中に簿記に関する世界最古の著書としてTractatus Particularis de Computis et Scripturisという題目をもつ長論の1章を収めているのである」[28]。

ルカ・パチョーリ（Luca Pacioli）は会計学者なのか。

ただし，会計学者でなければ近代会計学の父たりえない，とは限らない。○○学者でなければ○○学の父たりえない，とは限らない。○○学の生成をもたらすような何かをなしたのであれば「父」と呼ばれてもよい。

また，「ルカ・パチョーリは……会計学者というよりも数学者である」[29]ともされようが，ここでの問題はそういうことではない。彼が数学者だろうとも，そうではなかろうとも，ここで問いたいのは，彼は会計学をしたのか，ということである。

なお，『世界の会計学者』という書にあって筆頭に挙げられている彼は，

26　片岡泰彦「複式簿記の生成・発展と「パチョーリ簿記論」への展開」千葉準一，中野常男（責任編集）『体系現代会計学［第9巻］　会計と会計学の歴史』2012年，49頁。

27　同上，69頁（（　）書きは原文）。

28　リトルトン／片野（訳），清水（助訳）『会計発達史（増補版）』3頁。

29　Pierre Jouanique「ルカ・パチョーリ——世界で初めて印刷された会計書」ベルナルド・コラス（編著）／藤田晶子（訳）『世界の会計学者——17人の学説入門』2007年，9頁。

18

しかし，同書の「序」において次のように述べられている。

> 「ルカ・パチョーリが偉大な会計学者であったとは誰も思わないだろ
> う。パチョーリが会計学者というよりも数学者であることは疑いの余
> 地がない。ルカ・パチョーリは，その有名な著書『スンマ』の1章に
> おいて，彼がヴェニスの商家に滞在中に観察した当時の帳簿実務を書
> き写したにすぎない」[30]。

　ただし，この『世界の会計学者』は，しかし，その原書のタイトルは*Les grands auteurs en comptabilité*（『偉大な会計の著者』）であって『学者』ではない。

　会計とは何かを考えるために会計に固有のものは何かを考え，会計に固有のものは何かを考えるために会計に固有のものについて考える営為としての会計学について考えようとしてきた。

　むろん，○○学は○○に固有のものばかりを考えるものではない，ともされようが，やはり○○に固有のものを追究する営為こそが○○学だろうと思う。説得的にして魅力的な会計言語説は，しかしながら，それが会計に固有の何かの追究へと繋がるかどうかが判然とせず，そのため，前述のように，深入りはしたくない。

　そもそも学という営為の捉え方に迷っている。学を考えるためには方法論に通ずるべきかもしれないが，○○学方法論も，それが○○に固有の何かの追究へと繋がるかどうか。これも判然としない。

　パチョーロ（Paciolo）は会計学をしたのか，と問うてみても答えは出そうにない。

30　ベルナルド・コラス（編著）／藤田晶子（訳）『世界の会計学者──17人の学説入門』2007年，1頁。

「会計学の祖国イギリス」[31] ともいわれる。すなわち,「会計学は19世紀の後半にイギリスで成立したといわれている。複式簿記はそれより約400年も前に成立した(ルカ・パチョーリ『スンマ』1494年)。……パチョーリの時代にはまだ期間損益計算の観念がなかった」[32] ともいわれるが,はたして,どうして「期間損益計算の観念」が会計学なのか。

この向きは「簿記学から会計学への発展は,株式会社制度の確立に伴うものとみてよいであろう。株主の有限責任と株主の地位を表す株式の自由譲渡性という株式会社の基本的特徴から,企業は毎期の損益計算をできるだけ正確に行う必要に迫られた。それが会計学を生み出す動機になった」[33] と説いているが,これは『会計発達史』によっているのか。「簿記学」とは何か。

ちなみに,他方また,「会計学の発展過程をふりかえると,会計の科学的な研究はドイツにおける貸借対照表論から始まったとみることができる」[34] ともいわれる。

会計に固有のもの,あるいは会計の特徴

これまで「会計に固有の」という言い様をしてきたが,それでよかったのだろうか。

「固有」には,元から有している,という意味と,そのものだけが有している,という意味があり,けだし,「会計に固有の」は,会計だけが有している,ということだろうが,会計だけが有している,というのは余りにも限定的に過ぎるかもしれない。

例えば会計の定義の類いを構成しそうなキーワードの類いを思い付くまま[35] に挙げてみると,企業,経済活動,財産,管理,アカウンタビリティ,

---

31 中村忠「会計学」安藤英義,新田忠誓,伊藤邦雄,廣本敏郎(編集代表)『会計学大辞典(第5版)』2007年,119頁。

32 同上,119頁(( )書きは原文)。

33 同上,119頁。

34 岡部孝好「会計学」神戸大学会計学研究室(編)『会計学辞典(第6版)』2007年,89頁。

利害調整，意思決定支援，説明，記録，計算，報告，認識，測定，伝達，簿記，貨幣数値，資本，利益，情報，利害関係者，といったようになろうが，これらのうち，会計に固有のものを構成することができるのはどれだろうか。

また，「固有のもの」よりも少し退いた言い様は「特徴」だろうが，ここに特徴とは，他のものと較べて目立って異なる点，といったことであり，会計が較べられる他のものとしてはまずもって経済が考えられようが，会計と経済をどのように較べたらよいのかはこれも判然とはせず，会計的ないし会計学的な考え方と経済学的な考え方の比較，といったことになろうか。

そこでやはり[36]想起されるのは取得原価主義と名目資本維持である。

取得原価主義と名目資本維持はいずれも会計の要件ではなく，また，取得原価主義と名目資本維持は必ずしも共存するわけではない[37]が，「原価主義会計は，実現主義と名目資本維持を基本構造とする会計体系である」[38]とされ，「取得原価主義会計が前提にしている名目貨幣資本維持」[39]，あるいは「伝統的な取得原価主義会計が前提にしている名目貨幣資本維持」[40]などといわれるように，取得原価主義と名目資本維持が結び付いた会計はこれが長年，広く行われてきたという事実は決して看過することができず，しかも，経済

---

35 思い付くまま，とはいえ，以下のものを参照した。

安藤英義「会計」安藤英義，新田忠誓，伊藤邦雄，廣本敏郎（編集代表）『会計学大辞典（第5版）』2007年。

岡部孝好「会計」神戸大学会計学研究室（編）『会計学辞典（第6版）』2007年。

友岡『会計学原理』。

友岡『会計学の基本問題』。

36 第3章。

37 同上。

38 壹岐芳弘「時価主義と計算構造」北村敬子，新田忠誓，柴健次（責任編集）『体系現代会計学［第2巻］　企業会計の計算構造』2012年，94頁。

39 辻山栄子「会計測定と時価の諸概念」『COFRI ジャーナル』第42号，2001年，84頁。

40 辻山栄子「資本と利益」斎藤静樹，徳賀芳弘（責任編集）『体系現代会計学［第1巻］　企業会計の基礎概念』2011年，54頁。

学的な考え方からすれば，これがおよそナンセンスともされるものであることは，むしろ，ことさらに興味をそそる。そこにこそ，会計に固有の何か，あるいは会計の特徴の類いがあるような気がしてならない。

　存在するものには必ず存在理由がある。

　「取得原価会計では企業の経済活動の実態を表すことができない」[41]といったことが常にいわれるが，そもそも会計は「経済活動の実態を表す」ものなのだろうか。そうではないところにこそ，会計の特徴，会計が他のものと較べて目立って異なる点，会計的ないし会計学的な考え方と経済学的な考え方の大きな異同があるのではないだろうか。

　例えば「企業会計の基本的職能である会計責任解明機能と利益測定機能との関係から原価主義の優越性を論じている」[42]片野一郎の説を検討した柴健次は次のように述べている。

　　「企業会計に会計責任解明機能とは異なる職能が求められ，その観点
　　から資産評価の方法が模索されるなら，原価主義の優位性は保てなく
　　なる可能性がある……。原価主義そのものに自身の優位性を証明する
　　論理は備わっておらず，企業会計の優先的職能との関係で原価主義の
　　論理が認められるにすぎない。それゆえ，原価主義と，時価主義と，
　　その他の主義を並列的に論じることはナンセンスである。それ以前の
　　問題として，企業会計にいかなる職能を求めるかを十分に議論すべき
　　なのである。職能が異なれば時価主義が優先的に選択される可能性も
　　ありうるからである」[43]。

　これはその通りである。しかし，本章において目指されているのは，長年，

41　上野清貴『会計測定の思想史と論理——現在まで息づいている論理の解明』2014年，48頁。

42　柴健次「原価主義と計算構造」北村敬子，新田忠誓，柴健次（責任編集）『体系現代会計学［第2巻］　企業会計の計算構造』2012年，89頁。

43　同上，90頁。

22

広く行われてきたものの存在理由のなかに会計に固有の何かを求める，とい
う営為にほかならず，長年，広く行われてきたという事実は不動であり，選
択された「優先的職能」は不動であって「職能が異なれば」はなく，選択さ
れたものは取得原価にほかならなかった。

簿記と会計の関係についても捉え方は一様ではない[44]が，やはり会計に簿
記は必須なのだろうか。簿記は記録行為であって，財産に関する記録である。
　（ここで私見を持ち出すことには些か躊躇いがあるが）従前の私見によれば，
会計は説明行為であって，財産管理に関する説明であって[45]，その目的は納
得を得ることにある[46]。
　納得を得るには記録が必須なのか。やはり会計に簿記は必須なのだろうか。
結局のところ，取得原価と名目資本は記録なのではないだろうか。

　例えば齋藤真哉は名目資本維持について次のように述べている。

　　「名目資本維持概念は，資本を貨幣の名目額として把握しようとする
　　概念である。そのため，名目貨幣資本維持概念とも称せられる。……
　　実質資本維持概念は，資本を貨幣の購買力として把握しようとする概
　　念である。そのため，貨幣購買力維持概念とも称せられる。名目資本
　　維持概念と実質資本維持概念は，ともに資本を貨幣として性格付けし
　　ている点で共通している」[47]。
　　「名目資本維持概念は，貨幣資本維持概念であることから，一般に会
　　計公準ないしは前提として挙げられている「貨幣単位による測定」に
　　ついて次の点を指摘することができる。すなわち，貨幣資本維持概念

44　友岡『会計学の基本問題』71～86頁。
45　同上，18～19頁。
46　友岡賛『近代会計制度の成立』1995年，7頁。
47　齋藤真哉「資本維持」斎藤静樹，徳賀芳弘（責任編集）『体系現代会計学［第
　　1巻］　企業会計の基礎概念』2011年，402～403頁。

に基づく限り，企業会計は，個々の物財の「もの」としての側面を捉えて記録しようとしているのではなく，それらの貨幣としての側面を捉えて記録することになる。たとえば商品や建物，土地等といった物的資産は，貨幣資本を具現する形態ごとに表現されており，それに金額を付すことはそれらの貨幣としての側面を捉えていることに他ならない。要するに企業会計が記録しようとしているのは貨幣であり，貨幣を測定するために貨幣単位が用いられることは当然であると言える。したがって「貨幣単位による測定」は，そうした公準や前提に含められる基礎概念ではなく，貨幣資本維持概念を採用することから必然的に導かれるものである」[48]。

名目資本維持は「資本を貨幣の名目額として把握しようとする」ものなのか。

そしてまた，「記録しようとしているのは貨幣」なのか。「貨幣を測定」なのか。

貨幣を測定するのか，貨幣で測定するのか。貨幣を測定する，ということは，むろん，貨幣は対象ということを意味するが，対象はカネとモノの2択なのか。名目資本はどちらでもない，ということはないのか[49]。

名目とは何だろうか。名目とは記録，記録された額なのかもしれない[50]。前述のように，名目資本は記録された資本の額であり，取得原価もまた，例えば資産についていえば，資産の名目額であり，すなわち資産の記録された額なのではないだろうか[51]。

やはり起源は記録なのだろうか。

48　同上，431頁。

49　第3章。

50　ここにいう「記録」は上に引いた齋藤の「記録」とは次元を異にする。

51　この辺りの考えは木村太一氏（慶應義塾大学大学院後期博士課程）との議論に負うところが少なくない。

ときに「記録マニア」と呼ばれたのは中世イタリアの商人だった[52]。

　「中世におけるイタリア商人の生活をあとづけてみようとすると，かれらにとって「記録する」という行為がいかに重要な意味をもっているか，あらためて感じさせられる。……中世イタリアの市民たちは，つねに書かれた証拠を重視し，それを通じて自分たちの権利を保全しようという態度を持っていた。不安定で流動的な世界の中で身を守る武器こそ，書かれた証拠なのであった」[53]。

　記録は公証人の手になる公正証書から商人自身の手になる帳簿へと移行をみるに至る。

　「今日，イタリアにおいて保存されている最古の公証人登録簿は，12世紀末のジェノヴァのものである。その記載内容を見ると，多種多様な商品の売買契約や会社ないし組合の設立契約に関するものが多い。……しかし，時とともに商品取引に関する登記簿の記載は減少し，これらは次第にそれぞれの商人の帳簿の方に記載されるようになった。……契約の数は激増し，もはや公証人の手にあまることになる。一方，かつては文盲であった商人たちも，必要から文字の知識を獲得し，やがて自分の手で記録することが可能となる。商品の売買契約について，いちいち公証人のもとで記録してもらうことは，手続上あまりにも煩雑であり，同時に費用がかさむために，少しずつすたれていったのである。それとともに，商業帳簿の証明力が増大し，裁判所もそれを認めるようになる。このような転換は，およそ13世紀末に生じたと考えられている。やがて，14世紀中に商業帳簿の記載方法が整備され，複式簿記が成立することになった」[54]。

52　友岡賛『歴史にふれる会計学』1996年，77〜78頁。

53　清水廣一郎『中世イタリア商人の世界──ルネサンス前夜の年代記』1982年，150〜154頁。

やはり記録なのか，やはり簿記なのか。しかし，やはり複式簿記なのか，とは未だ思わない[55]。

---

54 同上，156〜157頁。

55 友岡『会計学の基本問題』第 1 章。

第 1 部
会計が拘るべきもの ──守るべき構造は何か

第1章

複式簿記への固執と未来指向の否定

　並べて会計学者は複式簿記に拘るが，渡邉泉の拘り様は特異である。簿記史における通説を批判し，公正価値会計を指向する昨今の風潮に警鐘を鳴らす渡邉の主張にはかなり賛同しつつも，しかし，その行論には違和感を覚える。

　しかし，どうしても看過することはできず，あえていきなり取り上げる。

［単式簿記 → 複式簿記］の否定

　序章の最後に以下のものを引いた。

　「今日，イタリアにおいて保存されている最古の公証人登録簿は，12世紀末のジェノヴァのものである。その記載内容を見ると，多種多様な商品の売買契約や会社ないし組合の設立契約に関するものが多い。……しかし，時とともに商品取引に関する登記簿の記載は減少し，これらは次第にそれぞれの商人の帳簿の方に記載されるようになった。……契約の数は激増し，もはや公証人の手にあまることになる。一方，かつては文盲であった商人たちも，必要から文字の知識を獲得し，やがて自分の手で記録することが可能となる。商品の売買契約について，いちいち公証人のもとで記録してもらうことは，手続上あまりにも煩雑であり，同時に費用がかさむために，少しずつすたれていったのである。それとともに，商業帳簿の証明力が増大し，裁判所もそれを認

30 第1部 会計が拘るべきもの

めるようになる。このような転換は，およそ13世紀末に生じたと考え
られている。やがて，14世紀中に商業帳簿の記載方法が整備され，複
式簿記が成立することになった」[1,2]。

最後には「複式簿記」という語が出てくるが，それ以前は「商業帳簿」は
あっても「簿記」はなく，「単式簿記」もない。

「複式簿記の発生以前に簿記」[3]「が存在することはない」[4]とする渡邉泉の
立場からすれば，これは適切な記述とされようが，まずはこの渡邉の立場が
痛烈に批判する［単式簿記 → 複式簿記］というシェーマを前提に述べれば，
「単式」という形容は「複式」というそれがあってこそ用いられるものであ
り，存在は単式が先だったが，複式の誕生をみて初めて，それとの対比にお
いて「単式」という概念・形容が出てくる。ここで［単式簿記 → 複式簿
記］というシェーマを前提にすることが不適切なら，例は例えば［静態
論 → 動態論］でも，あるいは［白黒テレビ → カラーテレビ］でもよい。
むろん，上掲の引用文は，後世の歴史家によるものであるため，そうした立
場からすれば，複式簿記の誕生を待つことなく「単式簿記」という呼称を用
いることもできようし，あるいはE. シュマーレンバッハ（E. Schmalenbach）
の『動的貸借対照表論』（*Dynamische Bilanz*）（1919年）[5]を待つことなく「静
態論」と称することもできようし，あるいは1950年代のカラーテレビの登場

---

1 清水廣一郎『中世イタリア商人の世界——ルネサンス前夜の年代記』1982年，
156 〜 157頁。

2 なお，「商人は，中世の俗人のなかではもっとも早くから文字を手に入れた階
層であった……。簿記，為替など近代の商業技術の多くが中世末期のイタリア
を発祥の地とすることは広く知られているが，その背後にはこうした高識字率
があった」（大黒俊二『嘘と貪欲——西欧中世の商業・商人観』2006年，29頁）
ともされる。

3 渡邉泉「複式簿記の発生以前に簿記は存在したか」『會計』第190巻第1号，
2016年，94頁。

4 同上，103頁。

5 ただし，当初の版（初版〜第3版）は『動的貸借対照表論の基礎』（*Grundlagen
dynamischer Bilanzlehre*）。

を待つことなく「白黒テレビ」と呼ぶこともできようが，当時の人々の立場からすれば，決してそうではなく，複式簿記および「複式簿記」という呼称の誕生を待つことなく「単式簿記」という呼称は決してなく，カラーテレビおよび「カラーテレビ」という呼称の誕生を待つことなく「白黒テレビ」という呼称は決してない。したがって，こうした意味においても，上掲の引用文は適切である。

　しかしながら，渡邉の主張は［単式簿記 → 複式簿記］の否定にある。

複式簿記

　渡邉の論攻はまずもってA. C. リトルトン（A. C. Littleton）の『会計発達史』（*Accounting Evolution to 1900*）における所説を引き合いに出す。

> 「A. C. リトルトンは……「『簿記』なる用語は一般に『複式簿記』にかえて用いられており，かならずしも，それは複式と単式との二つ［の］簿記概念を包括するものではない」と述べている。われわれが簿記の歴史研究を行うに際しては，複式簿記の生成・進化の歴史であって，時としてそれを簿記と呼ぶ人もいるが，経済活動の断片的な記録や単なる金銭の出納記録を対象としているわけではない」[6]。

　「一般に」と「かならずしも」はニュアンスを異にするが，しかし，いずれにしても，決して［簿記 ＝ 複式簿記］ではないことが含意されており，また，「複式簿記の生成・進化の歴史であって……経済活動の断片的な記録や単なる金銭の出納記録を対象としているわけではない」とされているが，複式簿記の生成に至る「経済活動の断片的な記録や単なる金銭の出納記録」は対象に非ず，と誰が決めたのだろうか。
　渡邉は続ける。

6　渡邉「複式簿記の発生以前に簿記は存在したか」94頁。

32 第1部 会計が拘るべきもの

「簿記は……決して単式簿記として誕生したわけではない。複式簿記の簡便法としての単式簿記が登場するのは，18世紀前半のイギリスである」[7]。

「簡便法としての単式簿記」については確かにその通りだろう。しかし，渡邉のいう単式簿記と渡邉が否定する単式簿記はまったくの別物である。

　渡邉はさらにリトルトンを引いて論を進める。

「複式簿記の本質は，単に記帳の二重性や貸借の均衡性に止まるものではなく，（リトルトンによれば）「均衡性と二重性以外にさらに別の要素が加わらなければならない。この追加さるべき要素とは，いうまでもなく，資本主関係 Proprietorship ──すなわち，所属財貨に対する直接的所有権と発生した収益に対する直接的要求権──である。この要素を欠くときは，勘定記入は，たんに相互に対応する記入の内容を要約してこれを適切な形式にまとめるということにすぎなくなる」のである。「このような利潤計算こそが完全な体系的な簿記 (complete, coordinated bookkeeping) の職分であったのである。人はそれを複式簿記と呼」んでいる。すなわち，簿記は，取引を記録し，フローとストック，あるいは原因と結果の二つの側面から企業損益を計算するための技法として生成した。すなわち複式簿記として誕生したのである」[8]。

　しかし，リトルトンが述べているのは「完全な体系的な簿記」についてであって，簿記についてではない。［完全な体系的な簿記 ＝ 複式簿記］については筆者にも異論はないが，「完全な体系的な簿記」という言い様にはそうではない簿記の存在が含意されており，しかるに，［完全な体系的な簿

───────────────

7　同上，95頁。

8　同上，95〜96頁。

記 ＝ 複式簿記］について述べたのちにどうして「すなわち……すなわち」
と続くのだろうか。［完全な体系的な簿記 ＝ 複式簿記］がどうして「簿記
は……複式簿記として誕生したのである」となるのだろうか。複式簿記の前
に不完全な簿記ないし非体系的な簿記はないのか。

　また，渡邉による「均衡性と二重性以外にさらに別の要素が加わらなけれ
ばならない」という引用も，しかし，『会計発達史』においては「完全な複
式簿記（complete double-entry bookkeeping）が成立するがためには，均衡性
と二重性以外にさらに別の要素が加わらなければならない」[9]と述べられてお
り，けだし，不完全な複式簿記もありうる。

　　　「もし複式簿記とは異なる別の簿記が複式簿記の誕生以前に存在した
　　　のであれば，簿記の生成史は，13世紀イタリアではなく，それ以前の
　　　何処か他の国から始まることになる」[10]。

　どうして「他の国」なのだろうか。例えば12世紀のイタリアでもよいでは
ないか。例えば12世紀のイタリアに不完全な簿記ないし非体系的な簿記が存
在した可能性を問うことなく，渡邉は古代ローマ起源説を持ち出し，槍玉に
挙げ，却下する。

　　　「13世紀のイタリア以前に，複式簿記ではなく単なる現金の収支記録
　　　としての簿記法がすでに人々の間で広く用いられていたのではないか
　　　と推測する人がいるかも知れない。しかし，単なるお金の出入の記録
　　　を簿記と呼ぶのであれば，簿記は，貨幣や文字の誕生と共に，すなわ
　　　ち有史以前から存在していたことになる」[11]。

9　リトルトン／片野一郎（訳），清水宗一（助訳）『会計発達史（増補版）』1978
　　年，45頁。
10　渡邉「複式簿記の発生以前に簿記は存在したか」96頁。
11　同上，96頁。

34 第1部　会計が拘るべきもの

「現金の収支記録」をどうして「単なる」と形容するのか。「単なる現金の
収支記録」を「簿記」と称してもよいとも思うし，「有史以前から存在して
いたことにな」ってはいけないのだろうか。あるいはまた，「単なる」と形
容されない，一定の条件を満たした現金の収支記録を「簿記」と称してもよ
いだろう。

　　　「複式簿記に先行して，単式簿記や現金収支簿記が存在していたとい
　　う考え方の今一つの背景には，福澤諭吉の影響があるのではないかと
　　思われる。……いずれにせよ，今日複式簿記に先立って登場したと言
　　われる現金収支簿記は，19世紀のわが国で普及した簿記法であり，巷
　　間理解されているように，複式簿記に先行して登場した単に現金の収
　　支のみを記録する簿記法ではない」*12*。

　しかしながら，渡邉は「19世紀のわが国で普及した」「現金収支簿記」を
説明しているのであって「複式簿記に先立って登場したと言われる現金収支
簿記」を説明しているのではない。
　渡邉はまたもやリトルトンを引いた上でもって「すなわち」と続ける。

　　　「すなわち，歴史的な事実として，複式簿記は，資本主簿記，すなわ
　　ち損益計算を行うための技法として誕生したのである。簿記史ないし
　　は会計史研究の出発点は，13世紀初頭のイタリアにおける損益計算の
　　生成史であり，単なる現金の出納記録の歴史ではない」*13*。

　「複式簿記史……の出発点は，13世紀初頭のイタリアにおける……」とい
うなら，まずは首肯できようが，しかし，○○史は○○の誕生が出発点なのか
どうかもよく分からない。○○の誕生に至るプロセスは○○史の範疇か否か。

12　同上，97 〜 100頁。
13　同上，101頁。

第1章 複式簿記への固執と未来指向の否定　*35*

　渡邉の主張においては「損益計算を前提にしない単なる財産の管理計算を独立した簿記の役割として位置づけることはできない」[14]とされるものの，どうして「できない」のかは分からないし，この論攷の最後も「簿記，すなわち複式簿記が13世紀初めに誕生したのであれば，それ以前に簿記が存在することはない」[15]と結ばれているが，「簿記……が13世紀初めに誕生したのであれば，それ以前に簿記が存在することはない」のは当たり前のことであり，徹頭徹尾「簿記，すなわち複式簿記」が主張される。

　「I think」の主張であれば，実に興味深いが，断定的な主張には違和感ばかりを覚える[16]。

複式簿記の前の簿記

　渡邉によれば，「単なる財産の管理計算を独立した簿記の役割として位置づけることはできない」ということであり，ここでも「単なる」と形容されている。

　私見によれば（I think），簿記は財産に関する記録であって，けだし，記録には記憶という面と証拠という面があるだろう。

　記憶の面はまずは管理のためであって，まずは自分の財産を管理するための記憶の必要から記録がなされる。

　例えば，牛がXX頭，だけなら記録は不要かもしれないが，牛がXX頭，馬がXX頭，羊がXX頭……，となってゆくと，管理のために記録が必要になる，ということが考えられる。あるいはまた，例えば，A氏にXX円貸し，だけなら記録は不要かもしれないが，A氏にXX円貸し，B氏にXX円貸し，

14　同上，102頁。

15　同上，103頁。

16　例えば「会計そのものの役割は，資本委託としての会計責任の遂行にあると筆者は考えている」（笠井昭次「処理規約の規定要因（3）――利益観・企業の経済活動の態様・計算方式を巡って」『三田商学研究』第59巻第2号，2016年，37頁）というのであれば，まずは違和感は生じない。

36 第1部 会計が拘るべきもの

C氏にXX円貸し……，となってゆくと，債権の管理に記録が必要になる，ということが考えられる。歴史家ジャン・ファヴィエ（Jean Favier）いわく，「事業の規模が大きくなり……在庫が拡大し，いくつかの倉庫に振り分けられるようになると，在庫補充を単に一瞥しただけで管理することはもはや考えられない」[17]。

ただし，簿記における勘定（account）は［人名勘定 → 物財勘定 → 名目勘定］の順に生成したとされ，簿記は債権の備忘記録から始まったとされる。「債務と債権を書きとめるという考えは古くからのものである」[18]。

人名勘定は，要するに，債権・債務の勘定であって，つまり，「A氏にXX円を貸した」や「Z氏にXX円を借りた」といった記録をするためにA氏勘定やZ氏勘定を設けるということであり，そして，簿記は債権の備忘記録から始まったとされる。この債権の備忘記録とは，つまり，人にカネを貸した場合にそのことを忘れてしまわないように「A氏にXX円を貸した」と記録しておく，ということである。これは貸し手としては当然に行うべきことであって，また，カネ貸しという行為は古くから行われていたために，こうした記録も古くから行われていたということである。そうした意味において，まずもって生成をみたのは人名勘定だった[19]。

というわけで，すなわち，牛がXX頭，馬がXX頭，羊がXX頭……，よりも，A氏にXX円貸し，の方が先に記録されるようになったということになる。この場合の物財（牛，馬，羊等）はまずは手許にあるため，そうした意味では記憶の必要はなく，また，数を知りたい場合には数えればよい。他方，債権はいわば手許を離れたカネであるため，手許にないものはみることができないという意味において記憶の必要があり，また，みることができ

---

17 ジャン・ファヴィエ／内田日出海（訳）『金と香辛料──中世における実業家の誕生（新装版）』2014年，390頁。

18 同上，397頁。

19 なお，他方，人にカネを借りた場合に，そのことを忘れてしまわないように「Z氏にXX円を借りた」と記録しておく，という債務の備忘記録も，借り手として当然に行うべきことかどうか，また，古くから行われていたかどうか。これについては何ともいえない。

ないものは数えることもできず，そうした意味でも記憶の必要がある。

ファヴィエは次のように述べている。

「債務と債権を書きとめるという考えは古くからのものである。当然のことながら，それは拡大した資産の管理に伴って最初に出現する。義兄弟に10スーを貸すような市民はそのことを覚えているだろうが，月末にパン代を払ってもらうパン屋や，様々な種類の，様々な期限の付いた貢租に関して，それぞれの日付を待って徴収しなければならない，領主所領の徴税請負人はその全部をいちいち記憶しているわけにはいかない。まして，企業の第三者との，つまり債権者や債務者との関係が，金融活動の拡大に伴って重要性を増し，不定期的な性格を帯びるときには，なおさら「第三者の勘定」が必要となる」[20]。

さらにまた，証拠という面についても，記録は債権において意味をもつ。証拠の面は，むろん，他者の存在が前提となり，すなわち，証拠は他者（この場合は債務者）との関係においてこそ意味をもつからである。

「いまや公証人自身も，私署証書の発達の前に，いくぶん道を譲りつつある。……会計がそこで新たな存在理由を獲得する。誰だって手続きのために時間とカネを浪費することが有益だとは思わない。そこで債務者自身の手で債権者の帳簿に書き込まれた負債の記載に法的価値を認めることで，しばしば合意が成立する」[21]。

敷衍すれば，記録はその記憶という面において，債権の記録が物財の記録に先行し，また，その証拠という面においては，まずは債権の類いだけが対象として意味をもつということである。こうして，どちらの面からみても，

---

20 同上，397頁。

21 同上，394頁。

38　第1部　会計が拘るべきもの

人名勘定が物財勘定に先行することになる。

　ただしまた，物財についても，牛が30頭とか，牛が10頭，馬が10頭，羊が10頭とかだけなら，手許にあるそれを数えればよく，記録は不要かもしれないが，牛が3,000頭とか，牛が1,000頭，馬が1,000頭，羊が1,000頭とかになると，手許にあるそれを数えるというわけにはゆかなくなり，記録の必要が生ずる。別言すれば，［数えるというわけにはゆかなくなった状態　＝　もはや手許にはない状態］ということだろう。

　閑話休題。簿記における勘定は［人名勘定　→　物財勘定　→　名目勘定］の順に生成したとされ，また，名目勘定は，要するに，収益・費用の勘定であって，資産などの増減の原因を示すものとされるが，複式記入はこの名目勘定の生成をもって成立したとされる。別言すれば，名目勘定の生成によってすべての取引を二面的に把握することができるようになったとされる[22]。

　さて，名目勘定が生成をみるまでは簿記ではないのか。債権の備忘記録だけでは簿記ではないのか。実在勘定（人名勘定と物財勘定）だけでは簿記ではないのか。

　　　「すべては財産目録から始まる。その基本原理は会計方，つまり，後
　　　日自分が会計報告を行う義務があるということを承知している会計責
　　　任者の実践のなかで自然に確立される。将来の「複式」システムの土
　　　台を与えることになる，同時進行の帳簿の並置は，必要と経験から生
　　　まれるものであって，教授伝達によってではない」[23]。

22　以上については下記のものを参照。
　　友岡賛『会計学原理』2012年，233 ～ 238頁。
　　友岡賛『会計学の基本問題』2016年，115 ～ 118頁。
　　友岡賛『会計の歴史（改訂版）』2018年，59 ～ 66頁。
23　ファヴィエ／内田（訳）『金と香辛料（新装版）』392 ～ 393頁。

会計責任

渡邉は別の論攷において会計の役割について論じている。

ただし，この論攷において中心的概念とされている「受託責任（steward-ship）」の意味がよく分からない。別言すれば，「受託責任」と「会計責任（accountability）」の関係がよく分からない。

ただし，むろん，この二つの概念の関係については種々の捉え方があり[24]，また，渡邉は**図表 1-1** [25]のように自身の捉え方を明示はしているが，受託責任をもって説明責任としていることの意味，［説明責任 ⊃ 受託責任］としていることの意味がよく分からない。

もっともこの論攷における渡邉の意図は，未来事象に関する説明責任を伴う公正価値会計を支える手段として「受託責任」という概念を用いる，という近年の国際会計基準審議会（International Accounting Standards Board）（IASB）やアメリカ会計学会（American Accounting Association）（AAA）の財務会計基準委員会（Financial Accounting Standards Committee）（FASC）の行き方を批判することにあり[26]，後述されるように，その意図自体は実に明快である。

閑話休題。例えばジョージ O. メイ（George O. May）は財務諸表の利用目的の筆頭に「受託責任に関する報告書として（の利用）」[27]を挙げており，ま

図表 1-1　会計上の説明責任

会計上の説明責任	会計責任：受託資本の管理保全に対する説明責任
	受託責任：受託資本の管理運用に対する説明責任

24　友岡『会計学原理』52 〜 58頁。

25　渡邉泉「会計の役割——受託責任と信頼性」『企業会計』第68巻第10号，2016年，17頁。

26　同上，13 〜 14，19 〜 20頁。

27　George O. May, *Financial Accounting: A Distillation of Experience*, 1943, p. 3.

40　第1部　会計が拘るべきもの

た，リトルトンも貸借対照表について「受託責任に関する報告書」[28] という述べ方をしており，これは［説明責任 ＝ 受託責任に関する報告の責任］ないし［説明責任 ⊃ 受託責任に関する報告の責任］ということであって，すなわち，決して［説明責任 ⊃ 受託責任］ではない。

　他方，例えば財務会計の機能を論ずる繁本知宏は「友岡［2010］40頁 [29] が指摘するように，受託責任 ＝ 財産管理責任 ＋ 会計責任や，受託責任 ＝ 財産管理責任であり会計責任は別の存在，という考え方も存在するが，受託責任，会計責任，財産管理責任の関係に関する考察は本稿の射程外に置き，AICPA［1973］の見解に従う」[30] として「会計責任は受託責任よりも広範な概念と考えられる」[31] と述べているが，この繁本が依拠する「AICPA［1973]」，すなわちアメリカ公認会計士協会（American Institute of Certified Public Accountants）（AICPA）の1973年の報告書は次のように述べている。

　　　「会計責任とは，受託者責任を内包する広範な用語である。受託者責
　　　任は，資源を効果的に管理・運用すること，ならびに，資源の保全と
　　　費消の計画を実施することをいう。経営者の受託責任を報告すること
　　　が，財務諸表の主要な目的として長い間認められてきた。しかしなが
　　　ら，経営者責任は，受託者責任だけから説明されるよりも広範にわ
　　　たっている」[32]。

　如上の記述だけでは「広範」，あるいは「内包」の意味がいま一つ分からないが，この報告書はさらに次のように述べている。

28　A. C. Littleton, *Structure of Accounting Theory*, 1953, p. 82.

29　友岡『会計学原理』52 ～ 54頁。

30　繁本知宏「財務会計の機能に関する再考察——企業の所有構造の変化を踏まえて」『香川大学経済論叢』第88巻第3号，2015年，37頁。

31　同上，37頁。

32　アメリカ公認会計士協会／川口順一（訳）『財務諸表の目的』1976年，29頁。

第 1 章　複式簿記への固執と未来指向の否定　*41*

　　「社会は，広範な，ときとして不特定の責任，しかし，それにもかか
　　わらず抗弁の許されない責任を課すことがある。また，企業は，ある
　　種の社会的責任を自発的に引受けることがある。その企業は，広範な
　　諸責任を解除されるに際して，行ったこと，あるいは行わなかったこ
　　とに対して会計責任を問われる」[33]。

　そして，この報告書はそもそも「みずからのなした行為とそれから生ずる
結果に対して他人に責任のある人ならば，誰でも会計責任を負っている」[34]
としており，要するに，責任はすべて会計責任（説明責任）を伴う，という
ことなのである。
　すなわち，「会計責任は受託責任よりも広範」とか，「会計責任は受託責任
を内包」とかいった言い様は些かミスリーディングであって，ともすれば
［会計責任 ⊃ 受託責任］とも解されようが，「AICPA［1973］」の見解は決
してそうではなくして［会計責任 ⊃ 受託責任についての会計責任］という
ことであって，別言すれば，会計責任には受託責任についての会計責任もあ
れば，○○責任についての会計責任もあれば，□□責任についての会計責任
もある，ということなのである。

スチュワードシップ

　さて，渡邉は次のように述べている。

　　「近年，IASB や AAA の財務会計基準委員会等によって主張されて
　　きた受託責任というのは……受託者としての財産管理人と委託者とし
　　ての荘園領主の間に生じる財産の管理・運用に対する説明責任に由来
　　した考え方である。必ずしも今日のように，受託者（経営者）が委託
　　者（株主）に対して，複式簿記にもとづく損益計算の結果についての

33　同上，29頁。
34　同上，29頁。

42 第1部　会計が拘るべきもの

会計責任を果たすために行う報告行為を指すわけではない」[35]。

　ここで複式簿記に言及することについて，渡邉の意図は分かるが，唐突の感は否めない。

　　「受託責任という用語は，英語のスチュワードシップの邦訳であるが，それは同時に，財産管理人を意味する言葉でもある。すなわち，本来，スチュワードシップは，受託責任ではなく財産管理人を意味する用語なのである。それがいつの間にか，財産管理人の責務である主人への説明責任の意味に用いられるに至った」[36]。

　しかしながら，「○○シップ」は○○の状態や○○の立場を意味し，「スチュワードシップ」は財産管理人の状態・立場を意味し，したがって，しばしば「受託責任」[37]と表記される受託責任は，しかし，厳密には「スチュワードシップにおける責任」[38]，すなわち「財産管理人の状態・立場における責任」とすべきであって，受託したことを行う責任，すなわち財産管理を行う責任を意味するが，もっとも，財産管理人の状態・立場にある，ということは，受託責任（財産管理を行う責任）を有する，ということを意味する，と捉えれば，「受託責任」という表記にも余り違和感はないかもしれない。しかし，「スチュワードシップ」は「説明責任の意味に用いられるに至った」のか。

　渡邉は「一般にいわれている受託責任とは，経営の受託者が株主から委託された資産や資金の管理・運用に対して説明責任を負うことを意味している。すなわち，委託された資金運用に対する受託者の説明責任である」[39]という

35　渡邉「会計の役割」13〜14頁（（　）書きは原文）。

36　同上，14〜15頁。

37　同上，13頁。

38　友岡賛「＜ stewardship ＞──イギリス会計史：19世紀」『三田商学研究』第33巻第1号，1990年，2頁。

が，はたしてそうなのか。

　閑話休題。

　　「重要なことは，このスチュワードシップが単に財産の管理保全に関
　　する説明責任だけではなく，その管理運用にまで及ぶ説明責任を包含
　　した概念であるという点である。過去と現在の事象に対する説明責任
　　だけではなく，未来の事象に対する説明責任をも担っているのである。
　　ここにこそ，近年，公正価値会計を前提とするIASBやFASCが会
　　計の役割として信頼性に代わって受託責任機能を掲げ，同時に会計基
　　準の基本的特性として忠実な評言を掲げる根拠があるといえるのでは
　　なかろうか」[40]。

　ここでは「保全」と「運用」の使い分けが重要であることは言を俟たない。
　なお，一般的な辞書の類いによれば，「保全」とは「保護して安全を保つ
こと」，「運用」とは「そのものの機能を上手く働かせて用いること」，さら
に「管理」とは「良い状態を維持し，また，その利用を図ること」といった
ように捉えられ，したがって，筆者は［管理 ＝ 保全（保存）＋ 運用］と
捉えており，渡邉の「管理保全」とか「管理運用」とかいった言い様には違
和感を覚えるが，ただし，用語法は，各人各様とまではいえないものの，そ
の人なりの一貫性さえあれば，人による異同は許容されるだろう。
　さて，渡邉の用語法においては「保全」は過去・現在を意味し，「運用」
は未来を意味する（「許容されるだろう」とは述べたものの，「過去の運用」もあ
れば，「未来の保全」もあるだろうということに鑑みれば，これにも違和感があ
が，まずはさて措く）。そして，「会計上の説明責任……を会計責任と呼び
……この会計責任は，過去・現在の管理保全に対する説明責任と未来にわた
る管理運用に関する説明責任とに分けることができる」[41]として前掲の**図表**

39　渡邉「会計の役割」18頁。
40　同上，14頁。

44 第1部 会計が拘るべきもの

1-1が示され、「受託責任：受託資本の管理運用に対する説明責任」からもたらされる公正価値会計が否定される[42]。

この主張は明快であり、これには異論を唱えるつもりはない[43]が、「会計を誕生させたそもそもの原点が事実性（客観性）と検証可能性（透明性）に支えられた信頼性にあることを考えると、会計上の説明責任を果たすためには、実際の取引事実にもとづく客観的な情報の提供、責任の持てる誰からも信頼されうる情報こそが意思決定にとっても真に有用な情報になるはずである」[44]とされても、「会計を誕生させたそもそもの原点が事実性と検証可能性に支えられた信頼性にあること」の根拠がよく分からず[45]、また、「本来、会計の役割は、取引事実にもとづく信頼される利益情報を提供することであり、決してどう転ぶかわからない未来の期待値を提供することではなかったはずである」[46]とされても、「はず」の根拠がよく分からない[47]。さらにまた、「真に信頼される情報とは……いつでも誰によっても検証可能な信頼性が担

---

41 同上、17頁。

42 同上、19～20頁。

43 第2章。

44 渡邉「会計の役割」17頁（（　）書きは原文）。

45 この件には「渡邉［2014］、37-42頁」との注記があるが、同書（渡邉泉『会計の歴史探訪——過去から未来へのメッセージ』2014年）のその箇所を参照してもよく分からない。

46 渡邉「会計の役割」19頁。

47 ちなみに、注記16の引用は「会計そのものの役割は、資本委託としての会計責任の遂行にあると筆者は考えている。……会計は、その役割である会計責任を遂行するためには、委託された資本の運用の経緯を審らかにしなければならない。……会計記録の対象は……資本委託としての会計責任に規定されて、「現実に生じた」企業の経済活動でなければならない。なぜなら、会計責任というのは、本来、委託された資本の運用の顛末を明らかにするものであるから、既になされた経済活動ないし経済事象しか記録の対象になり得ないのである。そのかぎりで、会計記録の対象の特質は、時間軸の視点から言えば、現在性にあるのである（ただし、巷間言われているような過去性ではない点には、くれぐれも留意されたい）」（笠井「処理規約の規定要因（3）」37頁（圏点および（　）書きは原文））と続く。

第 1 章　複式簿記への固執と未来指向の否定　*45*

保されたものでなければならない」[48] ともされているが，「誰によっても」というのであれば，会計プロフェッションの存在意義はどこにあるのだろうか。

　もっとも，例えば会計プロフェッションについて「過去を記録する仕事から，未来を見積もる仕事へ」[49] とし，「会計士の役割は「企業の未来を見積もる」こと」[50] として，これを「監査対象となるクライアント企業の一つひとつの事業，ひいては企業そのものの将来価値を見通す必要があるという意味」[51] と説明するような向きをもって否定したいことにおいては筆者も同様である。しかし，否定のプロセスには疑問がある。

48　渡邉「会計の役割」20頁。
49　小笠原直『監査法人の原点（改訂版）』2016年，34頁。
50　同上，34頁。
51　同上，34頁。

第2章

公正価値会計という行き方

　前章は公正価値会計を指向する昨今の風潮を疑問視する渡邉泉の所説を,
その主張の方向には賛意をもちつつも, 否定的に取り上げてしまったが, 本
章は, 渡邉説は暫しさて措き, 自分なりに公正価値会計をもって考える。

　公正価値は時価なのか。現在価値は時価なのか。公正価値と時価と現在価
値はどのような関係にあるのか。

　こうしたことを思量する。

現在価値は時価なのか

　同義かどうかは定かではないが, 近年は「公正価値会計」と称され, 以前
は「時価会計」と称され, そして今日にあってもなお, ときに「時価会計」
と称され, また, かつては「物価変動会計」と称された会計の領域があり,
これを対象とする研究領域は, したがって, かつては「物価変動会計論」と
称されていたが, この物価変動会計論ないし時価会計論における議論はあら
まし**図表2-1'**に示されるようなものだった。

　ただし, 筆者の捉え方にもとづく**図表2-1**の整理・分類には例えば以
下のような通説的な捉え方とは異なる点が一つある。

　　「(アメリカの財務会計基準審議会によって発行された) 財務会計概念書
　　では……取得原価, 再調達価額, 売却価額, 正味実現可能価額, 将来
　　キャッシュフローの割引現在価値の5種類を認めている。……ここで

48 第1部 会計が拘るべきもの

図表2-1 測定の面からする会計システムの分類

			何をもって測定するか	維持される資本は何か
取得原価会計／歴史的原価会計（historical cost accounting）（HCA）			取得原価／歴史的原価	名目資本
時価会計／物価変動会計	一般物価変動会計／一般物価水準会計（general price level accounting）（GPLA）／貨幣価値変動会計		修正原価	実質資本／購買力資本
	個別価格変動会計	現在原価会計（current cost accounting）（CCA）	現在原価	実体資本／物的資本
		取替原価会計（replacement cost accounting）（RCA）／実際取替原価会計	取替原価／実際取替原価	
		取替価値会計	取替価値	
		売却時価会計	売却時価	
	結合会計			
現在価値会計／割引現在価値会計			現在価値／割引現在価値	

1 　一般物価変動会計（貨幣価値変動会計）は実質資本（購買力資本）維持をまずもっての目的とし，現在原価会計は現在的な費用にもとづく現在的な利益計算，別言すれば，企業の業績を適切に示すことができるような利益の算定をもって目的とし，取替原価会計（実際取替原価会計）は実体資本（物的資本）の維持を目的とし，取替価値会計は技術革新その他の環境変化を考慮した相対的な実体資本（物的資本）の維持を目的とし，また，ときに（今日の会計の基本的な前提の一つである）継続企業の公準に反するとされ，別言すれば，（現行の会計が依拠している）動態論の考え方に反するとされる売却時価会計は，しかし，これを「売却時価を評価基準とするのは，カレント・コストを時価評価基準とするよりもはるかに筋はとおっている。所有する資産の時価としては，保有を続けるとしたときの時価（現在割引価値）か売却したときの価値しかないからである」（田中弘『時価主義を考える（第3版）』2002年，254頁（（　）書きは原文））として支持する向きもある。

第2章　公正価値会計という行き方　49

認められている取得原価以外の測定方法は，すべて時価によるもので
ある。時価とひと口に言っても，４種類の測定方法があるとされてい
るのだ」[2]。

「これから新たな時価会計として登場してくると思われるのが……無
形資産の時価会計です。……無形資産を決算期末ごとに時価（現在価
値）評価する方向です。文字どおり将来キャッシュフローの生成能力
としての資産が……その割引現在価値で評価されるわけです」[3]。

「資産の評価基準の主軸は，取得原価から時価へと徐々にシフトしつ
つある。しかし，一口に時価といっても，購入市場の時価や，売却市
場の時価，将来キャッシュ・フローの現在価値など，その内容はさま
ざまである。近年では，これらの評価基準を「公正価値」という新し
い概念によって統一的に整理する試みが行われている」[4]。

　すなわち，異同点は，現在価値（割引現在価値）をもって時価とするか否
か，という点であって，**図表２－１**においては取得原価会計および時価会
計と並ぶ第３のカテゴリーとして現在価値会計が扱われ，つまり，現在価値
をもって時価とはしていない。
　現在価値はこれを時価とは看做すことができない理由，現在価値は時価に
非ずとする理由を簡単にいえば，時価（current price; market price）は価格
だが，現在価値は価格ではない，ということ，敷衍すれば，現在価値はこれ
をもって時価（あるべき時価？）を算定することができるかもしれないが，
現在価値は決して時価そのものではない，ということである。
　もっとも，下掲の**図表２－２**[5]をもって時価と現在価値を区別している向

2　山本昌弘『会計とは何か──進化する経営と企業統治』2008年，107頁。
3　石川純治『変貌する現代会計』2008年，23頁（（　）書きは原文））。
4　伊藤邦雄『新・現代会計入門（第２版）』2016年，282頁。
5　小栗崇資『コンパクト財務会計──クイズでつける読む力』2016年，57頁。

50　第1部　会計が拘るべきもの

図表2-2　資産の測定基準

資産の測定基準 ｛ 取得原価　時価　割引現在価値 ｝ 公正価値

きも見受けられる。しかしながら，この向きは「将来キャッシュ・フローを
予想するのに役立つ情報として「時価」や「割引現在価値」が使われる」[6]と
述べ，「割引現在価値は時価に代わるもの」[7]と述べている一方，「時価評価は
時価（市場価格）と割引現在価値に分かれる」[8]と述べ，また，「国際会計基準
では，時価と割引現在価値をあわせて「公正価値」と呼んでいます」[9]として
図表2-2の「公正価値」は「国際会計基準の呼び方」[10]としている。

　ただし，差し当たりこの問題にはこれ以上は立ち入ることなく，まずはか
つての物価変動会計ないし時価会計の議論を回顧的にサーベイしておきたい。

［原価 vs. 時価］と種々の会計システム

　「会計において最も重要な論点」といっても過言ではないものに［取得原
価会計（歴史的原価会計）vs. 時価会計］があり，これは，したがって，長年
にわたって論議されてきた問題だが，時価にも種々の時価があり，したがっ
て，時価会計にも種々の時価会計があり，すなわち，この問題は，取得原価
会計に代えて，どの時価会計を採るか，の問題でもある。

　要するに，第1に，取得原価会計と時価会計のどちらを選択するか，の問
題があり，第2に，時価会計を選択するとした場合（取得原価会計を否定し
た場合），どの時価会計を選択するか，の問題がある，ということである。

　また，ここにおいて選択肢となる種々の会計システムは，測定の面から類

6　同上，56頁。

7　同上，56頁。

8　同上，56頁（（　）書きは原文）。

9　同上，57頁。

10　同上，57頁。

別された種々の会計システム，つまりは，何をもって測定するか，という点から類別された種々の会計システム，ということであって，これは前掲の**図表2-1**に示されるように整理される。

「測定属性」

ところで，「何をもって測定するか」という言い様は微妙である。別言すれば，（自分でいうのも何だが）狡い言い様である。というのは，この言い様は二通りの捉え方ができるからである。

一つは，何によって測定するのか，という意味に捉える行き方，いま一つは，何を測定するのか，という意味に捉える行き方である。「もって」は「をもって」の形で用いられ，「によって」や「でもって」と同様，手段を表す場合もあれば，「愈々もって」や「些かもって」や「〇〇氏をもって推薦する」等の形で強めとして用いられる場合，すなわち語調を強めるために用いられる場合もあるからである。

敷衍すれば，前者の場合，すなわち，何によって測定するのか，の場合には，例えば資産なら資産を（あるいは資産の価値を）取得原価，修正原価，現在原価等々のどれによって測定するのか，ということになり，後者の場合，すなわち，何を測定するのか，の場合には，例えば資産なら資産の何を測定するのか，取得原価，修正原価，現在原価等々のどれを測定するのか，ということになる。

近年，「測定属性（measurement attributes）」という概念が用いられ，例えば或る一般的なテキストにおいては「取得原価，取引原価などのように数量化もしくは測定される財務諸表の資産，負債などの構成要素の特徴または性質」[11] と定義されているが，この定義が依拠していると推察されるのはアメリカの財務会計基準審議会のステートメントにおける次のような記述である。

'"Attributes to be measured" refers to the traits or aspects of an

---

[11] 広瀬義州『財務会計（第13版）』2015年，187頁。

element to be quantified or measured, such as historical cost/
historical proceeds, current cost/current proceeds, etc.'*12*

「「測定属性（attributes to be measured）」とは，歴史的原価／実際現
金受領額，現在原価／現在現金受領額などのように，数量化もしくは
測定されるべき構成要素の特質または性質をいう」*13*。

「"測定されるべき属性（attributes to be measured）"とは，歴史的原
価・歴史的受領額，現在原価・現在受領額などのような，数量化また
は測定されるべき要素の特徴もしくは様相を意味する」*14*。

　邦訳においては「ように」と「ような」が微妙な意味合いの違いをもたら
しており，直言すれば，「ように」の方は意味が通らないが，それはさて措
き，「測定されるべき」は「構成要素」ないし「要素」なのか，あるいは
「特質または性質」ないし「特徴もしくは様相」なのか。
　「歴史的原価……のように」はやはり意味が通らないが，「歴史的原価……
のような」に続くのは（「構成要素」ないし「要素」ではなくして）「特質また
は性質」ないし「特徴もしくは様相」だろう。
　もっとも，「測定属性」と表記する場合には「属性」が測定手段なのか，
測定対象なのかが判然としないが，二つ目の邦訳のように「測定されるべき
属性」としてしまえば，「属性」は明らかに測定対象となる。
　ただしまた，この審議会のステートメントには次のような記述もある。

12　Financial Accounting Standards Board, Statement of Financial Accounting
Concepts No. 1, *Objectives of Financial Reporting by Business Enterprises*, 1978,
fn. 2.

13　FASB／平松一夫，広瀬義州（訳）『財務会計の諸概念（増補版）』2002年，11
頁。

14　万代勝信「測定属性」斎藤静樹，徳賀芳弘（責任編集）『体系現代会計学［第
1巻］　企業会計の基礎概念』2011年，335頁（（　）書きは原文）。

第2章 公正価値会計という行き方 *53*

'Items currently reported in financial statements are measured by different attributes, depending on the nature of the item and the relevance and reliability of the attribute measured.'[15]

「現在，財務諸表において報告される項目は，異なる属性によって測定されており，それはその項目の性質ならびに測定される属性の目的適合性および信頼性に左右される」[16]。

「現在財務諸表で報告されている項目は，それらの項目の性質や測定された属性のレリバンスや信頼性によって，異なる属性により測定されている」[17]。

　ここでは「項目」，すなわち前出の「構成要素」ないし「要素」が測定対象とされ，「属性」は測定手段とされているが，他方，この記述には「測定される属性」ないし「測定された属性」もある。
　例えば，属性を測定して資産（の価値）を測定する，といったことなのだろうか[18]。

　如上の事情により，本章においては「何をもって測定するか」という狭い言い様が用いられる。

---

15 Financial Accounting Standards Board, Statement of Financial Accounting Concepts No. 5, *Recognition and Measurement in Financial Statements of Business Enterprises*, 1984, para. 66.
16 FASB／平松，広瀬（訳）『財務会計の諸概念（増補版）』241頁。
17 万代「測定属性」335～336頁。
18 なおまた，「事業に使う，売却する，保有し続けて回収する，使わせて料金を取る，などのそれぞれに適合した測定の尺度（測定属性）を選択しようという考え方……」（斎藤静樹『企業会計入門——考えて学ぶ』2014年，251頁（（　）書きは原文）といった「測定尺度」と「測定属性」を同義に捉えているような記述もある。

54 第1部 会計が拘るべきもの

［原価 vs. 時価］と種々の会計システム（続）

　閑話休題。ここにおいて選択肢となる種々の会計システムは，測定の面から類別された種々の会計システム，つまりは，何をもって測定するか，という点から類別された種々の会計システム，ということであって，これは前掲の**図表2-1**に示されるように整理される，ということだった。

　すなわち，まずは取得原価会計と vs. の関係にある時価会計が一般物価の変動を考慮する一般物価変動会計と個々の財の価格の変動を考慮する個別価格変動会計（それに結合会計）に分類されるが，個別価格変動会計にも，何をもって個々の財を測定するか，によって，現在原価会計，取替原価会計，取替価値会計，売却時価会計など，種々のものがある，ということである。

　また，既述のように，現在価値をもって測定する現在価値会計は一般には時価会計の範疇に含められようが，筆者としては，現在価値をもって時価とすること，したがってまた，現在価値会計をもって時価会計とすることには躊躇いがあるため，種々の会計システムを取得原価会計，時価会計，および現在価値会計の三つに大別している。

取得原価会計の短所と，しかし，それが支持されてきた事訳

　取得原価会計の短所として挙げられるのは，むろん，物価の変動を考慮しない，ということであり，このことによって種々の問題点がもたらされる。

　一つには，貸借対照表が実態を表さない，という問題点が挙げられ，いま一つには，名目資本しか維持されない，という問題点が挙げられ，さらにいま一つには，利益が企業の業績を適切に表さない，という問題点が挙げられ，また，以上のうち，貸借対照表が実態を表さない，という点と，利益が企業の業績を適切に表さない，という点については，これらを一まとめにして，取得原価会計は経済的な実態を示さない，などともいわれる。

　こうした取得原価会計の問題点を踏まえ，種々の時価会計が提案されてきたものの，ただし，［取得原価会計 vs. 時価会計］の論議は長年にわたり，別言すれば，取得原価会計は，いくつもの問題点が指摘されながらも，長年

にわたって支持され，用いられてきている。そして，取得原価会計が用いられ続けてきた事訳としては，まずは取得原価会計の長所が重くみられてきた，という点を挙げることができ，また，この会計の第一の長所としては，客観性，を挙げることができるとはいえ，ただし，この辺りのことについては種々の立場から種々の理解をすることができる。すなわち，取得原価会計が長年にわたって支持ないし選択されてきたことについては，消極的に支持されてきた，と解することも，積極的に支持されてきた，と解することもできる。

　前述のように，取得原価会計の問題点としては，経済的な実態を示さない，という点（貸借対照表が実態を表さない，という点と，利益が企業の業績を適切に表さない，という点）と，名目資本しか維持されない，という点が挙げられるが，取得原価会計は経済的な実態を示さない，とされることについては，経済的な実態を示す，という点においては明らかに時価会計の方が勝れているものの，時価会計は客観性に難があるために選択には至らず，結果的に（消去法的に）取得原価会計が選択されてきた，とも解され，これは，消極的に支持されてきた，とする解し方である。

　あるいは，積極に支持されてきた，と解すべきだろうか。例えばエコノミストたちの間では「時価を示さない会計はナンセンス」とか，「経済的な実態を示さない取得原価会計はナンセンス」とかいった声がよく聞かれるが，そもそも会計は，経済的な実態を示すべき，なのだろうか。会計には会計固有の役割というものがありはしないだろうか。会計には経済的な実態を示すことよりも重要な役割がありはしないだろうか。

　また，会計数値には客観性こそがまずもって求められる，とする解し方もありうるだろう。

　前述の，取得原価会計は消極的に支持されてきた，とする解し方は，経済的な実態を示す，という点においては明らかに時価会計の方が勝れているが，時価会計は客観性に難があるために選択には至らず，とするものであって，そこには，時価会計がいま少し客観的だったならば，（取得原価会計ほどは客観的でなくとも）時価会計が選択される，ということが含意されている。

56 第1部 会計が拘るべきもの

　しかしながら，他方，会計数値には客観性こそがまずもって求められる，と解する場合には，客観性において勝る取得原価会計こそが積極的に選択される，ということになり，別言すれば，時価会計がいかに客観的なものであっても，その客観性が取得原価会計の客観性に（僅かでも）劣っている限り，取得原価会計が選択される，ということになる。

　さらにまた，資本維持については，前述のように，取得原価会計においては名目資本が維持される，ではなくして，取得原価会計においては名目資本しか維持されない，というネガティブな捉え方になり，これが問題点の一つに挙げられているが，名目資本を維持する，ということには積極的な意義がまったくないのだろうか。名目資本維持こそが積極的に求められる，といったことはありえないのだろうか。

現在価値の擡頭

　現在価値を用いる会計は，資産の価値はそれがもたらすキャッシュ・フローをもって捉えられる，とする考え方に依拠しており，換言すれば，その資産はどれだけのキャッシュ・フローを生み出すか，その資産によってどれだけのカネが入ってくるか，という視点をもって資産の価値を捉える，ということになる。

　ただし，むろん，このキャッシュ・フローは，将来におけるキャッシュ・フロー，であるため，適切な割引率をもって現在の価値として捉え直され，その結果，得られた現在価値は，しかしながら，前述のように，筆者とすれば，これを時価と看做すことには躊躇いがあるが，そうした現在価値は，**図表２-３**に示されるように，かつては広義の「時価」に含まれ，また，近年の会計において用いられる「公正価値」についていえば，**図表２-４**に示されるように，今日，（一部の？）専門家のいう「時価」はこの公正価値を意味するものであって，一般にいう「時価」よりも広く，現在価値を含んでいる。筆者とすれば，これを時価と看做すことには躊躇いがあるが，これが時価であるかどうかはさて措き，昨今，この現在価値というものの重要性が高まりをみていることは否定することができず，また，近年は会計（会計

第2章　公正価値会計という行き方　57

図表2-3　かつての「時価」概念と現在価値の関係

			修正原価
最広義の「時価」	広義の「時価」	狭義の「時価」	購入時価 （いま買ったらいくらか，という場合の時価）
			売却時価 （いま売ったらいくらか，という場合の時価）
			現在価値

図表2-4　公正価値と「時価」概念と現在価値の関係

広義の「時価」 ＝ 専門家のいう「時価」	公正価値	市場価格 （購入価額，売却価額）	狭義の「時価」 ＝ 一般にいう「時価」
		合理的に算定された価額 （現在価値等）	

情報）における利益（利益情報）の重要性が低下してきている，などともいわれるが，現在価値の重要性の高まりはこの，利益情報の重要性の低下，によって説明される。

　かつての，利益情報こそが重視されていた状況，においては，適正な利益計算こそが最重要事，であって，そうした理解の下，利益計算は取得原価，時価のどちらによるべきか，また，取得原価を否定する場合にはどの時価を選択すべきか，などといったことが論議されていたものが，近年は企業価値が利益に取って代わり，企業価値評価が利益計算に取って代わり，別言すれば，企業価値評価こそが最重要事，と解され，「投資家の関心がトータルの

58 第1部 会計が拘るべきもの

企業価値の把握にあるとすれば」[19]，「将来キャッシュフローの見積りによる
使用価値……のみが資産に関連したトータルの企業価値を反映するものであ
る」[20]とされている，というわけである。

　ちなみに，［利益計算 → 企業価値評価］の移行は，投資者の関心，とい
う点からも種々の説明を加えることができる。
　例えば，投資者の関心それ自体は，かつても近年も，まずは株価，と不変
だが，株価を予測する手段，手法が変わってきた，とする説明が一つには考
えられ，すなわち，かつては利益を通じて収益性等を判断し，もって株価を
予測する，といったことが行われていたものが，近年は現在価値計算によっ
て把握された企業価値を通じて株価を予測するようになってきた，というわ
けだが，こうした変化は，一つには，かつては実行可能性が疑問視されてい
た現在価値計算が実行しうるようになってきた，という状況の変化がこれを
もたらしている。敷衍すれば，現在価値計算という手法それ自体はつとに知
られていたものの，かつては，（割引率の決定も難しいが）将来のキャッ
シュ・フローを適切に見積もることなどおよそ不可能，と思われていたもの
が，近年はそうでもなくなった，ということである。
　また，いま一つには，投資者の関心（目的）には［配当 → 利鞘（株価）］
という移行がみられ，かつての投資者，つまり配当が目的だった投資者は
（配当の源泉としての）利益を知りたがったが，近年はそうではなくなった，
とする説明も考えられる。

　いずれにしても，利益というものには種々の面，種々の機能があることが
改めて知られるが，利益の価値の低落については次のようにもいわれる。

　　「会計利益に対して情報提供機能を期待する動きは1960年代中頃から

19　古賀智敏「国際会計基準と公正価値会計」『會計』第174巻第5号，2008年，
　　10頁。
20　同上，10頁。

急速に高まった……。日本でも，利益の情報提供機能はより強く求められる傾向にある。しかし，複雑化した今日の企業を，利益というわずか1行の数字によって映し出すことは到底不可能である。そのため，利害調整という役割が重視されていた時代に比べ，利益の地位は相対的に低下してきているともいわれる。利益を補完するために，セグメント情報や金融商品の公正価値情報などの情報開示が進められているのもそのためである」[21]。

ただし，取得原価会計や名目資本維持についてそれらの積極的な意義の存在を既に問うた筆者はまた，利益ないし会計的利益についてもその積極的な意義の存在を問いたい[22]。

公正価値

さて「公正価値」である。

本章の冒頭には「同義かどうかは定かではないが，近年は「公正価値会計」と称され，以前は「時価会計」と称され……」と述べてはみたが，正直，やはり同義であるかどうかはよく分からない。

むろん，例えば国際会計基準審議会が2011年5月に公表した国際財務報告基準第13号「公正価値測定」やわが国の企業会計基準委員会が2010年7月に公表した企業会計基準公開草案第43号「公正価値測定及びその開示に関する会計基準（案）」は「公正価値」の定義を示しており，例えば後者は「「公正価値」とは，測定日において市場参加者間で秩序ある取引が行われた場合に，資産の売却によって受け取るであろう価格又は負債の移転のために支払うであろう価格（出口価格）をいう」（第4項（　）書きは原文）としているが，これが普遍的な定義かというと，そうとも思えず，他方また，「公正価値」は多くの場合に「時価」と同様に用いられており，事実，公開草案第43号に

---

21 伊藤『新・現代会計入門（第2版）』56〜57頁。
22 友岡賛『会計学の基本問題』2016年，第3章，をみよ。

60 第1部 会計が拘るべきもの

おいても「我が国における「時価」と国際的な会計基準における「公正価値」の会計基準上の考え方に大きな差異はないと考えられる」（第27項）とされ，「他の会計基準等で「時価」が用いられているときは，「公正価値」と読み替えてこれを適用する」（第3項）とされている。

　さらにまた，公正価値の性格ないし位置付けにかかわる問題も存するが，これについては，例えば「本書の基本的な立場は，公正価値を測定属性とは捉えていない」[23]とする立場があり，筆者もこれに与したい。

　思うに，「公正価値」は，例えば「発生主義会計」の「発生」と同様，専門的な概念ないし用語ではないのではないだろうか。

　少し横道に逸れて述べれば，会計における認識にかかわる基礎的な概念に「発生」や「実現」を挙げることができるだろうが，会計学においては「実現とは何ぞや，は頻繁に云々される」[24]のに対して，「発生とは何ぞや，が云々されることはあまりない」[25]といえ，けだし，このことは「現金収支のいかんを問わず，発生の事実をもって費用・収益を認識……」といったような発生主義の定義[26]と軌を一にしている。すなわち，「発生主義」の定義において「発生」という用語がそのままに用いられているということは「発生」が会計における特殊な概念ないし専門用語ではないことを意味している。

　閑話休題。「公正価値」は，この「発生」と同様，専門的な概念ないし用語ではないのではないだろうかといえば，そもそも「時価」も同様だろう。

　また，「公正価値」も「時価」も総称として捉えられようか。

　いや，「時価」は総称かもしれないが，「公正価値」はそうではない。時価には現在原価や売却時価等，色々な時価があり，そうした意味において「時価」は色々な時価の総称といえるだろうが，他方，公正価値に色々な公正価値はない。測定対象によって公正価値に相応しい測定属性は異なるかもしれ

23　北村敬子「公正価値測定の意義とその展開」北村敬子（編著）『財務報告における公正価値測定』2014年，1頁。

24　友岡賛『会計学原理』2012年，125頁。

25　同上，125頁。

26　同上，125頁。

第2章　公正価値会計という行き方　*61*

ないが，しかし，色々な公正価値があるわけではない。「公正」はひたすら
公正を意味し，「公正価値」はひたすら公正価値を意味する。

　ただし，以下のように「総称」とする向きもある。

　　「公正価値については……単一の測定属性を示すものではないという
　　概念上の問題を指摘することができる。活発な市場が存在し，誰でも
　　がその市場に参加可能であるならば，その対象となる資産または負債
　　については，その市場価格は単一に定まると考えられる。……しかし
　　そうではない場合には，周知のとおり，マーケット・アプローチのほ
　　か，コスト・アプローチやインカム・アプローチなどの評価技法を用
　　いて公正価値を把握することになる。……出口価格を直接に把握でき
　　ない場合の代替値として，現在価値や入口価格を位置づけるとしても，
　　公正価値概念のなかに，それらを包摂する以上，公正価値は単一にし
　　て同一の測定属性を示すものではなく，複数の測定属性の総称にほか
　　ならない。したがって，取得原価と，あるいは再調達原価，正味売却
　　価額，現在価値などといった測定属性と並列させて，あるいは対比さ
　　せて議論することは，かえって公正価値の本質を見失うこととな
　　る」[27]。

　しかし，繰り返しになるが，時価には色々な時価があるのに対して，公正
価値に色々な公正価値はない。例えば或る特定の資産にも現在原価や売却時
価等，色々な時価があるが，或る特定の資産の公正価値は一つしかない。資
産の特徴等によって公正価値に相応しい測定属性は異なるが，その資産の公
正価値に相応しい測定属性は一つしかない。

　ところで，「公正」とは何だろうか。

27　齋藤真哉「公正価値測定の限界」北村敬子（編著）『財務報告における公正価
　値測定』2014年，378頁。

62 第1部 会計が拘るべきもの

　これについては「実際に観察される市場価格（時価）と，市場価格がない
場合の……時価の推定値とを合わせて，最近では一般に公正価値と呼んでい
ます。なぜ「公正」なのかはよく分かりませんが……」[28] と些か斜に構える
向きもあれば，「公正価値は第三者との取引における客観的な価額を意味す
るため……あらゆる資産を公正価値で評価するという方向に進むことも予想
される」[29] と明快に述べている向きもある。

　また，公正価値の算定について公開草案第43号は「状況に応じた，十分な
データが入手できる適切な評価技法を併用又は選択して用いる。この際，評
価技法に用いられる入力数値は，観察可能な入力数値を最大限利用し，観察
不能な入力数値の利用を最小限にしなければならない」（第14項）とし，「評
価技法に用いられる入力数値は，さらに次のレベル１からレベル３（ヒエラ
ルキー）の順に優先順位付けを行う。……「レベル１の入力数値」とは，測
定日において，企業が入手できる活発な市場における同一の資産又は負債に
関する公表価格をいう。……「レベル２の入力数値」とは，資産又は負債に
ついて，直接又は間接的に観察可能な入力数値のうち，レベル１に含まれる
公表価格以外の入力数値をいう。……「レベル３の入力数値」とは，資産又
は負債について，観察不能な入力数値をいい……」（第15項（（　）書きは原
文））としているが，これとは些かニュアンスを違えた次のような公正価値
のヒエラルキーも考えられよう。

　　①理想形としての現在価値

　　　　資産の価値はそれがもたらすキャッシュ・フローにある，と解す
　　　るのであれば，現在価値こそが正に公正価値に相応しい。

　　②時価（市場価格）

　　　　時価は①の価値を反映しているはずであり，観察可能でもある。

　　③実際に算定される現在価値

28　斎藤『企業会計入門』70頁（（　）書きは原文）。

29　伊藤『新・現代会計入門（第２版）』282頁。

実際に算定される現在価値は不確定要素が多いために②に劣り，観察不能でもある。

　例えばジェフリー・ウィッティントン（Geoffrey Whittington）は現在価値を「多くの意思決定と評価という目的にとって潜在的に有用な情報」[30]と捉えつつも，「資産あるいは企業の「真実」の価値であると考えられるが，会計専門家が活動する現実の世界では成り立たないような厳密な条件下でのみ適切なものにすぎない」[31]とし，これが「財務報告において利用されるのは難しいと考えている」[32]が，「「真実」の価値」は①，「現実の世界では成り立たないような厳密な条件下でのみ適切」は③と類似している。

　ただし，このウィッティントンの記述は1983年刊の書『インフレーション会計——序論』(*Inflation Accounting: An Introduction to the Debate*) におけるものであり，すなわち，かつては，現在価値こそが理想的（①）ながら，実行可能性に問題あり，とされていたものが，近年は実行可能性が向上をみた，ということであれば，最早，現在価値が唯一無二の選択肢ではないか，ということになるだろうが，本当にそうだろうか。

　他方，草野真樹は次のように述べている。

　　「公正価値会計では……まず，ストックが公正価値で評価されなければならない。そのときに，もし「上場市場価格」が存在すれば，「市場参加者の現在価値の評価は，すでに当該価格に反映されている」ので，わざわざ「現在価値測定を用いる必要はない」。……上場市場価格が利用できる場合は，「公正価値に関する最良の証拠」として……それを使用すれば良い……しかし，もし上場市場価格が利用できなければ，「公正価値に関する経営者の最良の推定」が提供されなければ

30　小野正芳「ウィッティントンと剥奪価値」上野清貴（編著）『会計学説の系譜と理論構築』2015年，238頁。
31　同上，238頁。
32　同上，238～239頁。

64 第1部 会計が拘るべきもの

ならない。「公正価値の推定は，評価方法（例えば，期待将来キャッシュ・フローの割引を前提としたモデル）の使用を通じて達成される」[33]。

市場価格が「最良の証拠」というのなら，①は不要なのだろうか。

公正価値ないし現在価値と情報の有用性

以上，かつての物価変動会計論ないし時価会計論をサーベイし，また，昨今の公正価値会計の議論について思うところを述べたが，かつての物価変動会計と昨今の公正価値会計の異同については，例えば藤井秀樹が，下掲の**図表2-5**[34]のように，資本維持の有無，をもって明快に説き，また，有用な情報の提供に対する公正価値の合目的性を指摘している。

> 「資本利益計算において物価変動修正を行う点で，物価変動会計と公正価値会計は共通していますが，両者の性質は大変異なっています。……物価変動会計は，物価上昇期に生じる架空利益の計上（資本浸食）を回避することを主たる目的としていますが，公正価値会計は，有用な投資情報を提供することを主たる目的としています。このために，物価変動会計では，所定の資本維持を目的とした費用の物価変動修正が第一義的な会計手続きとされ，資産・負債の時価評価は副次的な会計手続きとされます。これに対して，公正価値会計では，公正価値で測定された会計情報は目的適合性が高く，投資意思決定に有用であるという観点から，資産・負債の時価評価（公正価値測定）が第一義的に追求されるべき会計手続きとされます。したがって……特定の資本概念が，物価変動会計においては不可欠ですが，公正価値会計においては不可欠ではありません」[35]。

---

33 草野真樹『利益会計論——公正価値評価と業績報告』2005年，30～31頁（（　）書きは原文）。

34 藤井秀樹『入門財務会計（第2版）』2017年，119頁。

第 2 章　公正価値会計という行き方　*65*

図表 2-5　物価変動会計と公正価値会計

	目的	会計手続き	特定の資本概念	測定基準
物価変動会計	架空利益の計上の回避	費用の物価変動修正	あり	入口価格（実体資本維持会計[36]の場合）
公正価値会計	有用な投資情報の提供	資産・負債の公正価値測定	なし	出口価格

　また，上野清貴は次のように藤井と同様，有用な情報の提供と公正価値会計の関係を指摘するとともに，現在価値と公正価値会計の関係にも言及している。

　　「会計の目的は，現在のおよび潜在的な投資者，融資者および他の債権者が企業への資源の提供に関する意思決定を行う際に有用な，報告企業についての財務情報を提供することで……したがって，彼らは，企業への将来の正味キャッシュ・インフローの見通しを評価するのに役立つ情報を必要としているということで……これを公正価値との関係で考えると，公正価値はまさに企業への将来のキャッシュ・インフローの見通しを評価するのに役立つ情報であるということができる。……したがって，公正価値会計は会計の目的に適合したものであるということになる」[37]。

　　「現在価値会計それ自体を提唱した会計基準設定主体はこれまで存在しない。しかし，近年，この現在価値会計の思想は……公正価値会計に継承されているということができる。……公正価値は……一般に売

35　藤井『入門財務会計（第 2 版）』119頁（（　）書きは原文）。

36　**図表 2-1** の現在原価会計，取替原価会計（実際取替原価会計），および取替価値会計に該当。

37　上野清貴『会計測定の思想史と論理——現在まで息づいている論理の解明』2014年，274頁。

66　第1部　会計が拘るべきもの

却時価を意味しているが，資産および負債に市場性がない場合……代
表的な測定方法として現在価値が措定されている。このことから，現
在価値会計は公正価値会計に継承され，現在，その思想は公正価値会
計に内在しているということができるのである」[38]。

　他方，「近年，意思決定に有用な情報という側面が過度に強調されすぎた
ため，財務会計は，その本来の計算構造の枠組みを超えて，事実にもとづく
結果の提示から乖離した，予測あるいは期待という禁断の実を口にしてし
まったように思えてならない」[39]渡邉泉は，したがって，次のように「時価
（市場価値）」[40]と現在価値[41]の異同を強調し，また，現在価値を否定している。

　　「同じく公正価値といえども，市場価値と割引現在価値では本質的に
　　はその次元を異にしている」[42]。
　　「取引時点においては，すべてが市場価値で取引され，その価格は，
　　時間の経過した決算時点で取得原価に変容するに過ぎない。換言すれ
　　ば，市場価値測定会計は，広義の取得原価主義会計，すなわち取引価
　　格会計の枠組みの中で捉えられるものであり，同じく公正価値会計の
　　範疇に属する未来会計としての割引現在価値会計とは，その本質を異
　　にしている」[43]。
　　「予測に予測を掛け合わせた割引現在価値のどこにわれわれは，会計
　　的真実や取引の客観性を求めれば良いのであろうか」[44]。

38　同上，242頁。
39　渡邉泉「行き過ぎた有用性アプローチへの歴史からの警鐘」渡邉泉（編著）
　　『歴史から見る公正価値会計──会計の根源的な役割を問う』2013年，235頁。
40　同上，248頁（（　）書きは原文）。
41　なお，渡邉は「割引現在価値」とは異なる意味をもって「現在価値」という
　　概念を用いている（同上，248頁，図表11-1），が，本章における「現在価値」
　　はすべて「割引現在価値」と同義の略称としての「現在価値」である。
42　同上，242頁。
43　同上，248頁。

筆者はどちらにも与しない。

　要するに，問題は客観性の重み（ウエイト付け）[45]であって，重みは論理の外にある。

---

44 同上，249頁。

45 客観性がどれほど重要か，ということ。

第3章
取得原価会計の存在理由

　前章は公正価値会計についてあれこれ思量したが，内心，常に拘泥しているのは取得原価会計である。

　取得原価会計の存在理由は何か。結局のところ，客観性以外にはないのか。取得原価評価・名目資本維持型の会計の存在理由は何か。名目資本維持に積極的な意義はあるのか。

　こうした問い掛けを通じて，会計をして会計たらしめているものは何かを考えたい。

取得原価主義会計論

　「物価変動」ないし「時価」などといった語をタイトルに含む会計の書は枚挙に暇がないが，他方，「原価主義」ないし「取得原価」ないし「歴史的原価」等をタイトルに含む会計の書は3冊[1]しか知らず，かつて『取得原価主義会計論』という書名を目にした際には，その斬新さに驚くとともに，それが斬新なものであるという事実にこそ驚いた。

　取得原価会計は，これについては種々の問題点が指摘されながらも，長く

1　榊原英夫『規範的財務会計論──原価主義・時価主義・価値主義会計論の検討』1986年。
　　藤井秀樹『現代企業会計論──会計観の転換と取得原価主義会計の可能性』1997年。
　　田中弘（編著）『取得原価主義会計論』1998年。

70　第1部　会計が拘るべきもの

広く行われてきており，他方，長く広く行われてきている取得原価会計は，
しかし，種々の問題を有している，という認識がそれに取って代わるべき時
価会計の摸索へと繋がり，長きにわたって多様な時価会計論が行われきた，
ということだろう。

　なお，本章においては，まずは「取得原価会計」を厳密に定義することな
く，あえてこの概念を曖昧に用いつつ，その実，「伝統的会計実践」[2] とされ
る取得原価評価・名目資本維持型の会計が概して念頭に置かれている。

取得原価会計の論拠

　　「原価主義は，もともと，ドイツにおいて1861年制定公布のドイツ普
　　通商法における売却時価説に対して，動態観が一貫して主張してきた
　　もので……しかしながら，原価主義論者は売却時価説を克服した後，
　　また，新しい挑戦に応じなければならなかった。それは第一次大戦後
　　のドイツ・インフレーションに際会して，かのシュミットによって代
　　表される費用時価説である。かかる費用時価説はいまだ克服されるに
　　いたっていないのである。否，それはその後，インフレーションの生
　　ずる度に，より強力なる理論づけをもって主張されるにいたっている
　　のである」[3]。

　如上の理解の下，「原価主義を ˙と˙ら˙ざ˙る˙を˙え˙な˙い理論づけの仕方」[4] といっ
た些か揶揄するような称し方を用いる岡本愛次は取得原価会計の論拠につい
て次の五つの説を挙げている[5]。

2　田中茂次『現代会計の構造』1976年，192頁。
3　岡本愛次『会計学の基本問題』1977年，71頁。
4　同上，72頁。
5　同上，72〜86頁。

①アカウンタビリティ説

②会計企業経験記録説

③貨幣（名目）資本による損益計算説

④収支計算による損益計算説

⑤客観性としての原価説

アカウンタビリティ説

　ここにアカウンタビリティとは「財産の受入から払出すまでの間において委託された財産が如何に管理保全されているかの顚末を，要求されれば，説明する責任」[6]のことであって，「アカウンタビリティの設定・解除ということは，会計あるいは会計制度における資産および費用の評価原則の根底をなしている」[7]として会計の「財産管理機能に着目」[8]するアカウンタビリティ説は「企業のその資源に対するアカウンタビリティの記録として，原価数字は重要な意味を有する」[9]とし，あるいは「資産および費用に関する経営者のアカウンタビリティを示すものとして取得原価が重要だからである」[10]とし，「資産を置換原価をもって再評価することは，原則として会計において許さるべきではない。なぜならば，充分な証拠書類もなく再評価によってアカウンタビリティを増大せしめることは，会計の混乱となるからである」[11]とする。

　そもそも「アカウンタビリティ」という概念の解釈は決して一様ではない[12]が，例えば「会計責任（アカウンタビリティ）の同義として，また場合によっては会計責任を包摂する広い意味で，受託責任という用語が用いられる」[13]とする広瀬義州は取得原価会計の意義について次のように述べている。

6　同上，74頁。

7　同上，74頁。

8　同上，87頁。

9　同上，73頁。

10　同上，74頁。

11　同上，74頁。

12　友岡賛『会計学の基本問題』2016年，第2章。

72 第1部 会計が拘るべきもの

　「受託責任遂行状況の報告が，計算書類の承認によって解除される以
上，少なくとも計算書類等作成の根拠となる会計情報の正確性が客観
的証拠によって立証されるものでなければ，委託者である株主は納得
しないといえよう。……会計情報が財務諸表監査を通じた信頼性に
よって担保されており，取締役がその責任の所在を弁明しうる追跡可
能性の特性を有する会計情報を広く提示するのでなければ，取締役の
受託責任は解除されない。そのような情報特性をもっているのが，取
得原価主義会計情報である」[14]。

　「客観的証拠」や「追跡可能性」を重視するこの広瀬説の吟味はのちに⑤
の客観性としての原価説の吟味とともに行われるが，他方また，「いかんな
がら，原価主義会計を支持する理論は，これまで必ずしも十分議論されてき
たとは考えられない」[15] という問題意識の下，「原価主義会計を支持するため
にこれまで漠然と展開されてきた主張を，網羅的に洗い出し，1組の命題で
表現されるいくつかの原価主義会計論に集約し，その問題点を明らかにする
とともに，それらの原価主義会計論を可能なかぎり1つの理論に統合するこ
と」[16] を目指した榊原英夫は「原価主義会計による貸借対照表は，受託資本
の管理保全責任についての報告に適しているし，損益計算書は，受託資本を
増加させる責任についての報告に適している。それゆえ，経営者は，原価主
義会計による財務諸表によって，スチュワードシップ（受託責任）について
の会計報告責任を適切に果たすことができると考えられる」[17] として次のよ
うに結論付けている。

---

13 広瀬義州「取得原価主義会計のフレームワーク」田中弘（編著）『取得原価主
　義会計論』1998年，25頁。
14 同上，25頁。
15 榊原『規範的財務会計論』4頁。
16 同上，4頁。
17 同上，54頁。

第3章　取得原価会計の存在理由　73

「会計の基本的機能として，現在株主に対するスチュワードシップについての報告機能を前提とするかぎり，原価主義会計が，もっとも有用な会計方法である」[18]。

会計企業経験記録説

会計企業経験記録説は「会計は分類の用具である。かかる分類の用具としての会計は，客観的である材料を要求するものである。……さらに，会計的真実は，その材料の当該企業に対する論証された関連性の中に反映されるのであって，かかる関連性のゆえに，特殊企業の個性ならびにその経営のデシジョンをあらわさない外部的取引は会計的記録から排除されるのである。また会計的真実の他の重要なる側面は，会計材料は，有利であれ不利であれ，経営のデシジョンから徐々に蓄積されているところの企業経験を反映することである」[19]とし，「記録された企業の経験は内部分析ならびに計画のために利用され，さらに，投資家の信頼の要素ならびに企業の純所得が経営によって恣意的に変えられなかったという指標としての外部監査のために利用されるのである」[20]とする A. C. リトルトン（A. C. Littleton）の説である。

如上の会計企業経験記録説にいわれるような「デシジョン（意思決定）」の「経験」というものに関しては例えば峯村信吉も次のように述べている。

「企業のなした意思決定の態様を示す典型的な会計数値は，資産の取得原価である。……取得原価は，企業のなした意思決定を示す経験的事象としての意味をもっている」[21]。

「会計理論は，企業活動の経験事象を，企業の行なった意思決定の経験事象として採り上げ，企業が将来に行なうべき意思決定にあたっての拠りどころとなる指標を提供する。著しい物価変動は，取得原価の，

18　同上，251頁。

19　岡本『会計学の基本問題』75頁。

20　同上，75〜76頁。

21　峯村信吉『会計学の基本問題——会計理論と会計的利益の概念』1969年，3頁。

74 第1部 会計が拘るべきもの

この面における機能の障害となったことは事実である。……貨幣価値修正原価は，過去において企業がなした意思決定を，一定の貨幣購買力をもって示すという点で，無意味ではない。しかし，貨幣価値修正原価は，非現実的な取引価格であり，現実性をもつ取引の経験値とはいえない。費用測定の時点で見積もられた再取得原価が貨幣価値修正原価より優れていることの1つは，再取得原価は取引価格として現実性をもっており，過去の経験事象をよりよく伝える点にあるといえるであろう」[22]。

また，峯村は「会計数値と異質の評価額に，次のものがある」[23] として「市場価値……清算価値……現在価値」[24] を挙げ，「これらの数値は，企業が過去においてなした行動の意思決定をあらわさないという点で会計数値とならない」[25] と念押ししており，他方，「なお，一般に，原価は財貨，役務のために投下された企業資本の額を示す。取得原価，歴史的原価は，この概念に属する。費用は，財貨，役務の費消を示す原価をさすものであるから，過去の企業の行動の意思決定を示すものとして合目的的である」[26] としている。

貨幣（名目）資本による損益計算説

貨幣（名目）資本による損益計算説は「営利的貨幣額，また貨幣収益確定のための手段としての資本の特性」[27] を念頭に置いて「資本とは企業に投下された財貨等の貨幣額であると把握」[28] し，「資本を営利的貨幣額となすことから，必然的に，その金額は期初数字と結びつかねばならない。というのは，ある貨幣額はそれが固定的なものと見なされる場合にのみ，営利的なるもの

---

22 同上，3〜4頁。
23 同上，4頁。
24 同上，4頁。
25 同上，4頁。
26 同上，4頁。
27 岡本『会計学の基本問題』79頁。
28 同上，79頁。

としての意味をもつものである。というのはかくしてのみ，その時々の営利的成果の程度が適当に決定することができるからである」[29] として，すなわち「名目資本維持または貨幣的に規定された資本維持」[30] の観点から原価主義を基礎付けようとするエルンスト・ワルプ（Ernst Walb）の説である。

取得原価会計においては名目資本維持，と一般にはいわれ，この両者は表裏一体の関係にあるようにみえながらも，しかし，違うことのような気がしなくもなく，維持については例えば次のように説明される。

> 「名目資本維持論は，物価の変動を一切考慮せず，元入れされた資本を名目貨幣単位で維持しようとするものです。したがって，名目資本維持会計のもとでは，資本が元入金額のまま将来にわたって維持されることになります。……名目資本維持論は，物価の変動を一切考慮しないという点で，原価主義会計と概念的に最も整合性の高い資本維持論となります」[31]。

「元入金額のまま……維持される」のは確かにその通りだが，はたして「名目貨幣単位で維持しようと」しているのだろうか。

名目資本維持については，取得原価会計においては名目的な資本しか維持されない，といったようにネガティブなニュアンスをもって述べられることが少なくないが，名目的な資本さえ維持すればよい，というものなのだろうか。

名目的な資本をこそ，ということはないのだろうか。

収支計算による損益計算説

収支計算による損益計算説は「収支計算による損益計算として会計を把握する考え方……をもっとも具体的にしかも徹底して展開した……コジオル

29　同上，79〜80頁。
30　同上，80頁。
31　藤井秀樹『入門財務会計（第2版）』2017年，113頁。

76 第1部 会計が拘るべきもの

(E. Kosiol) のパガトリッシュ・ビランツ（収支的貸借対照表）」[32] において「パガトリッシュ会計理論……の包括的意義は次の点にある。すなわちそれは全簿記計算の統一的な基礎づけをあたえることである。在高貸借対照表におけるパガトリッシュ評価はいわゆる調達価値ないし製作価値に導くものである」[33] とするものである。

「収支計算にもとづく会計構造ゆえに，コジオルは必然的に，原価主義を主張する」[34] とされ，また，この「説は原価主義を強力に基礎づけるものであり，むしろそのための理論構造といえるものである」[35] ともされるが，岡本は「企業会計を官庁会計と同一視し，収支計算の枠内におしこめ解釈しようとする点，したがって資本運動を抽象化しむしろ疎外している点に根本問題をもつ」[36] としている。

客観性としての原価説

客観性としての原価説は「価格総計（歴史的原価）は取引についての主要な量的な事実であり，客観的に決定された金額として受け入れられ記録に使用せられるべきである」[37] として「社会的客観性」[38] を求める一方，「検証力ある客観的な証拠は，会計の重要な要素となり，信頼しうる情報を提供するという会計の機能を正当に遂行するうえに必要な附属物となった」[39] として「技術的客観性，検証性」[40] をも求め，しかし，「むしろ技術的客観性にかたむき，ここに原価主義に固執するように見え」[41]，「微妙に技術的客観性すな

---

32 岡本『会計学の基本問題』81頁。

33 同上，82～83頁。

34 同上，82頁。

35 同上，88頁。

36 同上，88頁。

37 ペイトン，リトルトン／中島省吾（訳）『会社会計基準序説（改訳版）』1958年，44頁。

38 岡本『会計学の基本問題』85頁。

39 ペイトン，リトルトン／中島（訳）『会社会計基準序説（改訳版）』29頁。

40 岡本『会計学の基本問題』85頁。

わち確実性に堕していく」[42] W. A. ペートン（W. A. Paton）とリトルトンの説である。

この説にいわれる「客観性」については前出の広瀬の説に鑑みて考えてみたい。

取得原価会計が「わが国の企業会計……の基本的な計算システムとして存続している……理由として……（1）処分可能利益の算定，（2）財務諸表監査および（3）受託責任遂行状況の報告のいずれにも適合している点をあげることができる」[43] とする広瀬は（2）の財務諸表監査について「会社に当該事業内容または財務内容等に関する情報を有価証券の発行市場と流通市場の開示手段を通じて開示させるいわゆる証取法ディスクロージャー制度……を実質的かつ効率的に機能させるためには，少なくとも開示される情報の信頼性が高いものであることが前提である。……財務諸表監査はこの趣旨に沿って確立されているものである」[44] として次のように続けている。

> 「財務諸表監査においては監査意見を表明し，財務諸表の信頼性を保証しうる会計システムが採用されていることが前提である。……会計情報が資産の購入時からその後の費消または売却に至るまでの数値を追跡できる（これを追跡可能性という）という情報特性をもっている取得原価主義会計システムを前提にしなければ，実査，立会，確認などの監査手続によって得られる確証的な監査証拠を入手することは困難である。……資産の評価を時価で行い，また利益の測定を発生主義で行う会計では，質問，比較，分析的リビュー手続などの監査手続しか適用できなく，そこから得られる監査証拠も取得原価主義会計から得られる監査証拠に比較すると弱く，したがって信頼性の保証の程度も低く，監査人の監査意見の表明は行いにくいといえよう」[45]。

---

41 同上，86頁。
42 同上，86頁。
43 広瀬「取得原価主義会計のフレームワーク」21頁。
44 同上，23頁。

78　第1部　会計が拘るべきもの

　しかしながら，これは，例えば，その数値がその資産の取得原価であるということについて高い信頼性がある，ということであって，敷衍すれば，或る資産の取得原価数値が当該資産の取得原価をちゃんと表しているかどうか，といった意味の信頼性と，或る資産の時価数値が当該資産の時価をちゃんと表しているかどうか，といった意味の信頼性を比較した場合に前者の信頼性の方が高い，ということであって，これは岡本のいう技術的客観性にほかならない。

　他方，岡本によれば，「原価の数字を有効なものたらしめる条件は，自己の利害の意識にもとづいた，互いに独立した当事者双方の自発的な行動である。商議にもとづく交換が完全に成立した瞬間に生れた価格総計は相互に受け入れうる「価値」にほかならぬ」[46] といった言説は「社会的客観性を表示するものということができる」[47] が，如上の広瀬のいう取得原価の優位は，例えば，或る資産の取得原価数値と時価数値を比較した場合に前者の方が当該資産の価値をちゃんと表している，といったことでは決してない。

　また，広瀬は，①のアカウンタビリティ説に関して引いたように，(3) の受託責任遂行状況の報告について次のように述べている。

　　　「会計情報が財務諸表監査を通じた信頼性によって担保されており，取締役がその責任の所在を弁明しうる追跡可能性の特性を有する会計情報を広く提示するのでなければ，取締役の受託責任は解除されない。そのような情報特性をもっているのが，取得原価主義会計情報である」[48]。

　追跡可能性は技術的客観性にほかならない。
　ただし，広瀬は「受託責任の遂行は財産の名目的な維持をもってその顛末

45　同上，24頁（（　）書きは原文）。
46　ペイトン，リトルトン／中島（訳）『会社会計基準序説（改訳版）』45頁。
47　岡本『会計学の基本問題』85頁。
48　広瀬「取得原価主義会計のフレームワーク」25頁。

を明らかにすることではなく，財産の実質的または実体的な維持をもってその顛末を明らかにすることであるとする考え方もある」[49] ことは認めつつも，「その場合であっても取締役には違法配当責任，法令・定款違反責任，第三者責任など各種の責任が課されていることからみて，取得原価主義会計情報と対置される時価主義会計情報だけでもって受託責任遂行状況を報告することは困難であるといってよい」[50] としている。

　もっとも，「技術的客観性……に堕していく」とするのは飽くまでも岡本の考えであって，「技術的客観性」はこれが「社会的客観性」に劣るとするのは飽くまでも一つの考え方にしか過ぎない。

取得原価会計の必然性ないし存在理由

　以上のように取得原価会計の論拠を挙げる岡本は，しかしながら，「近時，伝統的ともいわれる原価主義に対する批判がようやく高まりつつあるやに見受けられる」[51] と述べて時価会計を心待ちにしていたことを隠そうとはせず，五つの説のいずれについても「充分納得せしめるものということは出来ない。すなわち，原価主義が会計に内在する必然性を充分証明したものとはいえない」[52] としている。

　取得原価会計の必然性とは何か。いや，そもそも必然性はあるのか。存在するものには必ず存在理由があるが，それと必然性は意味が違う。

　必然性とは，それ以外にはありえない，ということであって，すなわち，会計は取得原価会計以外にはありえない，ということになるが，はたして論じられるべきはそのようなことなのか。

　では，取得原価会計の存在理由は何か。客観性という長所については既に第2章においても論じたが，客観性以外にはないのか。

49　同上，26頁。
50　同上，26頁。
51　岡本『会計学の基本問題』71頁。
52　同上，89頁。

80 第1部 会計が拘るべきもの

　如上の問いに応じて念頭に浮かぶのは利益計算，そしてそれと表裏の関係
にある資本維持の問題だろうが，前者については例えば「取得原価会計は実
現利益の計算を損益計算の目的としている」[53] とされ，この実現利益は通常，
カネの裏付けがある処分可能利益と結び付けてその意義が捉えられ，他方，
これも第2章に言及された資本維持については名目資本維持の意義をもって，
会計をして会計たらしめているものは何か，を考えたい。

実現主義と名目資本維持

　ところで，実現利益ないしそれをもたらす実現主義と名目資本維持につい
ては一つ思うことがある[54]。

　取得原価会計にあっては実現利益が計算される，ということは，取得原価
会計にあっては実現利益だけが利益として把握される，ということを意味し，
別言すれば，未実現利益（評価益）は利益として把握されない，ということ
になるが，他方，時価会計[55] においては未実現利益も利益として把握され，
しかし，利益ではあっても配当は行わない，という選択肢はあるものの，利
益は配当される，という原則的な行き方に鑑みた場合，［未実現のものは利
益としない vs. 未実現のものも利益とする］という対比においては，取得原
価会計の方がより多くを保っているようにみえる。

　しかしながら，資本維持を考えた場合，［名目資本維持 vs. 実○資本維持］
という対比においては前述のように「名目的な資本しか維持されない」とさ
れる取得原価会計の方がより少なくしか保っていないようにみえる。

　叙上のことはどう解すべきか。

　むろん，前者は期間計算の問題，他方，後者は全体計算の問題であること
は承知しており，また，「特定の資本維持概念によって決定される全体利益
は，選択された資産評価概念によって期間に配分される」[56] という関係にあ

---

53 小栗崇資『コンパクト財務会計──クイズでつける読む力』2016年，100頁。
54 下記は物価が上昇をみている場合。
55 むろん，時価会計にも種々のものがあるが，まずはさて措く。
56 田中茂次『物価変動会計の基礎理論』1989年，23頁。

ることも承知はしているが，イマイチ釈然としない。

　もっとも，先の引用において「名目資本維持論は……原価主義会計と……最も整合性の高い資本維持論」とされていたように，名目資本維持と取得原価主義は必ずしも一対一の関係にはなく，例えば田中茂次によれば，「名目資本維持観を基礎とする計算体系は伝統的会計実践の基本型をなすものである。ただ，その会計実践は資産評価原則に取得原価主義をとっているので，しばしば名目資本維持体系が取得原価主義とのみ結びつきうるかの如く誤解されることが多いが，必ずしもそうでない」[57]とされ，この田中によれば，取得原価評価・名目資本維持型の会計システムだけでなく，取得原価評価・購買力資本維持型や取得原価評価・実体資本維持型，あるいは取替原価評価・名目資本維持型や売却時価評価・名目資本維持型や割引現在価値評価・名目資本維持型などの会計システムの存在も指摘されている[58]が，しかしながら，ここで問題にしているのは一般に「取得原価会計」と称されてきている「伝統的会計実践」にほかならず，それは取得原価評価・名目資本維持型の会計システムにほかならず，それが「伝統的」に「実践」されてきているということには，けだし，しかるべき理由がある。

　ただしまた，「名目資本維持体系が取得原価主義とのみ結びつきうる」のではないということは，たとえ「取得原価会計は実現利益の計算を損益計算の目的としている」としても，実現主義が名目資本維持と結び付くということにはならないのは言を俟たない。
　未実現利益を認識しないのが実現主義ならば，［取得原価主義 → 実現主義］という関係は認められようが，名目資本維持はこれをどのように位置付けるべきか。
　前出の［名目資本維持 vs. 実〇資本維持］という対比において「〇」には

57　田中『現代会計の構造』192頁。
58　田中『物価変動会計の基礎理論』26～27頁。

82　第1部　会計が拘るべきもの

「質」ないし「体」が入り，すなわち［名目資本維持 vs. 実質資本維持］ないし［名目資本維持 vs. 実体資本維持］ということになり，実質資本はカネにかかわり，実体資本はモノにかかわるが，名目資本はカネか，それともモノか。

　そもそも名目資本とは何か。

　もっとも，例えば「一般購買力資本維持（実質資本維持）も投下貨幣資本の名目額を修正の基礎とする点で，名目資本維持と共通するところがあり……いずれも投下された貨幣額を資本としてとらえ，貨幣資本から始まって貨幣資本に帰るという考え方を基礎においている」[59]とされるように，名目資本はカネにかかわるとする理解が一般的だろうが，はたしてそうか。

　名目資本はカネでもモノでもないような気がしなくもない。

　他方，実現主義については例えば上野清貴が次のように述べている。

　　　「取得原価会計の体系は，資産の評価基準として取得原価を適用し，収益の認識基準として実現主義を適用するシステムである。この会計システムに測定単位としての名目貨幣単位を適用したものが取得原価会計であり，一般購買力単位を適用したものが修正原価会計である。そして，これらによって算定される利益がそれぞれ実現利益および実質実現利益である。……実現主義は収益の認識基準であり……実現主義はさらに，取得原価会計における資産の評価基準としての取得原価と密接に関係している。実現主義によって収益を販売時点で認識するということは，言い換えれば，販売時点まで収益を認識しないということであり，これは取りも直さず資産を取得原価で測定することを意味するからである。このように，取得原価会計において，これらは表裏の関係にあり，これらによって，取得原価会計では未実現利益は計上されないことになるわけである」[60]。

59　同上，18頁。

「取りも直さず」なら，実現主義は不要ともいえようか。

なおまた，前述のように［取得原価主義 → 実現主義］という関係は認められようが，［実現主義 → 取得原価主義］という関係は認められないことが如上の上野の所説からは知ることができる。

ちなみにまた，田中は実現主義と資本維持について次のように述べている。

> 「しばしば，保有財産を時価で計上すれば未実現利益が計上されて「資本の維持」がそこなわれるということが，実現主義を採用する論拠としてもち出されることがある。たとえば100円の商品につきそれを取替価格120円で評価すれば20円の未実現利益が計上されるが，それを分配しようとすると，他に資金が存在しないかぎり商品の維持が不可能となる。しかし，このような論拠が提示される場合には維持さるべき資本としてはすでに「物的資本」が考えられているのであって名目資本100円が考えられているのではない。かりに商品を120円で販売して20円を利益として配分すれば名目資本は維持される。しかし実体維持はそこなわれる」[61]。

これはどういう意味だろうか。単に「原価主義会計のもとでは，利益は，期首における名目的貨幣資本，つまり期首に投下された貨幣数量を期末に維持したうえでの余剰であると考えられている。したがって，期末には，期首と同じ投下貨幣数量が維持されることになるが，このことは，資産の価格が上昇する場合，期末に期首におけるのと同じ物的資本ないし生産能力が維持されることを意味しない。それゆえ，原価主義会計に基づく利益をすべて分配すると，企業の物的資本ないし生産能力は，維持されないことになる」[62]といったことだろうか。

60　上野清貴『会計測定の思想史と論理——現在まで息づいている論理の解明』2014年，4〜5頁。

61　田中『現代会計の構造』192〜193頁。

62　榊原『規範的財務会計論』134頁。

名目資本維持の性格と意義

　田中の所説を高く評価しつつ，しかしながら，けだし，高く評価すればこそ，その問題点を俎上に載せる前川千春によれば，田中の説においては「資産評価基準は利益認識のタイミングを決定するもので期間利益計算に影響を与えるだけであると説明され……資本維持概念は維持すべき資本と全体利益を決定するものであり，資産評価基準はその全体利益の期間配分を行うものであると説明され」[63]，そうした「資本維持概念と資産評価基準との関係は名目資本維持概念の場合だけでなくいずれの資本維持概念のもとでも等しく成り立つと主張される」[64]。「しかし……物的資本維持概念のもとでどのように期間利益計算が行われるのか，名目資本維持概念のもとでの主張が物的資本維持概念のもとでも同様に成り立つと言えるのかがこれまで具体的には殆ど示されてこなかったように思われる」[65]とする前川は次のように述べている。

　　　「田中は，名目資本維持と一般購買力資本維持は……［貨幣資
　　　本 → 実体資本 → 貨幣資本］という図式で表現できるのに対して，
　　　実体資本維持または物的資本維持と呼ばれるものは……［実体資
　　　本 → 貨幣資本 → 実体資本］という資本循環の図式で表現できると
　　　している。しかし……物的資本維持概念のもとでも利益計算における
　　　資本循環の図式はあくまで［貨幣資本 → 実体資本 → 貨幣資本］で
　　　あって，実体資本の状態にあるときに評価ということが必要になると
　　　考えなくてはならないであろう。……物的資本維持概念は資本を貨幣
　　　としてではなく具体的な物財そのものとして見るというように説明さ
　　　れるが……利益計算における資本維持概念の違いは，あくまで企業に
　　　資本として投下された貨幣をどのように見るかの違いとして説明され

63　前川千春「利益計算システム類型化の意義」『経理研究』第57号，2014年，
　　313頁。
64　同上，313頁。
65　同上，313頁。

第3章　取得原価会計の存在理由　*85*

なくてはならないことになると思われ……物的資本維持概念の場合には企業に資本として投下された貨幣を特定の財に対する購買力として見るということが必要になるのではないかと思われる」[66]。

　さらにまた，前川は「（叙上の）３つの資本維持概念についてはいずれも企業に資本として投下された貨幣をどのように見るかという観点から一応の説明は可能であると思われる」[67]としており，もしかしたら，「実質資本はカネにかかわり，実体資本はモノにかかわる」といった言い様は不適当とされるのかもしれないが，もっとも，「特に物的資本維持概念のもとでの利益計算および金額表示の意味に着目して検討を行う」[68]前川は，こと名目資本維持に関しては，「名目資本維持会計の場合には全体利益を算定する際に基準点となる金額は当初より確定されていて変動しない」[69]といったことしか述べてはいない。

　しかし，「実質資本はカネにかかわり，実体資本はモノにかかわる」といった言い様が適当だろうとも，あるいはまた，実質資本だけでなく，実体資本も，モノではなく，カネだろうとも，前述のように，名目資本はカネでもモノでもないような気がしなくもなく，別言すれば，およそ別物であるような気がしなくもない。敷衍すれば，前川は，田中が第４の資本維持概念として挙げている成果資本維持について，「他の３つと同列に並べて説明可能なものかどうか」[70]と疑念をもって抱いているが，筆者とすれば，名目資本維持についても，実質資本維持および実体資本維持「と同列に並べて説明可能なものかどうか」と思わなくもなく，名目資本維持の性格は，名目資本維持を実質資本維持および実体資本維持と同列に並べた上，この二つとの比較によって相対的に捉えられるべきものではないような気がしてならない[71]。

66　同上，314頁。
67　同上，322頁。
68　同上，312頁。
69　同上，318頁。
70　同上，322頁。

86 第1部 会計が拘るべきもの

　例えば実質資本は一般購買力，実体資本はモノを意識した特定購買力を意味するが，名目資本の意義は購買力とは無縁ともいえなくはない。

---

71 「……ような気がしなくもない」とか，「……ような気がしてならない」とかいった言い様は，ともすれば，学術的ないし論理的な記述には似付かわしくない，ともされようが，あえて用いられている。

第4章

収益費用アプローチ，取得原価主義，そして名目資本維持

　前章は取得原価会計の存在理由をもって俎上に載せ，会計をして会計たらしめているものは何かを考えた。

　しかし，重ねて問いたい。会計をして会計たらしめているものは何か。

会計をして会計たらしめているもの

　「たらしめているもの」というと，会計の要件のことと思われるかもしれないが，要件とは些かニュアンスを異にする。会計の要件については（むろん，見解は区々だが）例えば複式簿記であるとか，あるいは貨幣数値であるとかいったものが挙げられよう[1]が，ここにおける「たらしめているもの」は会計に存在意義を与えているもの，あるいはまた，会計の存在意義を支えているものとでもいおうか。

　まずはおよそ論理的に非ざる言い様をすることになるが，やはり収益費用アプローチ，取得原価主義，それに名目資本維持に固執したい。収益費用アプローチ，取得原価主義，そして名目資本維持こそが会計に存在意義を与えているものであって欲しい。

1　友岡賛『会計学の基本問題』2016年，第1章。

88 第1部　会計が拘るべきもの

取得原価主義については客観性（ないし検証可能性）以外の論拠を用いたい。客観性では面白くない。

収益費用アプローチ

資産負債アプローチが支配的な昨今，などといわれるが，本当にそうだろうか。

例えば「直近の約100年間……に会計は，静態論から動態論へ，収益費用アプローチから資産負債アプローチへと，基本的な足場を移行させてきました」[2]とされ，あるいは「資産負債アプローチに立脚する現在の会計理論の方向性」[3]などともされているが，本当にそうだろうか。ここにいう「会計理論」とは何だろうか。そしてまた，如上の言われ方の原因はやはり，例えば下記のように，アメリカの財務会計基準審議会（Financial Accounting Standards Board）（FASB）に求められるのだろうか。

> 「FASBはそのステートメントの基盤となるものを追求していた。その結果として生まれた概念フレームワークは財務報告の理論をまとめた文書としては最大の，最も費用を掛けたものとなった。……現在，この概念フレームワークは会計理論に君臨している」[4]。
> 「FASBは，実現取引と未実現取引をともに持分勘定に含めることによって，財務諸表の重点を損益計算書から貸借対照表に戻した。貸借対照表は鉄道の時代には主役の座にあったが，株主資本の台頭によってその栄光を失い，そして概念フレームワークのお蔭で返り咲きを果たした」[5]。

2　藤井秀樹『入門財務会計（第2版）』2017年，「はじめに」3頁。

3　北村敬子「純資産会計の将来展望」石川鉄郎，北村敬子（編著）『資本会計の課題──純資産の部の導入と会計処理をめぐって』2008年，302頁。

4　トーマス A. キング／友岡賛（訳）『歴史に学ぶ会計の「なぜ？」──アメリカ会計史入門』2015年，162〜163頁。

5　同上，166頁。

第4章　収益費用アプローチ，取得原価主義，そして名目資本維持　*89*

あるいはまた，「伝統的な企業会計の論理は収益費用観に立ってきた。しかし……その状況は大きく変化した。FASBや国際会計基準審議会（International Accounting Standards Board）（IASB）が……資産負債観にもとづく会計基準を設定しはじめているためである」[6]ともされているが，しかしながら，アレクサンドラ B. ジマーマン（Aleksandra B. Zimmerman）とロバート・ブルーム（Robert Bloom）の所説を紹介する松下真也によれば，「近年，収益費用アプローチが勢いを増している」[7]とされ，「1980年代にFASBが公表する概念フレームワークにおいて資産負債アプローチが採用され，資産負債アプローチは形式的には復権を果たした。ただし，Zimmerman and Bloomによると，現在，収益費用アプローチは，特に実務において勢いを増していると分析されており，資産負債アプローチが支配的地位を獲得したとまではいえない」[8]とされる。

　「近年，収益費用アプローチが勢いを増している」！

　ジマーマンとブルームは次のように述べている。

　近年，FASBは，費用と収益の対応は資産負債アプローチにそぐわないため，これを軽視しているが，このことについてFASBが財務諸表利用者の声を聴き，その支持を得た形跡はおよそなく，また，アメリカ会計学会（American Accounting Association）（AAA）の財務会計基準委員会（Financial Accounting Standards Committee）（FASC）は2007年にこうしたFASBの行き方を痛烈に批判しており，さらにまた，近年，利益の質と収益力（earning power）について行われたいくつかの優れた実証研究は費用と収益の対応が利益の測定において重要であることを指摘している。費用と収益の対応はとりわけ営業利益（current operating income）の測定において重要であり，投

6　伊藤邦雄『新・現代会計入門（第2版）』2016年，52〜53頁（二つ目の（　）書きは原文）。

7　松下真也「収益費用アプローチの歴史的検討」『企業会計』第68巻第12号，2016年，6頁。

8　松下真也「資産負債アプローチの歴史的検討」『企業会計』第68巻第11号，2016年，6頁。

90　第1部　会計が拘るべきもの

資者が企業の収益力ないし長期的なキャッシュ・フロー（long run net cash flows）を予測する際に有用なこの利益はこれこそが中核利益（core earnings）として企業評価の基準となるべきである[9]。

　要するに，収益費用アプローチはこれすなわち対応（マッチング）であって，対応をもってこそしかるべく算定される営業利益をもってこそ企業の収益力をしかるべく予測することができ，収益力の予測こそが投資者にとって重要，ということである。前出の「貸借対照表は……概念フレームワークのお蔭で返り咲きを果たした」という引用は「しかしながら……一般の投資家がFASBにしたがって貸借対照表の返り咲きを認めるかどうか，は時が経てば分かるだろう」[10]と続いている。

　ところで，収益力ないし収益性とは何か。「earning power」はどうして「収益力」と訳されるのだろうか。会計の専門用語としての「earning」は，けだし，純（ネット）を意味しており，したがって，「earning power」は「利益力」とか，「利益獲得力」とか，「利益稼得力」とかではないのか。しかしまた，会計の専門用語としての「収益」は，むろん，総（グロス）を意味しているが，一般用語としての「収益」は「利益」とほぼ同義であり，したがって，一般に「収益力」とか，「収益性」とかいった表現が用いられるのだろう。ただし，どうしてか，こうした表現は会計の専門家の間でも用いられている。

　経営分析においては「企業の総合的な収益性を測定する代表的な指標が，ROA（総資産利益率）である」[11]とされ，あるいは「ROS（売上高利益率）は売上高に占める各種利益の比率を表す指標で，収益性分析の基本的な指標である」[12]とされている。どうして［利益 ÷ 収益］をもって「収益性」と称するのだろうか。けだし，この［利益 ÷ 収益］も費用と収益の対応という

9　Aleksandra B. Zimmerman and Robert Bloom,'The Matching Principle Revisited,' *The Accounting Historians Journal*, Vol. 43, No. 1, 2016, pp. 113-114.

10　キング／友岡（訳）『歴史に学ぶ会計の「なぜ？」』166頁。

11　伊藤邦雄『新・企業価値評価』2014年，102頁。

12　同上，103頁。

第4章 収益費用アプローチ，取得原価主義，そして名目資本維持　*91*

ことなのだろう。［収益 − 費用 ＝ 利益］であることからして，収益と利益の関係は費用を媒介とし，収益と利益の関係はこれすなわち費用と収益の関係ということになるのだろう。

　閑話休題。松下によれば，「Zimmerman and Bloom によると，1929年の株価暴落と1930年代の大恐慌の時代に明るみになった資産負債アプローチの欠陥を克服し，収益力や長期的現金創出能力に関する情報を財務諸表利用者に提供する目的で，1930年代のアメリカの会計実務において収益費用アプローチが意識され始めた。そして，1940年の Paton and Littleton（の *An Introduction to Corporate Accounting Standards*（『会社会計基準序説』））の公表をもって，このアプローチは会計実務においても会計理論においても支配的地位を獲得した」[13] とされ，「企業価値の源泉となる収益力を表示しないという欠陥」[14] をもって資産負債アプローチの欠陥とされる。

　1940年に上梓された *An Introduction to Corporate Accounting Standards* は「ある意味で妥協の産物」[15] とはされるものの，「1939年に……ペイトンは収益決定の重要性について次のように述べている。「……会社会計においては，利益の期間測定がもっとも重要なことである……。すなわち，もっとも重要なのは損益計算書であって貸借対照表ではない」」[16] というウィリアムA. ペートン（William A. Paton）と A. C. リトルトン（A. C. Littleton）は「ともに利益測定については同じ意見を採っていると考えることができる」[17] とされ，この二人「の著書は大きな影響を及ぼしてきた。というのは，企業における会計のもっとも重要な役割が投資家への情報提供であることを彼らの著書が明確化したからである」[18] とされる。要するに，収益費用アプローチ

13　松下「収益費用アプローチの歴史的検討」6頁。

14　同上，6頁。

15　Jean-Guy Degos, Gary John Previts「ペイトン＆リトルトン——帰納学派と演繹学派による会計基準化の試み」ベルナルド・コラス（編著）／藤田晶子（訳）『世界の会計学者——17人の学説入門』2007年，130頁。

16　同上，131頁。

17　同上，120頁。

92 第1部 会計が拘るべきもの

であって，「収益をもとに測定される利益」[19] だった。

　先述のように，ジマーマンとブルームによれば，「企業価値の源泉となる収益力を表示しないという欠陥」が指摘される資産負債アプローチについてはまた，結果のみが示されて原因が示されない，という点が問題視され，例えば北村敬子によれば，「資産負債観のもとにおいては，収益は，資本取引以外によって純資産を増加させる原因を指し，費用は，資本取引および利益処分以外によって純資産を減少させる原因を指す。すなわち，資産や負債の概念，認識基準および測定基準が明確にされていれば，その増減の把握は容易であり，したがって収益・費用の認識や測定基準は問題にされない」[20, 21] とされ，資産負債観においては「包括利益がいかなる原因から生じたのかは明らかにされない」[22] とされる。

　また，資産負債アプローチないし資産負債観[23] と財産法の関係に関する議論[24] はとりあえずはさて措き，岩田巖による財産法についての記述を引いてみよう。

　　　「この方法（財産法）によれば利潤に相当する財産の実際在高が決定されるのみであって，それが由ってきたる原因は，これを明らかにすることができない……。すなわち結果の確定があるのみで，原因分析を欠くということである。これが財産法の致命的な弱点であることは，殊更に指摘するまでもあるまい。そもそも会計は……財産変動の結果

---

18 同上，131頁。

19 同上，131頁。

20 北村敬子「資産負債観と財産法」北村敬子，新田忠誓，柴健次（責任編集）『体系現代会計学［第2巻］　企業会計の計算構造』2012年，16頁。

21 ただし，北村は「利益観として資産負債観と収益費用観があり，期間損益計算の手法として資産負債アプローチと収益費用アプローチがある」（同上，21頁）として概念を区別している。

22 同上，16〜17頁。

23 注記21をみよ。

24 北村「資産負債観と財産法」を参照。

ばかりでなく，その原因も示さなければならない。原因の説明は会計の不可欠の要素である」[25, 26]。

　資産負債アプローチないし資産負債観，あるいは財産法には因果の果しかなく，他方，（これは岩田の説とは相容れない[27]が）収益費用アプローチないし収益費用観，あるいは損益法には，けだし，二重の因果が認められるといえようか。

　「収益費用アプローチはこれすなわち対応」と前述されたが，この「対応」については例えば「収益とは営業活動によって生み出された成果であり，費用とは収益を生み出すための努力である。……このように，努力と成果に……因果関係があるという前提で損益計算を行うべしとする考え方を……対応原則という」[28]とされる。すなわち，まずは収益と費用の因果であって，岩田も次のように述べている。

　　「損益法においては費用として幾何の支出を行い，収益として幾何の収入を得たか，しかしてその結果利潤として幾何の財産が存在するにいたったのかの関係が計算表示されることになる。すなわち……ここでは利潤に相当する財産の在高と，その由ってきたる原因が対照されるのである。この関係を一表に示したものが損益計算書であることはいうまでもない」[29]。

25　岩田巌『利潤計算原理』1956年，46頁。
26　ただし，岩田には次のような理解が前提としてある。
　　「会計は単に財産の変動過程を継続的に記述するばかりではない。この記録を通じて，変動の結果を確かめるとともにその原因を明らかにして，両者を対照せしめるのである。だから会計は財産変動の「結果の計算」と「原因の記録」と「結果と原因の対照」という三つの手続からなるのである」（同上，13頁）。
27　注記32をみよ。
28　広瀬義州『財務会計（第13版）』2015年，27頁。
29　岩田『利潤計算原理』47頁。

94 第1部 会計が拘るべきもの

いま一つは名目勘定と実在勘定の因果である。名目勘定は原因を表すものであり，名目勘定は収益と費用であって原因を表すものであり，名目勘定は損益計算書項目であって原因を表すものである。名目勘定を有するアプローチには名目勘定と実在勘定の因果が認められ，かくして二重の因果が認められる。

　もっとも，如上の理解については，資産負債アプローチないし資産負債観，あるいは財産法には結果しかないが，他方，収益費用アプローチないし収益費用観，あるいは損益法には原因しかないのではないか，とされるかもしれず，すなわち，損益法にも因果は認められないのではないか，とされるかもしれない。しかしながら，財産法は貸借対照表のみをもって成り立つが，損益法は，損益計算書ばかりか，「当期の収益費用計算には不必要であるけれども次期またはそれ以後の利潤計算には必要な項目……を一表に集計した……貸借対照表」[30] が必要であって，そうした損益法における貸借対照表をもって示されるものを結果と看做しうるか，という点はこれをさて措き[31]，まずは二つ目の因果を損益法に認めたい[32]。

　原因は不要か。因果は不要か。

30　同上，151頁。

31　さて措くことなどできない問題ともされようが，あえてさて措く。

32　なお，岩田は「正確なる利潤計算を行うには……財産法と損益法を組合せて，その欠陥を相互に補正せしめることが必要である。この両者の結合ということは，結局詮じつめれば，財産変動に関する原因と結果との対照という，会計の本質的特徴の要求するところであって，この種の対照が企業会計では，利潤に関する原因と結果の対照という形態であらわれるところに，両計算が必然的に結合されざるをえない理由がある」（岩田『利潤計算原理』51頁）としているが，これは「計算の確実性，記録の便宜性という技術的理由から収入支出という具体的な事実にかかわらしめて収益費用の発生を直接認識するが，しかし収益費用を完全に網羅することは事実上困難である」（万代勝信「岩田巖先生──岩田学説を貫く記録と事実の照合」『企業会計』第69巻第1号，2017年，29頁）という損益法の欠陥を「財産法の援助をかりることによって救済」（岩田『利潤計算原理』50頁）するということである。

取得原価主義

「取得原価主義会計とは……費用配分の会計である」[33]といわれる。費用配分はこれすなわち対応か。そうであれば，収益費用アプローチは取得原価主義か。いや，取得原価主義は収益費用アプローチ，というべきか。

これらについてはまずは E. シュマーレンバッハ（Eugen Schmalenbach）による動態論が起点として想起されようが，しかし，商法の嚆矢とされるフランスの1673年商事王令の起草者として知られ，したがって，この王令には「サバリー法典」の通称があるジャック・サバリー（Jacques Savary）の『完全な商人』（*Le parfait négociant*）（1675年）[34]について次のようにいわれる。

> 「サヴァリーは，毎年，財産目録を作成するよう推奨し，1つのモデルをいくつかのルールとともに示している。このルールは商品の在庫についてであり，「商品はそれが有する価値以上で評価してはならない。というのは，商品をそれが有する価値以上に評価することは，想像の世界で金持ちになりたいと思うことに等しいからである」。この保守主義のルールにしたがって……商人は……商品の価格が下がらないかぎり，当該商品を原価で記録するだろう。……サヴァリーが商品の在庫に対して原価評価を要請していることから，ドイツの簿記学者やリシャール（Jacques Richard）はサヴァリーをシュマーレンバッハが提唱した動態論の先駆者として位置づけている」[35]。

しかし，シュマーレンバッハとサバリーについては「シュマーレンバッハ

---

33 新田忠誓「収益費用観と損益法」北村敬子，新田忠誓，柴健次（責任編集）『体系現代会計学［第2巻］　企業会計の計算構造』2012年，41頁。

34 友岡賛「ジャック・サヴァリ『完全な商人』（1675年）」『MediaNet』第16号，2009年。

35 Yannick Lemarchand「ジャック・サヴァリーとマチュー・ド・ラ・ポルト──フランスの大世紀を代表する簿記の大家」ベルナルド・コラス（編著）／藤田晶子（訳）『世界の会計学者──17人の学説入門』2007年，21～22頁（（　）書きは原文）。

96 第1部 会計が拘るべきもの

は彼自身の提唱する「動的貸借対照表観」のテーゼを浮彫するために，「静的貸借対照表観」なるものを想定し，これに対置させ……この静態観の出発点として位置づけられたのがフランス商業条例（1673年商事王令）とその注釈書といわれる「完全な商人」である」[36]とされ，あるいはシュマーレンバッハの説にあっては1673年商事王令と『完全な商人』は「一心同体のものとみなされ……シュマーレンバッハのこうした理解は，その後，彼の影響を受けた内外の諸論者に継承され，多数説を占めるに至った」[37, 38]が，しかしまた，「静的観成立のメルクマールをこの両者（1673年商事王令および『完全な商人』）に求めるシュマーレンバッハの見解を批判的に検討する」[39] A. テア・フェーン（A. ter Vehn）によれば，商品について「もしそれが新しく購入され，製造所や卸売商人の所でその価格が引下げられないと考えられる場合には，原価額で評価されるべきである。しかるに，流行遅れとなり，すでに減価しはじめ，製造所や卸売商人の所で5％の値引がおこなわれていることがわかるような場合には，その価格をそれに応じて減額しなければならない」[40]と述べる「サヴァリーには，未実現利益の計上を次年度に引延すという点から，原則として調達原価が妥当する。他方，決算日の取替原価が調達原価より低い場合には，その取替原価が用いられ，そのために在庫品に対して損失が計上されることになる」とされ，サバリーが「先行者と異なっている点は，彼が初めて「低価主義」を擁護したことにある。もしサヴァリーが調達原価に，財産目録作成日の売却価値ではなく，取替原価を対置させるならば，それは，おそらく，彼の思考過程が動態観を志向している，より以上の証拠として評価されなければならない」[41]とされる。すなわち，『完全な商

---

36 森川八洲男「テェア・フェーン教授のサヴァリー観——サヴァリー会計研究の一側面」『明大商学論叢』第52巻第4・5号，1969年，119頁。

37 同上，123頁。

38 1969年の論攷においては「わが国においても，商業条例ないしは「完全な商人」に論及した会計文献は大体こうしたシュマーレンバッハの見解をそのまま踏襲しているように思われる」（同上，124頁）とされる。

39 同上，124頁。

40 同上，132頁。

第4章　収益費用アプローチ，取得原価主義，そして名目資本維持　*97*

人』にあっては「商品の評価について，もっぱら損益計算との関係に着目し，未実現利益の計上を回避するという観点から「低価主義」が説かれている。しかも，そこで調達原価と比較されるべき時価として売却時価ではなく，「取替原価」が用いられている」[42] とされる。

　前述のように，「商業条例および「完全な商人」の会計問題の基底に流れる会計思考をシュマーレンバッハは静的貸借対照表への「転回点」として把握し，自らの主張する動的貸借対照表観に対する対立物として理解した」[43] が，これに対して，テア・フェーンは，叙上のような商品の評価に着目するとともに，『完全な商人』に示された貸借対照表等を仔細に吟味の上，「商業条例もサヴァリーの注釈書も静的貸借対照表観といわれてはならない」[44] としている。「かくして，テア・フェーンによれば商業条例および「完全な商人」には「静的貸借対照表観は表明されていない」のであり，本来的な静的観への転回点はこれを1861年のかの「ドイツ一般商法典」の制定に求めるべきであるといわれるのである」[45, 46]。

　ただし，「「完全な商人」の基底には慎重な商人的利益計算思考が貫徹している」[47] としてテア・フェーンの所説に首肯する森川八洲男は，しかし，テア・フェーンが「シュマーレンバッハと同様に……商業条例と「完全な商人」の会計思考を同一視[48] している点」[49] はこれを疑問視し，1673年商事王令と『完全な商人』の間に異同をもって認めている。すなわち，森川によれ

41　同上，132頁。

42　同上，142頁。

43　同上，141頁。

44　同上，140頁。

45　同上，142頁。

46　「シュマーレンバッハの影響力の強さ」（同上，143頁）が顕著だった注記38の状況は，しかし，その後，これに些かの変化がみられたというべきか，近年は例えば「このような（静態論の）考え方に依拠した制度会計は……1861年の普通ドイツ商法がその起点になったとされています」（藤井『入門財務会計（第2版）』120頁）とされつつ，「ただし，1673年のフランス商事王令に，その萌芽があるとされています」（同上，120頁）ともされている。

47　森川「テェア・フェーン教授のサヴァリー観」144頁。

98 第1部 会計が拘るべきもの

ば，「「完全な商人」は本質的には……商業条例の単なる注釈書ではない」[50]
とされ，「本書の基底には終始一貫して商人的観点が貫かれている」[51] のに対
し，「商業条例は……その深部には債権者保護思考が流れているものと理解
されなければならない」[52] とされている[53]。

　閑話休題。むろん，動態論をどのように定義するかによるだろうが，動態
論は取得原価主義なのだろうか。

　「原価配分の思考はシュマーレンバッハにとってほぼ固定観念に近い。
よって，シュマーレンバッハの文献のすべてにおいて一貫しているのは原価
配分の思考である」[54] とされ，また，シュマーレンバッハは「静的法学者の
ように慎重性のなかで分配可能利益を測定するのではなく，企業の業績とし
ての稼得利益を測定しようとした」[55] とも，あるいは「シュミット（F.
Schmidt）は……シュマーレンバッハと同様に収益性の正確な測定に焦点を
あてていた」[56] ともされているが，「シュマーレンバッハは……取得原価にも
とづく動的理論を確立……シュミットは……取替価格にもとづく動的理論を
構築した」[57]。

48　ただし，同様に「同一視」とはいえ，既述のように，シュマーレンバッハは
　　1673年商事王令も『完全な商人』もともに静態観とし，他方，テア・フェーン
　　はこれらはいずれも動態観としている。

49　森川「テェア・フェーン教授のサヴァリー観」144頁。

50　同上，145頁。

51　同上，145頁。

52　同上，144頁。

53　なお，森川は「商業条例は基本的には債権者保護思考に立脚……しながらも，
　　評価基準を中心とする実質的な計算規則については何ら明示することなく，こ
　　れを当時の商人慣行――それは「完全な商人」で取扱われている――に委ね」
　　（同上，145頁）ており，これは「実質的には債権者保護思考というその基本的
　　理念の後退を物語るものにほかならない」（同上，145頁）と附言している。

54　Jacques Richard「シモン，シュマーレンバッハ，シュミット――ドイツ会計
　　界の3S」ベルナルド・コラス（編著）／藤田晶子（訳）『世界の会計学者――17
　　人の学説入門』2007年，73頁。

55　同上，69頁。

56　同上，69頁。

アメリカにおける動態論は *An Introduction to Corporate Accounting Standards* をもって確立をみたともされ,「リトルトンは, ペイトンととも に, *An Introduction to Corporate Accounting Standards*『会社会計基準序説』 を1940年に表し, 徹底的な動態論を主張している」[58] とも, あるいは「リト ルトンとともに『会社会計基準序説』をあらわし, 動態理論の確立につくし たペイトン」[59] ともされているが,「ペイトンが取得原価主義会計に接近した のは一時期にすぎない。他方, 取得原価主義会計を常に主張しつづけたリト ルトンにとっては, 『序説』は満足しうる内容だったといえよう」[60] とされ, リトルトンこそがアメリカの会計学界を代表する「厳格な取得原価主義」[61] 者として知られる。そうしたリトルトンの主張において「取得原価主義会計 を支えているのは同質的資料の原則と客観的決定の原則」[62] であって, 前者 については「会計数値はいろいろな数値の合成されたものである。異質な内 容をもつ数値が加算されても意味のある数値は得られない。会計資料の同質 性が求められるのはこのためである。……リトルトンはたとえ貨幣価値変動 があっても取引事実を集計することに意味があると考えた。解釈を加えて修 正するよりも, むしろ事実をありのままに表示するほうが有用性は高いと考 えたのである」[63] とされ, 後者については「リトルトンにとっての客観性と は, 企業が一方の当事者となって取引が行われたことを意味している。取引 が実際に行われたという証拠が客観性に求められているのである。取得原価 に客観性を認めるのもそのためといえよう。『序説』では「検証力ある客観

---

57 同上, 77頁。

58 高木泰典「会計上の資産概念と評価の構造——資産概念の不完全性と貸借対 照表能力に関連して」『嘉悦大学研究論集』第53巻第2号, 2011年, 64頁。

59 加藤盛弘「William A. Paton, *Corporate Profits: Measurement, Reporting, Distribution, Taxation*, 1965.」『同志社商学』第18巻第5号, 1967年, 115頁。

60 渡辺和夫『リトルトン会計思想の歴史的展開』1992年, 92頁。

61 浅野千鶴「リトルトンと客観性」上野清貴 (編著)『会計学説の系譜と理論構 築』2015年, 95頁。

62 渡辺『リトルトン会計思想の歴史的展開』183頁。

63 同上, 183～184頁。

100　第1部　会計が拘るべきもの

的な証拠」を基礎概念のひとつに掲げていた。取引事実に基づく客観性は会計資料にとって不可欠な要素とされていたのである」[64, 65] とされる。

　やはり客観性なのだろうか。むろん，例えば「会計には，客観的な会計処理行為に基づいて利害調整に寄与することが何よりも先ず求められて」[66] いるなどといった立場，すなわち，会計にあっては客観性こそが何よりも優先される，といった立場もあろう。しかし，客観性の重要性はさて措き，やはり取得原価主義には客観性（ないし検証可能性）しかないのだろうか。客観性では面白くない。客観性これ自体は面白い。すなわち客観性概念論は面白い[67]。しかし，取得原価主義の論拠が客観性では面白くない[68]。

名目資本維持

　田中茂次は「資本維持概念と資産評価概念との結合的類型」[69] と題して ［取得原価／名目資本維持］，［取替原価／名目資本維持］，［販売価格／名目

64　同上，184頁。

65　なお，この「検証力ある客観的な証拠」という概念は絶対的な客観性を求めるものではなく，動態論の特徴である長期的な観点に依拠するものとされ，すなわち，或る時点において客観的に決定された事実が爾後の事実によって改められることがあっても，最初に決定された事実はそれが納得しうる程度に客観的なものであれば，信頼に足るものと看做される，とされる（友岡賛「「客観性概念」論＜その１＞──伝統的な解釈を中心に」『三田商学研究』第30巻第2号，1987年，113〜114頁）。

66　友岡賛「「公正性概念」考＜序＞──利害調整会計の意義を中心に」『三田商学研究』第29巻第5号，1986年，109頁。

67　例えば下掲のものを参照。

　友岡「「客観性概念」論＜その１＞」。

　友岡賛「「客観性概念」論＜その２＞──主観的な要因の認識を中心に」『三田商学研究』第30巻第3号，1987年。

　友岡賛「「客観性概念」論＜その３＞──「合意」としての解釈を中心に」『三田商学研究』第30巻第4号，1987年。

　友岡賛「「客観性概念」論＜その４＞──知覚に関わらしめての解釈を中心に」『三田商学研究』第31巻第6号，1989年。

第4章　収益費用アプローチ，取得原価主義，そして名目資本維持　*101*

資本維持］，［割引現在価値／名目資本維持］，［修正原価／一般購買力資本維持］，［取得原価／一般購買力資本維持］，［取替原価／一般購買力資本維持］，［販売価格／一般購買力資本維持］，［取替原価／総額実体資本維持］，［取得原価／総額実体資本維持］，［取替原価／純額実体資本維持］，［割引現在価値／成果資本維持］，［販売価格／成果資本維持］，［取得原価／成果資本維持］，および［取替原価／成果資本維持］といった15にも上る計算システムを挙げている[70]。確かに行列（マトリックス）的には種々の組み合わせがありえようし，取得原価主義は当然に名目資本維持と結び付くわけではなく，また，名目資本維持は当然に取得原価主義と結び付くわけではなかろう。しかし，こうした許多の計算システムにどのような意味があるのか。

　「原価主義会計は，実現主義と名目資本維持を基本構造とする会計体系である」[71]と断ずる向きもあるとはいえ，いま少し退いた述べ方としては「名目資本維持論は，物価の変動を一切考慮しないという点で，原価主義会計と概念的に最も整合性の高い資本維持論」[72]などともいわれる。整合性ないし親和性はどのように参酌すべきか。

　取得原価主義は当然に名目資本維持と結び付くわけではないが，取得原価主義と名目資本維持の間には相当な親和性（なかのよさ）を認めることができ，また，取得原価主義と収益費用アプローチの間にも或る程度の親和性（そこそこ）を認めることがで

68　ちなみに，柴健次によれば，「原価主義と，時価主義と，その他の主義を並列的に論じることはナンセンス」（柴健次「原価主義と計算構造」北村敬子，新田忠誓，柴健次（責任編集）『体系現代会計学［第2巻］　企業会計の計算構造』2012年，90頁）とされる。「資産評価のいかなる主義……が，求められるかは，企業会計の第一の職能として何を求めるのかに依存」（同上，90頁）し，すなわち「主義そのものに自身の優位性を証明する論理は備わって」（同上，90頁）いない，とされる。

69　田中茂次『物価変動会計の基礎理論』1989年，27頁。

70　同上，27頁。

71　壹岐芳弘「時価主義と計算構造」北村敬子，新田忠誓，柴健次（責任編集）『体系現代会計学［第2巻］　企業会計の計算構造』2012年，94頁。

72　藤井『入門財務会計（第2版）』113頁。

102　第1部　会計が拘るべきもの

きよう。名目資本維持と収益費用アプローチの間には特段の関係はないが，この二つは取得原価主義を媒介として繋がり合う。取得原価主義と名目資本維持は，例えばエコノミスト等にいわせれば，「物価の変動を考慮しないなんてナンセンス」とか，あるいは「時価を用いないなんてナンセンス」などといわれるように，差し当たっては客観性の類いをもってしか支持しえないかもしれないが，他方，収益費用アプローチは，先述のように，二重の因果を有し，決して資産負債アプローチに劣るものではない。整合性ないし親和性の参酌は許多の「結合的類型」，すなわち許多の組み合わせを減らし，収益費用アプローチ，取得原価主義，そして名目資本維持のうちのいずれか一つが採られた場合にはほかの二つも随伴するのだろうか[73]。

73　第3章を再読のこと。

第5章

発生主義の存在理由

　会計学と経済学は「近くて遠い分野」ともされるが，経済学者（経済思想史家）の某氏はこの両者を較べて次のように述べている。

　　「経済学以外の専門家のなかには，経済学と会計学は同じような分野
　　だと考える方もたくさんいらっしゃると思いますが，実はこの二つは，
　　違った学問分野です。……経済学と会計学，それからマネージメント
　　というのは，近くて遠い分野で……簿記や会計の大原則である発生主
　　義という考え方を経済学分野の人間は理解しません。経済学分野には
　　現金の移動だけが経済現象のすべてであるという暗黙の了解があるか
　　らです。経済学者にとって，現金の移動がないケースは，経済現象の
　　変化がなかったと了解されることになります」[1]。

　やはり，というべきか[2]，はたまた，意外にも，というべきか[3]，発生主義
の存在が大きいらしい。

1　池田幸弘「平成28年度学位記授与式式辞（通信教育課程）」『三色旗』第812号，
　2017年，20〜21頁。
2　序章においては取得原価主義と名目資本維持について「やはり」としたが。
3　ほかの分野からみてもそうなのか，という意味においての「意外にも」であ
　る。

発生主義と現金主義

「今日の会計は発生主義会計である」といった記述はこれをよく目にするが，ここにおける「今日の会計は」という言い様は，以前の会計はそうではなかった，ということを含意し，また，「は〇〇主義会計である」という言い様は，〇〇主義ではない会計も存在する，ということを含意している。

しかしながら，「近くて遠い分野」に属する某氏は「簿記や会計の大原則である発生主義」とする。

さて，いまさらながら，発生主義とは何だろうか。あるいはまた，「本来，発生主義，つまり，アクルーアル・ベーシス（accrual basis）は，アメリカにおいて1913年に憲法改正が行われて近代的所得税制が確立された当時からすでに比較的大規模の企業に見られた記帳技術であってキャッシュ・ベーシス（cash basis）に対する利益測定方式としての性格をもっている」[4]ともされるように，［現金主義 vs. 発生主義］という関係にあるのなら，vs. の相手についても考えなければならない。さて，現金主義とは何だろうか。

もっとも発生主義と現金主義については既にこれまでもかなり仔細に論じてきている[5]が，しかしながら，如上の某氏の辞に触発され，あえていま一度，ここに思量したい。なお，本章にあっては筆者のこれまでの論述と被ることは最小限に抑えられようが，そうした本章には，これまでの思量，論述を踏まえ，これまでの自説をより深める，といったことは意図されていない。筆者の諸説には，むろん，通底するものはありつつも，前説とはまた違った説き方，観点を示したい。

閑話休題。山桝忠恕が引かれる。

「かの中世に見られた当座企業ないしは冒険企業のような場合……の

4　峯村信吉『財務諸表の基礎理論』1977年，25頁（（　）書きは原文）。
5　友岡賛『会計学原理』2012年，第4章。
　　友岡賛『会計の歴史（改訂版）』2018年，第4章。

損益計算のことを，俗に口別損益計算ないし口別計算と呼びならわし
ているが，それだけにまた，それは他面において全体損益計算ないし
全体計算としての特質をもち，そこでは，収支計算がそのまま収益・
費用計算の結果と合致する筋合いにもあるところから，せいぜい単純
な収支計算でもってこと足り，ことさらに複式簿記を用いつつ二面的
な計算を行なう必要までは見られない。このように，貨幣の収支の事
実に基づいて損益を認識しようとする立場のことを現金収支主義，そ
のような立場でもって貫かれた会計体系のことを現金主義会計と言う。
……ところが，期間計算ともなると……口別計算の場合のように，単
純な収支計算に依存しつつ，それらの計算を進めるというわけにはい
かなくなる。……期間計算のもとにあっては，収益・費用の発生と収
入・支出の発生とが，かならずしも期間的に合致するとはかぎらず，
収支計算をもって収益・費用の計算に代えることができないからであ
る。……このように，収支の時点と収益・費用発生の時点とが期間的
に合致しなくなったというのも，実は，その原因の大半が，企業の定
着化・継続化ということそれ自体のなかにこそ内在していたと言えよ
う。……現金主義というのは，定着企業ないし継続企業における期間
損益計算にあっては，その適応性をほとんど失ない，これに代わって，
むしろ収益なり費用なりの発生自体を意味する経済的な事実こそを重
視し，それに基づいて損益を認識しようとする立場こそがとられるに
至る。このような立場をもって発生主義と呼び，これによって特徴づ
けられる会計体系のことを発生主義会計と言う」[6]。

　他方また，昨今，最もよく読まれているらしい桜井久勝のテキストは以下
のように述べている。

　「現金主義会計は，収益と費用を，それぞれに関連する現金収入と現

6　山桝忠恕『近代会計理論』1963年，84〜87頁。

金支出の時点において認識し，その期間の損益計算書に計上する利益
計算方法である。……現金主義会計は，掛取引が発達し，企業が多額
の商品在庫と固定資産を保有する今日の経済社会では，決して適切な
利益計算方法であるとはいえない。……発生主義会計のもとでは，収
益は現金収入の時点とは無関係に，経営活動の成果と関連する重要な
事実が生じた時点で認識される。……他方，費用もまた現金支出の時
点とは無関係に，経営活動の過程において，収益の獲得のために財貨
やサービスを消費した時点で認識される。このように発生主義会計は，
収益や費用が生じたことを意味する経済的な事実の発生時点でそれら
を計上するとともに，収益と費用の対応関係を重視するところに特徴
がある」[7]。

現金主義と清算

　山桝と桜井の異同の一つは現金主義についてだろう。山桝は当座企業にお
ける現金主義について述べ，桜井は継続企業におけるそれについて述べてい
る。

　もっとも山桝は，問題がなかった当座企業における現金主義，について述
べ，また，桜井は，継続企業における現金主義には問題がある，ということ
について述べているため，要するに，同様のことを述べているともいえよう
が，ただし，前者については，当座企業における口別計算は現金主義なのか，
という問題もあり，別言すれば，これは「現金主義会計は現金をもって利益
計算をおこなう会計なのか，それとも，現金収支をもって利益計算をおこな
う会計なのか，という点である」[8]。

　当座企業における利益の把握は清算をもって行われるが，ただし，要する
に，清算は換金であって，すなわち清算それ自体は経済行為であって会計行

7　桜井久勝『財務会計講義（第18版）』2017年，72〜74頁。

8　友岡『会計学原理』123頁。

為ではない。清算という経済行為が完了し，すなわち資本の払い戻しを含むすべての支払いが終了し，そこに残った現金がイコール利益となる。

清算は，要するに，配当を支払うためになされ，清算の結果，そこに残った現金がイコール利益となるが，そこでは何も収支計算を行っているわけではない。会計における利益の把握はこれもまた同様に配当を支払うためになされるのではないか，ともされようが，しかし，それは計算であって換金ではない。

利益を把握するために清算を行う，というのと，利益を分配するために清算を行う，というのは似通ってはいるものの，似て非なるものなのかもしれない。清算は，利益を把握するためにではなく，利益を分配する（配当を支払う）ためになされる。利益の把握それ自体が目的であれば，清算はこれも会計行為とされるかもしれないが，利益の分配が目的であれば，清算は経済行為であって，清算をもってなされる利益の把握は現金収支をもってする利益計算ではなく，これを全体計算と捉え，収支計算と捉えることについては後付けの感が否めない[9]。

発生主義と現金主義（続）

ほとんど会計のことを知らない人向けに書かれた或る入門書は次のように述べている。

> 「利益を上げることと現金が貯まることはイコールなのでしょうか？……まったく異なるのです。むしろ，「利益 ＝ 現金」となることの方が少ないのです」[10]。

---

9 清算と現金主義の関係については以上のものとはまた違った説き方もある。これについては下記のものを参照。
　　友岡『会計の歴史（改訂版）』170～173頁。
10 安本隆晴『新入社員から社長まで ビジネスにいちばん使える会計の本』2016年，78頁。

108 第1部 会計が拘るべきもの

「利益を上げる」とはどういうことだろうか。この場合の「上げる」は，逐語的には，好ましい成果を得る，とか，好い成果を収める，といった意味だろう[11]が，ただし，ここには二通りの解釈がありえよう。すなわち，会計写像説的な言い様をもってすれば，利益は本体において得られ，それが写像されるのか，あるいは本体にはなく，写体において計算されるのか，ということである[12]。

また，この書は「「勘定合って，銭足らず」の状態」[13]からもたらされる黒字倒産について次のように述べている。

　　「なぜこうなるかというと，会計が発生主義，つまり現金の出入りとは関係なく，取引の事実があったかどうかで記録される方式だからです。商品を売ったという事実をもとに帳簿に記入されるので，利益が出ていても（勘定が合っていても）現金は足りない（銭足らず）のです」[14]。

ここにおける「利益が出ていても（勘定が合っていても）」は「勘定」という語からすると，会計上（財務諸表上）のこと，すなわち写体のことのようにも捉えられようが，「取引の事実があったかどうか」という述べ方に鑑みれば，会計における「取引」は財産の増減をもたらす事象のことだから，まずは本体における財産の増減の事実が認められよう。

例えば，原価100の商品を150にて掛け販売した，という場合，下記の①の取引は売掛金という財産の増加をもたらす事象，また，②は商品という財産

---

11 ちなみに，或る辞書の「あげる」の項には「（成果・利益などを）おさめる」とあり，「おさめる」の項には「成果をあげる」とある（西尾実，岩淵悦太郎，水谷静夫（編）『岩波国語辞典（第5版）』1994年（（　）書きは原文））。ナンセンス極まりない。

12 こうした議論については下記のものを参照。
　　友岡賛『会計学の基本問題』2016年，64～68頁。

13 安本『新入社員から社長まで ビジネスにいちばん使える会計の本』87頁。

14 同上，88頁（（　）書きは原文）。

の減少をもたらす事象であって，150の売上という収益と100の売上原価という費用が写像され，写体において［収益150 － 費用100 ＝ 利益50］といったように利益が計算されようが，発生主義は掛けを認めるがゆえに，利益は現金の存在をもって意味しない。

① （借方）売掛金　　150 ／（貸方）売上　　　150
② （借方）売上原価　100 ／（貸方）商品　　　100

　ただし，「取引の事実があったかどうかで記録される方式」が発生主義であって，「取引の事実があったかどうかで記録される方式」であるがために「勘定合って，銭足らず」になる，という説き方には疑問がある。取引の事実，財産の増減の事実をもって上記の記録がなされるということと，［収益150 － 費用100 ＝ 利益50］という計算はこれがその段階において行われるか，あるいは下記の③を待って行われるか，ということは別問題だろう。

③ （借方）現金　　　　150 ／（貸方）売掛金　　150

　「勘定合って，銭足らず」になるのは「取引の事実があったかどうかで記録される方式」であるがため，ではなく，①と②の記録時に［収益150 － 費用100 ＝ 利益50］という計算が行われるため，だろう。とすれば，「取引の事実があったかどうかで記録される方式」が発生主義，ということではなく，①と②の記録時に［収益150 － 費用100 ＝ 利益50］という計算を行うのが発生主義，③を待って［収益150 － 費用100 ＝ 利益50］という計算を行うのが現金主義ということになろう。

　したがって，［現金主義 vs. 発生主義］は［「現金の出入り……があったかどうかで記録される方式」vs.「取引の事実があったかどうかで記録される方式」］ではないが，例えば前出の山桝，あるいは桜井は発生主義について「収益なり費用なりの発生自体を意味する経済的な事実こそを重視し，それに基づいて損益を認識しようとする立場」，あるいは「収益や費用が生じたことを意味する経済的な事実の発生時点でそれらを計上するとともに，収益と費用の対応関係を重視するところに特徴がある」としており，要するに，

110 第1部 会計が拘るべきもの

収益・費用の発生を意味する経済的な事実，ということらしい。

　したがって，山桝と桜井の定義によれば，［現金主義 vs. 発生主義］は［現金収支の事実をもって認識 vs. 収益・費用の発生を意味する経済的な事実をもって認識］ということになろうが，ところで，一体，何を「認識」するのか，といえば，山桝は「損益」とし，桜井は「収益」および「費用」としている。これらは同義か。

　もっとも，筆者の立場ないし用語法からすると，損益（利益）は計算されるものであって，認識（記録）（測定）（写像）されるものではなく[15]，そうした立場からすれば，決して同義ということにはならないが，筆者の立場はこれをさて措く。

実現と対応

　発生と実現および対応の関係についても既にかなり仔細に論じてきている[16]が，これもここに改めて考えたい。

　例えば現金の vs. はどうして発生なのだろうか。

　発生主義は非現金主義である，とする捉え方[17]はここではさて措き，例えばどうして［実現主義 vs. 発生主義］ではないのだろうか。

　堅さ的には［現金主義 ＞ 実現主義 ＞ 発生主義］といった順に捉えられようが，ここにおいて中間に位置する実現は現金寄りか，それとも発生寄りか。通常は，現金ないし現金等価物の受け取り，をもって実現の要件とされることから，現金主義は狭義の実現主義，とも解されようし，そうであれば，実現は現金寄りとも捉えられようが，ただし，歴史的な移行は［現金主義 → 実現主義 → 発生主義］の順ではなく，［現金主義 → 発生主義］であって，「実現主義」を加えたい場合には例えば［現金主義 → 発生主義

15　第11章。

16　友岡『会計学原理』139〜146頁。

17　同上，120〜122頁。
　　　友岡『会計の歴史（改訂版）』164〜165頁。

第5章　発生主義の存在理由　111

〔＋　実現主義)〕とでもして「(＋　実現主義)」の根拠はこれを保守主義ないし
利益の処分可能性に求めるべきか。

　いま一つ，「対応」という概念がある。
　損益法による利益計算は〔収益　－　費用　＝　利益〕という形をもって行わ
れるが，例えば前出の桜井著からの引用によれば，「現金主義会計は，収益
と費用を，それぞれに関連する現金収入と現金支出の時点において認識し，
その期間の損益計算書に計上する利益計算方法」とされ，また，山桝によれ
ば，「現金主義会計の……特徴……は，かの収益なり費用なりを，現金の収
入・支出という特定の事実自体と結びつけつつ，もっぱらそのこととの関連
においてのみ認識し計上する点にある」[18]とされる。もっとも「もともと現
金主義会計のもとにあっては，収益・費用などという，格別の概念自体すら
存在しないものとみるほうが，ふさわしいようにさえ思える」[19]という，第
10章に述べられるように，いかにも山桝らしい周到な言及にはわが意を得た
りの感があり，現金主義は〔収入，すなわち収益　－　支出，すなわち費
用　＝　利益〕ではなく，あくまでも〔収入　－　支出　＝　利益〕だろうと思う
が，それはさて措く。
　さて，如上の現金主義の難点は対応の欠如にあり，すなわち，収益と費用
の間にはある対応が収入と支出の間にはない，ということだが，ただしまた，
この対応は収益と費用の定義，特に費用の定義によって捉え方が違ってくる。
　例えば桜井は同じテキストにおいて下記の二つの定義を示しているが，一
つ目の定義においては「その成果を得るために」とされており，したがって，
この「費用」の概念には対応が含まれており，対応という要素に制約されて
いる分だけ，こちらの方が狭義の「費用」といえようか。なおまた，この一
つ目の定義においては「営業活動によって」とされているため，営業利益の

18　山桝『近代会計理論』87頁。
　　　前出の引用においては「損益を認識」としていた山桝は，しかし，ここに
　　あっては「かの収益なり費用なりを……認識」としている。
19　同上，87頁。

112 第1部 会計が拘るべきもの

計算における収益・費用のこととも解されようが，そうした記述は特に見当たらない。

　　　「収益は，営業活動によって達成された成果であり，費用は，その成果を得るために費やされた努力を金額的に表したものである」[20]。

　　　「収益とは，純利益を増加させる項目であり，原則として資産の増加や負債の減少を伴って生じるものとして定義される。逆に費用とは，純利益を減少させる項目であり，原則として資産の減少や負債の増加を伴って生じるものである」[21]。

　[現金主義 vs. 発生主義] にしても [現金主義 → 発生主義] にしても，要するに，発生主義の意義は対応にあり，対応だから発生といえようか。

　かつて現金主義があったかどうかの議論はさて措き，すなわち，清算以外の現金主義はなかった，とする捉え方，あるいは，先述のように，清算は現金主義会計に非ず，とするなら現金主義はなかった，とする捉え方[22]はさて措き，かつてあったとすれば，時の経過とともに，どちらが先かはさて措き[23]，①対応させるべきという意識，および②現金主義では対応させられなくなったという状況，が生ずる。すなわち，②は，山桝によれば，「その原因の大半が，企業の定着化・継続化ということそれ自体のなかにこそ内在していた」とされる状況であって，この①，②の意識と状況が生ずるなかにあって「収益」，「費用」の概念が現れる。とするなら，これは対応をもって含む概念だろう。

　すなわち，わが意を得たり，と既述のように，もともと「収益」，「費用」

20　桜井『財務会計講義（第18版）』23頁。
21　同上，72頁。
22　こうした捉え方については下記のものを参照。
　　　　友岡『会計の歴史（改訂版）』170〜173頁。
23　この辺り，さて措いてばっかり，だが。

第5章 発生主義の存在理由　*113*

の概念があり，ただし，かつては「収入，すなわち収益」，「支出，すなわち
費用」で差し支えなかった，ということではなく，かつて現金主義の時代に
は対応の意識はなく，「収益」，「費用」の概念はなかった。また，差し当た
り「どちらが先かはさて措き」とはしたものの，けだし，②の方が先であっ
て，現金主義では対応させられなくなったという状況が対応させるべきとい
う意識をもたらした，ということだろうか。

　発生と実現および対応の関係については実に種々の解釈が示されてきてい
る[24]が，例えば以下のように説く向きもある。

　　「もし，かりに，発生主義における発生の事実と実現主義における実
　　現の事実とが異なっているものであるならば，一方において発生主義
　　の原則[25]により収益として計上しなければならないとし，他方におい
　　て実現主義の原則により収益として計上してはならないということが
　　おこり得る。……発生ということを，どのように理解するかというこ
　　とによって，費用収益対応の原則との競合も生じ得る。費用収益対応
　　の原則は関連する収益と費用とを対応させるという原則であるが，か
　　りに，発生という事実を対価の確定に求めるとすれば，対価の確定し
　　ない見積費用のようなものは，収益との関連性をもっていても計上し
　　ないことになるから，費用収益の対応がなされないこととなる。……
　　発生主義の原則は，実現主義の原則や費用収益対応の原則と次元を異
　　にする原則として理解することが必要である。それは，実現主義の原
　　則，費用収益対応の原則等の利益測定の諸原則の適用を可能にする計
　　算機構を提供する原則であって，これらの諸原則の適用を妨げる現金

24　友岡『会計学原理』139～146頁。
25　例えば，発生主義について，狭義のそれを「発生主義の原則」ないし「発生
　　原則」などと称し，広義のそれを「発生主義会計」と称するなどして区別する
　　向きも見受けられようが，本章の議論の範囲にあっては，差し当たり，そうし
　　た区別はこれを必要としない。

114 第1部 会計が拘るべきもの

主義会計に対して，発生主義会計という計算機構を登場せしめるもの
であるということができる」[26]。

なお，「わが国では，発生ということを費用ないし収益の対価が確定され
るようになるという事実に求める考え方がある（山下勝治著，会計学一般理論，
101頁）。……しかし……負債性引当金[27]のように見積費用が計上される場合
を含まないことになる点で発生主義の本質にそう定義であるとは必ずしもい
えない」[28]とされ，また，「発生主義の原則は，現金の収支の時点と異なった
時点で費用収益を計上し，これに伴って費用の繰延べ，収益の繰上げについ
て資産を認識し，費用の繰上げ，収益の繰延べについて負債を認識するとい
う費用収益の期間配分のための記帳技術に基づいて利益の測定を行うという
計算機構の基礎的原則として説明される場合と，期間配分の基準となる発生
・・・・・・・・・・・・・・・・・・・・・・・・
の事実に実質的な内容をもたせ，対価の確定がなされた時点，あるいは債務
・・・・・・・・・・・
の発生した時点，さらには因果関係のある営業活動の行われた時点に費用な
いし収益を配分するという費用収益の認識基準として説明される場合とがあ
る」[29]とされ，「前者の場合には……発生主義の原則が……諸原則と矛盾する
ことはない」[30]が，「後者の場合には……諸原則と矛盾することが生じ得
る」[31]とされる。前者は，要するに，非現金主義ということだろう。

閑話休題。上の引用において現金主義はこれが「妨げ」として捉えられて

---

26 峯村『財務諸表の基礎理論』23〜24頁。

27 「発生主義の1つの特徴は，債務の発生に応じて費用を認識するという点で現
金主義と一線を画したものであるが，債務の認識についての配慮が次第に高度
化するにつれて，金銭の支払義務のみではなくして，財貨，役務の提供義務に
ついても，それが合理的な正確性をもって見積られるかぎり債務として取り扱
われるようになったことが注意されなければならない。この典型的事例として
負債性引当金の設定を挙げることができる」（同上，25〜26頁）。

28 同上，28頁（（　）書きは原文）。

29 同上，29頁。

30 同上，29頁。

いる。

　現金主義の場合には実現をもってする収益・利益の認識はこれが果たされない。だから発生主義，ということである。とすると，「実現は現金寄り」ということでもなさそうである。他方，現金主義の場合には対応はこれが果たされない。だから発生主義，対応だから発生，ということである。

　また，発生主義は「次元を異にする」とされている。次元を異にする発生主義の存在理由は，けだし，そのメッセージ性にある。「「今日の会計は発生主義の会計である」といった言い様に込められたまずもってのメッセージは「今日の会計は現金主義の会計ではない」ということにほかならず，したがって，［現金主義会計 → 発生主義会計］の移行はまずは［現金主義の会計 → そうではない会計］の移行，すなわち［現金主義会計 → 非現金主義会計］の移行として捉えられよう」[32]。

　叙上のように，また下記のように，対応のために発生主義がもたらされる。

　　　「歴史的原価が資産評価の基礎をなしているのと同じように，費用と
　　　収益の対応が損益計算書の基礎をなしている。会計の専門家は，
　　　キャッシュ・インフローとキャッシュ・アウトフローを比べるのでは
　　　なく，或る会計期間における努力と成果を対応させるために「発生」
　　　を用いる」[33]。

　ここにおいては「発生」とともに「歴史的原価」が注目される。

　「「現在の会計情報は有用ではない」などといった声がエコノミストたち（経済学をやっているひとたち）のあいだによく聞かれるが」[34]，それはまずは

31　同上，29頁。

32　友岡『会計学原理』121〜122頁。

33　トーマス A. キング／友岡賛（訳）『歴史に学ぶ会計の「なぜ？」——アメリカ会計史入門』2015年，26頁。

34　友岡賛『株式会社とは何か』1998年，80頁（（　）書きは原文）。

116　第1部　会計が拘るべきもの

歴史的原価主義会計（取得原価主義会計）を批判しての声であって，「例えば
……「物価の変動を考慮しないなんてナンセンス」とか，あるいは「時価を
用いないなんてナンセンス」などといわれ」[35]，また，式辞の某氏いわく，
「発生主義という考え方を経済学分野の人間は理解しません」。

　経済学者には理解されない歴史的原価主義と発生主義ないしこれらの存在
理由にこそ，会計ないし会計学の何かがあるのだろうし，「収益費用アプ
ローチ，取得原価主義，そして名目資本維持こそが会計に存在意義を与えて
いるものであって欲しい」[36]。

　なおまた，ただし，歴史的原価，すなわち取得原価はキャッシュ・アウト
フローをもって伴い，他方，種々の時価の類いは概してキャッシュ・アウト
フローを伴わないが，叙上のことと併せ考えれば，歴史的原価の意義，歴史
的原価の「何か」はキャッシュ・アウトフローにはないのだろう。

もたらしたもの，もたらされたもの

　山桝によれば，発生主義をもたらしたものは「企業の定着化・継続化」
だった。

> 「定着企業形態への移行に伴なって，新しくさまざまな半恒久的な設
> 備の確保をも必要とするに至ったために，企業資本のかなりの部分が，
> 本来的な商品の購入以外に振り向けられなければならないことになっ
> たものの，もともと設備に充当された資本というのは，その循環がき
> わめて緩慢であるところから，それらにたいする支出をもって，その
> ままその期間の費用とみなしてしまうわけにはいかない。しかも，こ
> のことは，あながち設備に投下される資本についてだけのことではな
> い。かんじんの商品にしても，定着企業にあっては，さまざまな顧客
> の嗜好に応じうるように，たえず多種類・多銘柄のものをそろえ，つ

35　第4章。
36　同上。

ねにそれらの在庫を枯らさないようにしておかなければならず，そこ
でもまた，支出とその費用化とのあいだには，むしろ乖離の傾向こそ
が生じうる。また，定着化に伴ない各種の一般経費をも必要とするが，
それらについても，ほぼ同様のことが言える。そのうえ，このような
ズレというのは，企業が大規模化すればするほど，ますます著しくな
る筋合いにあるし，工企業にあっては，多くの場合，いっそうこの種
の傾向が顕著になる」[37]。

　定着化は継続化を意味し[38]，そして継続化と大規模化が重なり合う。
　筆者によれば，企業形態の近代化はこれすなわち継続化と大規模化であっ
て，また，大規模化には継続化が必要であって，継続化と大規模化が相俟っ
て期間計算が必要とされるに至る[39]。期間計算はこれすなわち対応であって，
対応だから発生だった。他方，山桝が述べるように，「定着化・継続化」が
「ズレ」をもたらし，これが大規模化と相俟って「ズレ」を大きくする。
　「ズレ」の最たるものは設備資産だった。設備資産が愈々もって増えるな
か，「固定資産」という概念が生まれ，「すなわち，短期的にでたりはいった
りする流動資産，それと，すくなくも短期的にはそういった動きのない固定
資産，この2種類のものの存在が認識され」[40]るに至り，後者について「ズ
レ」を改めるべきことが意識され，或る意味において発生主義を代表する減
価償却の思考，実践が確立をみる。
　他方，これまた「ズレ」を改める「費用の繰延べ，収益の繰上げ……費用

37　山桝『近代会計理論』86頁。
38　「通信が発達をみ，それが定着的な商業の出現を可能にしてゆく。すなわち，
　　それは，一か所に定着した商人が各地の支店ないし代理店との商業通信によっ
　　て取引を行うといったゆき方だった。……定着的な商業の一般化は16世紀，あ
　　るいは17世紀を待たなければならないかもしれないが，いずれにしても，そう
　　した定着的な商業は継続性をもった」（友岡『会計の歴史』110～111頁）。
39　友岡『株式会社とは何か』第3章。
　　友岡『会計の歴史（改訂版）』94～117頁。
40　友岡賛『歴史にふれる会計学』1996年，192頁。

118 第1部 会計が拘るべきもの

の繰上げ，収益の繰延べ」は繰延資産や引当金等であって，これらは，要するに，非現金主義だった。

　繰り返せば，対応だから発生であって，それは非現金としての発生だった。

　［発生主義 ＝ 非現金主義］と割り切ってしまわないと，発生主義は「もぬけの殻」になってしまうのかもしれない。

　「もぬけの殻」とは言い得て妙だが，峯村信吉は次のように述べている。

　　「「発生」という事実は，具体的にどういう事柄を意味するのかということが，はなはだ理解しにくい……。どちらかといえば，企業会計上のaccrueという言葉は，現金主義会計ないしそれに債権主義を加味した会計から脱皮して生成した発生主義会計の一体的な構想が背景となって独特な意味をもたしめられている。……ということは，一面からいえば，その会計思考の進化発展に伴って，他の諸原則，たとえば，取得原価主義の原則とか費用収益対応の原則のようなものと不即不離の関係をもたしめて，この言葉自体を単独に切り離しては，なんらの意味をもつかめないような，もぬけの殻のようなものにしてしまっているのである」[41]。

　しかし，もたらされたものはよもや「もぬけの殻」ではないだろう。

41　峯村信吉『近代会計学原理』1966年，17〜18頁。

第6章

減価償却思考確立の胚胎と逡巡

　前章に述べられたように，近代会計ないし今日の会計は一般に「発生主義会計」と称され，ときに減価償却は発生主義をもって代表するともされ，また，減価償却思考は近代会計の指標(メルクマール)ともされる。

　言い切ってしまえば，近代会計は発生主義であって，発生主義は減価償却がこれを代表する，ということながら，ただし，減価償却は固定資産の認識がこれの前提にあった。しかしながら，固定資産の認識はなかなかに減価償却をもたらさず，「depreciation」はなかなかに減価の費用化とはならず，発生主義の成立は焦れったく，したがって，近代会計の成立は焦れったかった[1]。

固定資産の認識

　例えば会計史家の茂木虎雄は次のように述べている。

　　　「固定資産会計こそ近代会計の中心に位する……資産 ＝ 資本に二つの回転速度の異なるものがあることを知ったときが近代会計の出発点ではなかろうか……。固定資本認識は直ちに減価償却計算に結びつくものではないが，減価償却思考の生成基盤は固定資本（概念）の成立

1　本章は下記のものを承け，また，これに依拠している。
　友岡賛「減価償却思考の確立，これの胚胎，逡巡——イギリス会計史：19世紀」『三田商学研究』第32巻第6号，1990年。

120 第1部 会計が拘るべきもの

にあった」[2]。

「固定資本の損益計算への関連認識が近代会計を成立させる。近代会
計は固定資産会計を中核とする。これがいかにして認識され，会計計
算に組み入れられるか。ここを明らかにするのが19世紀の会計史であ
る」[3]。

　そこにまずあったのは固定資産の認識だった。減価償却思考の確立，これ
に先立つものは固定資産の認識だった。

　固定資産の認識とは，設備資産の類いが「固定資産」という概念をもって
捉えられる，ということであり，すなわち，資産には日々流入・流出するよ
うなもの（流動資産）とそうではないものがあるということが知られる，と
いうことであり，二つの種類の資産の存在が認識される，ということである。

　固定資産を知ったとき，そこに近代会計がみえてくる[4]。

減価償却の意義

　減価償却論の泰斗，峯村信吉[5]によれば，「減価償却費の会計的意義を論ず
る場合，まず明らかにしておくべきは，減価償却費は，一体，それを計上し
た年度に発生した費用と認めるべきか否かという点である」[6]。

　「減価償却費は，計上年度に発生した費用でないとする見解」[7]の一つは
「将来，固定資産が除去される場合には除却損が発生するから，この除却損
を補塡する準備として減価償却費を計上するという思想に基づいて」[8]おり，
いま一つは「将来の代替資産の取得資金を留保するという思想に基づいてい
る」[9]が，しかしながら，「減価償却を以て将来の損失（除却損）の補塡と解す

2　茂木虎雄『近代会計成立史論』1969年，334頁（（　）書きは原文）。

3　同上，337頁。

4　友岡賛『歴史にふれる会計学』1996年，189〜193頁。

5　友岡賛『会計学の基本問題』2016年，311〜313頁。

6　峯村信吉『固定資産会計の理論と実務』1958年，131〜132頁。

7　同上，132頁。

8　同上，132頁。

る考え方や，代替資産の取得資金の留保と解する考え方には，近代企業会計の基調と相容れない点が見うけられ……営業成果計算的思考を基調として構成される近代企業会計においては，減価償却費の費用性の認識に立脚した償却理念を採用しなければならない」[10]。

かくして「近代企業会計の減価償却……の本質」[11] については「減価償却は，企業会計上の原価配分手続である。固定資産に投ぜられた資本価値の費消部分を回収する手続である。換言すれば，固定資産の用役の費消に応じて原価を費用化する手続である」[12] とされる。

「depreciation」

「「depreciation」という語は時の経過ないし使用による資産の価値の減少を意味するものとして用いられている」[13]。

「depreciation とは資産の価値の減少のことであって，その原因には種々のものがありうる」[14]。

「depreciation は会計において資本勘定と損益勘定の両方に影響を及ぼす。資本との関係におけるそれは 2 時点間の資産の価値の減少の測定値である。損益との関係におけるそれは製造原価の一部であって，販売されるものないし通常の営業活動において使用されるものを製造するために用いられる種々の建物，機械，および工場における時の経過および使用から生ずる損耗，老朽化，ないし価値の減少による劣化

---

9 同上，132頁。
10 同上，135頁（（　）書きは原文）。
11 峯村信吉『近代会計学原理』1966年，205頁。
12 同上，205頁。
13 Lawrence R. Dicksee, *Auditing: A Practical Manual for Auditors*, 1892, p. 120.
14 George Lisle, *Accounting in Theory and Practice: A Text-book for the Use of Accountants, Solicitors, Book-keepers, Investors, and Business Men*, 1900, p. 137.

122 第 1 部　会計が拘るべきもの

を意味している」[15]。

　「減価償却」は専門用語以外の何ものでもないが、「depreciation」の場合
は決してそうではなく、専門用語としての「depreciation」についてその定
義ないし解釈が概ね確立をみたのち、20世紀に入ってのちにおいても、その
用法の混乱は依然として以下のように指摘されている。

　　「「Depreciation」という用語は、会計のことを少しは知っている人な
　ら、誰もがよく知っており、また、会計のことを重視している人なら、
　誰もがその意味を申し分なく理解していることは明らかであるが、し
　かし、他方、この語は一般には極めていい加減に用いられ、人によっ
　て全く違う意味をもって用いられ、あるいはまた、話者がそのときに
　何をいいたいのかによってその意味が変化することも少なくない」[16]。

　上掲のものは何を措いても『監査論』(*Auditing*) をもって知名のローレ
ンス R. ディクシー（Lawrence R. Dicksee）[17] の1903年の書における記述だ
が、他方、減価償却の書を多くものしている勅許会計士 P. D. リーク（P. D.
Leake）はその1912年の書において、まずは減価償却に対する世間の関心の
低さを嘆き[18]つつ、その定義について「「Depreciation」という用語は、本
来の商業的な意味においては、償却資産の交換価値の下落を意味し、その額
は利益獲得のために当該資産が使用された期間中に費消された原価額にもと
づいて算定される。Depreciation は利益獲得のための費用の一部であって、
他の収益的支出と同様に重要なものである」[19] としているが、しかしなが

15　Edwin Guthrie, 'Depreciation,' in George Lisle（ed.）, *Encyclopædia of Accounting*, Vol. 2, 1903, p. 357.

16　Lawrence R. Dicksee, *Depreciation, Reserves, and Reserve Funds*, 1903, p. 1.

17　友岡『会計学の基本問題』第 6 章。
　　友岡賛『会計の歴史（改訂版）』2018年、234〜241頁。

18　P. D. Leake, *Depreciation and Wasting Assets and Their Treatment in Assessing Annual Profit and Loss*, 1912, p. 1.

らまた,「depreciation」という語はその意味が広過ぎる(has too wide a meaning)としていくつかの例を挙げ,例えば上場有価証券の価格について,その「上昇(appreciation)」の反対語としても用いられている[20],と述べている。

　閑話休題。「depreciation」という概念はつとにあったが,しかし,この概念をもって意味されるものは決して一様ではなく,その解釈も実践も多様だった。ときに「depreciation」は価値の減少として捉えられ,あるいは維持費(修繕費や部分的な更新費)と関わらしめて捉えられ,あるいは取替費と関わらしめて捉えられた。

　しかしながら,まずは配当政策の問題があった。

　例えばグレート・ウェスタン鉄道(Great Western Railway Co.)は1843年に depreciation をもって大幅に減額しているが,その際の同社の説明によれば,この減額によって爾後は7%の配当を維持することができるようになった[21]。

　しかしながら,配当のためにする depreciation の減額は,要するに,利益操作であって,株主間の利害対立の問題を孕むものだった。こうした減額は利益を増し,配当を増し,概して短期的な株主を利する反面,資本維持,企業維持を危うくし,概して長期的な株主の利益を害するものだった。

　かつて「depreciation」は価値の減少,減価として捉えられていた。

　例えばユーイング・マセソン(Ewing Matheson)の1884年の書によれば,「depreciation」という呼称は必ずしも適切なものではなかったが,depreciation は損耗による減価を処理する簡便な方法として用いられていた。一定の率をもってする depreciation を行うよりも,常に価値を評価し直してゆ

---

19 *Ibid.*, p. 9.

20 *Ibid.*, p. 12.

21 *Herapath's Railway and Commercial Jourrnal*, Vol. 5, No. 182, 1843, p. 120.
　　友岡「減価償却思考の確立,これの胚胎,逡巡」35頁。

124 第1部 会計が拘るべきもの

く方が適当，とも思われたが，しかし，後者は実践可能性に乏しかった[22]。

「depreciation」はまた維持費と関わらしめて捉えられ，あるいは取替費と関わらしめて捉えられた。

維持費に関わる depreciation であれば，そこに減価償却の必要性の認識はなく，また，取替費に関わる depreciation であっても，取り替えは概して遠い将来のことにしか過ぎず，取り替えのための資金の留保，その手段としての減価償却の必要性の認識はなかった。

というよりも，たとえ depreciation が行われたとしても，それはやはりまずは減価を認識するための depreciation だった。

そうした減価認識のための depreciation は評価の困難さをもって伴い，それは単なる費用配分の手段としての減価償却にはない困難さであって，また，取り替えのための資金留保の手段としての減価償却にもさほどない困難さだった。

必要性の認識がなく，しかも困難さを伴う減価償却はこれを減額するにしても，取り止めるにしても，そうした消極性に対する抵抗はおよそなかった。

しかし，やはりまずは配当政策の問題があった。高率の配当の維持こそが先決すべき問題だった。

マセソンによれば，利益のない場合においても減価償却費はこれを計上すべきではあったが，しかしながら，減価償却費の計上はこれが配当の調整手段となっている，という点に減価償却の意義はこれを認めることができ，また，将来における経営状態の悪化に備え，好調時には多額の減価償却費を計上しておくことが望ましかった[23]。

複会計システム

固定資産といえば鉄道，鉄道といえば複会計システム（double-account

---

22 Ewing Matheson, *The Depreciation of Factories, Mines and Industrial Undertakings and Their Valuation*, 1884, p. 34.

23 *Ibid.*, p. 53.

第6章　減価償却思考確立の胚胎と逡巡　*125*

system）だった。

　この会計システムはその淵源を18世紀の運河会社の実践にみることができ，これを19世紀の鉄道会社の実践が承けて完成をみるに至り[24]，そうした実践を受けて1868年鉄道規制法（Regulation of Railways Act 1868）[25] に示された財務諸表は資本収支勘定（receipts and expenditure on capital account），収益勘定（revenue account），および一般貸借対照表（general balance sheet）をもって構成され，やがて一般に「複会計システム」と称されることとなるが，そうしたこの会計システムにあっては，減価償却は行われない，ともされていた[26]。

　ディクシーはかつて複会計システムを用いていた鉄道会社等において減価償却が行われていなかったことについて次のように述べている。

　　「鉄道やガス製造所に関する法定の財務諸表の様式にみられるような旧式の複会計システムにおいては，資本的支出は元の額のままに据え置かれ，減価償却は行われないが，これは，維持に関わるすべての費用が収益をもって負担されているなら，減価償却は要らない，という考えによっている。無限の年数においてなら，いつかは維持に関わる実際の支出が固定資産に生じた減価と概ね等しくなるであろうが，しかし，限られた年数にあっては（そしてとりわけ事業の初期においては）そうはならない。というのは，支出は，たとえ些細な修繕のための支出であっても，それが有効になされる前に，減価は少なくとも或る段階に達してしまっているに違いないからである」[27]。

24　第12章。
25　31 & 32 Vict. c. 119.
26　複会計システムの概要については下記のものを参照。
　　友岡『歴史にふれる会計学』193〜211頁。
27　Dicksee, *Depreciation, Reserves, and Reserve Funds*, p. 66（（　）書きは原文）.

126 第1部 会計が拘るべきもの

したがって，ディクシーによれば，少なくとも当初のうちは実際の支出額よりも多めの見積額が賦課されない限り，単に維持費を収益に賦課するだけでは固定資産の価値を十分に維持することはできないだろうし，また，もしも収益に賦課されるものが維持のための支出だけなら，実際に当該資産が使用不能になるまでは，陳腐化による損失を償うために賦課されるものは何もない，ということになるが，しかしながら，引当金勘定を設けることによって，適切な額を収益に賦課することが容易になり，財務諸表上の利益額はこれが一般の会計システム（single-account system）と複会計システムのどちらが採用されているかによって左右されることがなくなる[28]。

この二つの会計システムの主な異同は形式の違いのみであって，一般の会計システムの場合，減価償却は種々の資産から控除されるか，あるいは貸借対照表の負債の部に引当金として示され，また，複会計システムの場合，前者の方法はこれを用いることはできず，したがって，減価償却は引当金として示されなければならないが，しかし，この異同さえも，もはや実際には一般には観察されなかった。というのは，一部の企業は資本的支出からの控除として減価償却を示す複会計の形式をもって財務諸表を作成しており，そしてこの方法は種々の電力会社においてますます好まれてきていたからだった[29]。

ただし，ディクシーは複会計システムを扱った如上の章をもって次のように結んでいる。

　　「複会計システムは，少なくとも理論上は，償却資産の取得原価をその使用期間中に収益に賦課しようとするものではなく，使用期間の終了時に同様の資産を取得する場合の原価を収益に賦課しようとするものである，という点を最後に指摘することができようし，他方また，一般の会計システムは各資産の原価を営業費用として扱おうとするも

---

28 *Ibid.*, pp. 66-67.

29 *Ibid.*, p. 67.

のであって，したがって，当該資産が事業目的に用いられる期間中に
収益に賦課されるものとして扱おうとするものである」[30]。

　「使用期間の終了時に同様の資産を取得する場合の原価」とは，けだし，
取替原価のことであって，すなわち，つとにいわれているように，複会計シ
ステムは取替法と親和性が高い，ということだろうか。

　なおまた，ディクシーによれば，事業の継続を可能ならしめるためには，
減価償却の見積額を収益に賦課するよりも，固定資産の取替額を収益に賦課
する方が確実にして安全，といった考え方は会計の専門家よりも法律家に由
来すると思われた[31]が，そうしたディクシーは複会計システムの利点につい
て次のように述べている。

　　「複会計システムの特徴は固定資産の減価償却について直接的な方法
　　はこれを用いないという点である。しかしながら，減価償却に関して
　　固定資産を減額しつつも，複会計の形式を用いることは難しいことで
　　はない。しかし，そうした場合にはどのような利点が残るのかが不明
　　である。というのは，複会計システムを用いることの唯一の利点は，
　　恐らく，随時，固定資産についてなされてきた実際の資本的支出の額
　　を明確に示すことにあるからであって，そうした原価数値は……資産
　　についての何らかの仮定にもとづくいかなる評価額よりも有用な情報
　　である」[32]。

　取替法か，はたまた減価償却か，という選択問題と，減価償却を行う場合
のその方法の選択問題は，むろん，別の問題であって，混同されてはならな
いが，「理論上は」取替法がよいのか，それとも「唯一の利点」が守られれ

30　*Ibid.*, p. 68.
31　Lawrence R. Dicksee, *Advanced Accounting*, 1903, p. 126.
32　*Ibid.*, p. 129.

128　第1部　会計が拘るべきもの

ば減価償却でもよいのか。「複会計システムの場合，前者の方法はこれを用いることはできず，したがって，減価償却は引当金として示されなければならない」ということが守られればよいのか。

　しかし，やはり取替法なのか。取得原価数値は客観的だが，取替原価数値も客観的であって，しかし，減価の認識・測定は客観性において劣る。しかし，減価償却は減価を認識・測定することなのか。

　峯村は次のように述べている。

　　「複会計制度では，資本的支出として処理することは，資本的資産の価値を確定することであり，結局，利益の源泉であり，費用に転化しない資本の価値を測定することである」[33]。
　　「一般の減価償却手続は，個別資産の認識を通じて，資本を有限値の耐用年数をもった単位で認識するために，資本価値の消滅を予想しなければならない。それ故，資本価値の消滅に対して回収計算を行うのである。しかるに，複会計制度では，資本的支出を企業の価値として理解するところからも知られるように，企業という大きな結合体の価値を資本の価値として認識するために，資本価値の消滅を予想する必要がない。資本価値が消滅しない以上，資本の回収を図る必要もなく，したがって，本質的には減価償却の手続も必要がないのである」[34]。

　いずれにしても，「減価償却を計上しないことが複会計制の特徴」[35]ともされ，「取替会計の典型的なものとして知られる英国の複会計制度」[36]ともされる。

33　峯村信吉『減価償却会計』1961年，88頁。
34　同上，98〜99頁。
35　黒澤清『近代会計学（新版）』1960年，86頁。
36　峯村『減価償却会計』87頁。

取替法と廃棄法

　複会計システムにあっては減価償却は行われず，したがって，資本収支勘定上，固定資産は取得原価のままに据え置かれ，また，収益勘定上，固定資産に関わる収益的支出は，減価償却費ではなく，取替費であって，固定資産の取替時に取替費が収益的支出として控除される，ともされる。

　「取替会計（取替法）とは，更新の場合に，新資産の取得原価を費用として処理し，除却資産の取得原価を引続き，設備勘定に残存せしめる会計処理方法」[37] であって，「新資産の取得原価を資本的支出として処理し，除却資産の取得原価を設備勘定から減額する廃棄会計[38]とは，全く対蹠的な性格をもつ」[39] とされ，また，「廃棄会計を基調とする近代企業会計」[40] とされ，「近代企業会計で廃棄会計（廃棄法）を採用するのは，実際に使用する資産の取得原価を資産勘定に記載することによって，その資産の用役の原価つまり費用を，その資産によってもたらされた収益と対応表示するという営業成果計算的見地に立脚している」[41] とされ，減価償却は廃棄法である[42, 43]。

　黒澤清は複会計システムの問題点について次のように述べている[44]。

　　「複会計制は，鉄道事業の会計的監督の強化という特殊な目的をもち，
　　その観点から現金主義会計の修正と，固定資本の維持という点に，
　　もっぱら重点をおいて構成されたものであるから，現金主義会計原則
　　からの脱却は，当初甚だ不充分であることをまぬがれなかった。……
　　そもそも複会計制は，とくに巨額の固定資産を有する企業に適用され

37　同上，87頁。

38　なお，「廃棄会計とは，資産勘定に計上されている除却資産の取得価額が減額
　　　されて除却損となり，その代わりに代替資産の取得価額が計上されるという方
　　　法である」（峯村『近代会計学原理』212頁）ともされる。

39　峯村『減価償却会計』87頁。

40　同上，87頁。

41　同上，87〜88頁。

42　峯村『近代会計学原理』212頁。

130 第1部 会計が拘るべきもの

たのであるが，発生主義会計においては，固定資産の減価償却を計上
することを重視するにもかかわらず，複会計制は，はじめこれを無視
したのである。むしろ減価償却を計上しないことが複会計制の特徴で
あるとさえも称せられたのであった」[45]。

「原始的な複会計制が減価償却法を採用せず，取替法や除却法をとっ
た結果として……会計上の諸欠陥を招くにいたった」[46]。

　如上の「黒澤教授は……現金主義会計から発生主義会計に進化する過渡期
を示すもの」[47] としてこの会計システムを捉え，すなわち，黒澤によれば，

---

43 なお，峯村は費用・収益の対応による営業成果計算と資産の取り替えの関係
について次のように述べている。

　「企業会計の損益計算は，資産の価値の費消に応じ，実現した収益に資産の費
消価値部分の原価を対応させて費用とするので，費消価値部分に投下されてい
た資本の貨幣額は，外部に利益処分されることなく再び同種の資産の代替取得
に利用されて継続的生産活動を可能にすることができる。費用収益の対応に
よって構成される成果測定計算の構造は，継続的生産活動を可能にする計算構
造の性格をも備えている。……しかし，ここで注意すべきことは，一般的には，
代替取得が可能であるということは成果測定計算の構造によってもたらされた
付随的効果であるということである」（峯村信吉『会計学の基本問題──会計理
論と会計的利益の概念』1969年，163頁）。

　「営業活動の成果の測定は，企業のなした意思決定についての成果の測定とし
て理解すべきものである……。しかし，他面，営業成果の測定が企業のなした
意思決定についての成果を明らかにするということは，逆に，特定の場合に代
替取得によって恒久的に所有しようとする意思の下に取得される資産があるな
らば，これについて代替取得の可能な費用測定基準を採用しなければならない
という事情ともなる……。営業活動の恒久的源泉をなす固定資産について再取
得原価による償却をなし，費用計上後，再取得原価の変化に応じて償却額の修
正を行ない，究極的に取替価格の費用化を図ろうとする構想が主張され……る
のは，このような事情を背景としている」（同上，163～164頁）。

44 峯村『減価償却会計』91～92頁。

45 黒澤『近代会計学（新版）』86頁。

46 同上，87頁。

47 太田哲三『固定資産會計（増補）』1954年，16頁。

第 6 章　減価償却思考確立の胚胎と逡巡　*131*

「イギリスにおいて成立したダブル・アカウント・システムは……オブリ
ゲーション・システムの一種とみとめられるものであり」[48]，「発生主義会計
原則の先駆として」[49]捉えられるこの「オブリゲーション・システム（半発
生主義）は，費用の決定を現金支出のみによらず，将来の支出（債務の発生
すなわち当方のオブリゲーション）をふくめてなし，収益の決定を現金収入の
みならず，将来の支入（債権の発生すなわち先方のオブリゲーション）をふく
めてなす会計処理の方法をいう」[50]。

　ただし，複会計システムは決して減価償却を拒むものではなかった。例え
ばロンドン＆バーミンガム鉄道（London and Birmingham Railway Co.）は既
に1830年代に完全な複会計システムを用いており，例えば1838年度の同社の
財務諸表は前出の1868年鉄道規制法にいう資本収支勘定に該る資本勘定
（capital account），収益勘定，および1868年法にいう一般貸借対照表に該る
残高勘定（balance）をもって構成され，収益勘定には収益的支出として車輌
減価償却引当金の繰入額11,312ポンドが計上され，残高勘定の負債側には引
当金の累計額が16,812ポンドと記載されていた[51]し，また，鉄道会計史家の
佐々木重人は19世紀中頃のロンドン＆ノースウェスタン鉄道（London and
North Western Railway）の複会計システムに減価償却思考の萌芽を認めてい
る[52]。
　すなわち，減価償却はこれを行わなかったのは「原始的な複会計制」では
なかった。

　ただし，やがて複会計システムについて定めた1868年鉄道規制法は減価償
却には言及することなく，また，この「法において示された統一会計報告書

48　黒澤『近代会計学（新版）』80頁。
49　同上，81頁。
50　同上，74頁（（　）書きは原文）。
51　友岡「減価償却思考の確立，これの胚胎，逡巡」31〜32頁。
52　第12章。

132 第1部　会計が拘るべきもの

の雛形は，当時の固定資産会計において最も影響力のある L&NW 鉄道（ロンドン＆ノースウェスタン鉄道）の固定資産会計の……仕組みを反映して」[53]おり，この仕組みは「軌道資産と車両資産に対して取替法の採用を標準とするような科目群を備えていた」[54]。

漸うか

しかるに，19世紀も第4四半期ともなると，減価償却はその意義の認知もときに見受けられるに至る。

F. W. ピクスリー（F. W. Pixley）によれば，公開会社の計算書類において最も頻繁に見受けられる問題点は，不良債権ならびに設備および機械などの使用による減価に対して定期的な手当てがなされていない，ということだった。不良債権はどのような企業経営にも付き纏うものであることから，決算に際して元帳上の債権の残高を慎重に吟味し，回収不能の損失に備えるべく十分な額を費用として計上しなければ，無価値の資産が増えていってしまうこととなり，また，設備および機械などの減価に関して十分な額を定期的に収益勘定に賦課しなければ，こうした資産の帳簿上の価額は実際の価値を遙かに超えたものとなってしまう，ということだった。如上の資産の価値を調査した結果，判明した要減価額はときに多額の欠損をもたらす虞があり，その欠損の清算中は配当の支払いの停止ないし配当の大幅な減額を余儀なくされることとなるに違いなかった[55]。

また，エミール・ガーク（Emile Garcke）と J. M. フェルズ（J. M. Fells）によれば，大半の鉄道会社においては，修繕費および更新費を収益勘定に賦

53　佐々木重人『近代イギリス鉄道会計史──ロンドン・ノースウェスタン鉄道会社を中心に』2010年，246～247頁。

54　同上，247頁。

55　F. W. P［ixley］, 'The Joint Stock Companies' Acts 1862 and 1880 and Auditors（Ⅳ）,' *The Accountant*, Vol. 8, No. 377, 1882, p. 5（なお，この執筆者名は「F. W. P.」とされているが，ピクスリーだろう）。

第6章　減価償却思考確立の胚胎と逡巡　*133*

課することによって設備の劣化はこれが適切かつ公正に処理されている，と看做されていた。こうした実務は，一つには，鉄道会社の資産の特徴からして，修繕費および更新費は少なくとも減価償却費と等しいものになる，ということ，いま一つには，軌道，設備，および工具などについては，これらを維持すべく，定期的な検査が行われている，ということを根拠に擁護されていた。しかしながら，初期においては，修繕費および更新費が少ないことから，減価償却費として適切な額が計上されない虞があったし，たとえ適切に計上されたとしても，特定の年度に偏りが生ずることは不可避だった[56]。

さらにまた，前出のマセソンの書はその1893年版（第2版）によれば，例えば鉄道会社の設備に関しては，修繕費と更新費によってその劣化が適正に処理される，と解されており，確かに，営業が長年に及び，費用が平均的に計上されている鉄道会社の場合にはこうした方法も適当といえようが，しかしながら，営業の初期にあっては減価償却費として十分な額が収益に賦課されない虞があった。鉄道会社が公表する計算書類は設備の劣化を十分には示してはおらず，その理由としては，一つには，修繕費ないし更新費は必ずしも当該年度の運行による劣化を示すものではない，ということ，いま一つには，維持費は資本的支出に混入されてしまう場合がある，ということを挙げることができた[57]。

20世紀初頭，ジョージ・ライル（George Lisle）の編んだ会計事典の嚆矢（*Encyclopædia of Accounting*）は「複勘定形式の貸借対照表（Double Account Form of Balance-Sheet）」と題する項において複会計システムを解説している。

　「当該企業の財務担当者が，資産の減価ないし減耗について引き当てを行うことが賢明，と考える場合には，複会計システムにもとづく財

---

56 Emile Garcke and J. M. Fells, *Factory Accounts: Their Principles and Practice*, 1887, p. 98.

57 Ewing Matheson, *The Depreciation of Factories, Mines and Industrial Undertakings and Their Valuation*, 2nd ed., 1893, p. 2.

134 第1部 会計が拘るべきもの

	Receipts and Expenditure Dr.		
	Amount expended to 30th June	Amount expended half-year to 31st Dec.	Total
To Expenditure: –			
On lines open for traffic	£38,000,000	£2,000,000	£40,000,000
On lines in course of construction	900,000	100,000	1,000,000
On working stock	5,000,000	1,000,000	6,000,000
Subscriptions to other railways	1,000,000		1,000,000
Docks, boats, and other special items	2,000,000		2,000,000
	£46,900,000	£31,000,000	£50,000,000
			£50,000,000

務諸表にあっても……一般貸借対照表においてそれを難なく行うこと
ができる。資本勘定について規定する法は減価償却に関しては何も定
めてはいないが，減価償却勘定はこれを収益に賦課することによって
設けることができ，この勘定の残額は一般貸借対照表上の負債に含ま
れることとなろう」[59]。

黒澤は「原始的な複会計制度の欠陥は，これを純然たる発生主義原則に切

---

58 Anon., 'Double Account Form of Balance-Sheet,' in George Lisle (ed.),
Encyclopædia of Accounting, Vol. 2, 1903, p. 397.
　 Lisle, *Accounting in Theory and Practice*, p. 81.
59 Anon., 'Double Account Form of Balance-Sheet,' pp. 396-397.
　 なお，この項の執筆者名は示されていないが，下記のものにおける記述とほ
ぼ同様であるため，編者のライル自身が執筆したものと思われる。
　 Lisle, *Accounting in Theory and Practice*, p. 80.

on Capital Account [58]

Cr.

	Amount received to 30th June	Amount received half-year to 31st Dec.	Total
By Receipts: –			
Shares and stocks	£40,000,000		£40,000,000
Loans	5,000,000		5,000,000
Debenture stock	2,000,000	£1,000,000	3,000,000
	£47,000,000	£1,000,000	48,000,000
By Balance carried to			
General Balance-Sheet			2,000,000
			£50,000,000

替えることにより，近年改善されるにいたった」[60] としているが，他方，太田哲三は次のように述べている[61]。

「この制度の下では減価償却を実行する場合のように固定資産の維持の費用を各年度に配分する方法を欠いている点に欠陥がある」[62]。
「この非難に応えてイギリスの鉄道会社では減価償却を行い，一定の計算に基いて償却額を収益勘定に賦課し，一般貸借対照表に減価引当金を設けるものが次第に多くなった。しかしこれは真の意味の減価償却ではなくて，取替のための準備金の性質をもつのである。これと共に当座の維持補修に関する年度経費をも均等化するため修繕維持引当

---

60 黒澤『近代会計学（新版）』87頁。
61 峯村『減価償却会計』92頁。
62 太田『固定資産會計（増補）』23頁。

136　第1部　会計が拘るべきもの

General Balance-Sheet as at 31st December [63]			
Liabilities		*Assets*	
Net Revenue account	£1,000,000	Capital account - balance at	
Unpaid dividends and interest	10,000	debt	£2,000,000
Guaranteed dividends and		Cash at bankers, current	
interest payable	100,000	account	300,000
Temporary loans	400,000	Consols and Government	
Debts due to other companies	1,000,000	securities	3,000,000
Sundry outstanding accounts	3,300,000	Shares of other companies not	
Fire insurance fund on station		charged as capital	
works and buildings	90,000	expenditure	1,000,000
Insurance funds on steamboats	100,000	General stores, stock, and	
Depreciation account	**2,000,000**	material in hand	1,000,000
		Traffic accounts due to the	
		Company	500,000
		Amounts due by other companies	20,000
		Amounts due by Clearing House	30,000
		Amounts due by Post Office	10,000
		Sundry outstanding accounts	140,000
	£8,000,000		£8,000,000

　金を設けることとなったことは注目すべきである。更に更新されない
で廃棄された部分を資本支出から減額して，資本損失として処理する
ことにすれば，固定資産の取替維持法の是非が論議される外は非難す
べき点は全くなくなるであろう」[64]。

63　Anon., 'Double Account Form of Balance-Sheet,' p. 398.
　　　Lisle, *Accounting in Theory and Practice*, p. 82.

64　太田『固定資産會計（増補）』23頁。

第7章
会計の構造的枠組みの境界

　さて，会計の構造的枠組みはどこまで守らなければならないのだろうか。

　或る対象を旨く扱うことができないような場合，しかし，何とかして，無理遣りにでも従来の枠組みをもって扱うべきか。あるいは，従来の枠組みを改めて扱うべきか。

　枠組みを改めるということは枠組みの一部を捨てることを意味しようが，はたしてどこまで捨てることができるのか。何を守り，何を捨てるか。会計が会計であり続けるためには何を固守しなければならないのか。

　「守るべき構造」を扱ってきた第1部を終えるに当たり，叙上のようなことをもって具体的な論点を材料に思量する。

問題の所在

　会計の構造的枠組みは絶対的なものなのか。その枠組みをもってすべてを扱うことができるのか。

　むろん，そうした枠組みそれ自体は，あくまでも手段であって，目的ではなく，すなわち，その枠組みをもって扱うことができるように何とかすることが目的とされるべきでは決してなく，その枠組みをもって扱うことが最良の手段であれば，そうすればよい，ということにしか過ぎない。

　敷衍すれば，会計の構造的枠組みが絶対的なものなら，それをもって扱う

ことができるように何とかすることが最良の手段を意味しようし，他方，会計の構造的枠組みが必ずしも絶対的なものではないなら，それに固執することなく，より良い手段を求めればよい，ということである。

冒頭の発問は抽象的に過ぎようが，具体的にいえば，本章においては，従前は資産の部，負債の部，および資本の部をもって構成されていた貸借対照表において資本の部が純資産の部へと改められたことの意味を考えたい。

資産，負債，および資本という枠組みは絶対的なものではなかったのか。貸借対照表の貸方は負債と資本をもって構成される，ということは絶対的ではなかったのか。負債でなければ資本，資本でなければ負債，ということは絶対的ではなかったのか。

純資産（自己資本）は資本と利益をもって構成される，ということは絶対的ではなかったのか。資本でなければ利益，利益でなければ資本，ということは絶対的ではなかったのか。

あるいはまた，たとえ絶対的な枠組みがあるとしても，それに固執しつつも，いかに折り合いを付けるべきか。固執すべきものは何か。折り合いを付けつつ，しかし，固執すべきものは何か。資本の部は固執すべきものではなかったのか。

粗筋

ことの次第はあらまし下記のようなものだろう。

つとに存在した少数株主持分（非支配株主持分）は，連結会計主体論において親会社概念が採られる場合には資本項目とは捉えられず，したがって，負債・資本の2分法からすれば負債となるものの，しかし，「負債」の定義によっては負債とも看做しえない存在とされ，結局，中間独立項目として過ごしてきていたが，やがて新株予約権についても同様の扱いが提案されるに至り，他方，時価評価の要請によって生じた有価証券の評価差額のうち，当

該期間の損益に含めるべきではないとされる部分等は，したがって，資本直入項目とされ，ときに「中間項目」と総称されるこれらの曖昧な存在（中間独立項目および資本直入項目）は「資本の部」の据わりを悪くし，ついに「純資産の部」がもたらされた。

　また，時価評価の要請とタマゴとニワトリの関係にあるかのような資産負債アプローチ，すなわち，[資産負債アプローチ → 時価評価の要請]（資産負債アプローチが採られたことによる時価評価）という関係のようでいて，[時価評価の要請 → 資産負債アプローチ]（時価評価を理論武装するための資産負債アプローチ）という関係も看取される資産負債アプローチはこれが「包括利益」の概念をもたらし，「純資産の部」の登場はこれがその他の包括利益の計上を可能にした。

純資産の部の導入

　「資本の部」が「純資産の部」へと改められたことについては中間独立項目（少数株主持分や新株予約権）および資本直入項目（その他有価証券評価差額金や為替換算調整勘定）の出現がその理由とされる。すなわち，従来の資本の部における資本概念は「差額概念としての純資産（自己資本）……株主に帰属する資本（株主持分を表す資本）……純利益を計算するためのベースとなる資本」[1]という三つの意味を併せもつものとされていたが，「負債にも資本にも属さない中間独立項目の出現……により，従来の資本の部における資本概念は必ずしも純資産を意味する概念とはいえなくな」[2]り，また，「資本直入項目の出現は，従来の資本の部における資本概念について，株主資本を意味する概念であるという点をあいまいなものに」[3]し，「損益計算上の資本を意味する概念という面でもあいまいなものとな」[4]ったとされ，純資産の

1　石川鉄郎「本書の目的」石川鉄郎，北村敬子（編著）『資本会計の課題——純資産の部の導入と会計処理をめぐって』2008年，2頁（（　）書きは原文）。

2　同上，3頁。

3　同上，3頁。

4　同上，3頁。

部の導入はそうした「概念上のあいまいさを排除し，従来の資本の部における資本概念が担っていた純資産，株主資本，損益計算上の資本という3つの意味内容を，それぞれ会計上の概念として明確に位置づけ，保持しようとする試みであるとみなすことができる」[5]とされる。

　如上の経緯の説明自体はこれに首肯することができようが，それはそれとして，本章がまず論ずるべきは中間独立項目および資本直入項目が出現をみるに至った理由についてである。ただしまた，ここにいう「理由」については，少数株主持分やその他有価証券評価差額金などといった項目が出現をみるに至った理由，という意味と，そうした項目が中間独立項目（負債でも資本でもない項目）ないし資本直入項目（損益計算書を経由することなく資本の部に記載される損益項目）として捉えられるに至った理由，という意味が考えられようが，本章がまず論ずるべきは後者であって，それは結局のところ，負債と資本，そして利益の捉え方の問題にほかならない。

　「従来，純資産のうち資本でないものは利益，利益でないものは資本として単純に区分できたものが，近年では，その他有価証券評価差額金や新株予約権等に代表される新しい産物が出現したことにより，それらを負債概念や資本概念から説明することができず，かといって利益概念にも当てはまらないという事態が生じるに至」[6]ったとされているが，そうした事態はこれをどう捉えるべきか。

中間独立項目と資本直入項目

　少数株主持分は，連結会計主体論において経済的単一体概念（エンティティ概念）が採られる場合には資本項目と捉えられようが，従来の日本におけるように親会社概念が採られる場合には資本項目とは捉えられず，しかし，「現在では……負債を「過去の事象から生じた当該企業の現在の義務で，決済により……資源の流出が見込まれるもの」と定義する資産負債アプローチ

5　同上，4頁。

6　北村敬子「純資産会計の将来展望」石川鉄郎，北村敬子（編著）『資本会計の課題——純資産の部の導入と会計処理をめぐって』2008年，298頁。

が支配的であ」[7]り[8], 少数株主持分はこうした「負債」の定義にも適合しないことから, 結局, 中間独立項目とされており[9], また, 新株予約権については「権利行使・不行使確定前の新株予約権が負債の部に計上されてきたのは, 負債としての性質を有するという積極的理由ではなく, むしろ主に商法上の制約から資本の部に計上できないために負債の部に計上していたという消極的な理由からであると考えられ」[10], しかし, 返済義務のない新株予約権を負債の部に計上することはやはり適当ではないとされ, 他方, 資本の部に計上すべきとする説もあるものの, 一般には中間独立項目と捉えられている[11]。

　しかし, この中間独立項目という捉え方はなされてしかるべきだったのだろうか。貸借対照表の貸方は負債と資本をもって構成される, ということは絶対的ではなかったのか。負債でなければ資本, 資本でなければ負債, ということは絶対的ではなかったのか。少数株主持分にせよ新株予約権にせよ, 無理遣りにでも負債ないし資本に分類し, もって何かを固守する, という行き方はなかったのだろうか。

　逆にいえば, 少数株主持分や新株予約権を負債としないことによって, あるいは資本としないことによって, 何を守り, あるいは何を捨てたのだろうか。資産, 負債, および資本という枠組みを捨てることによって, 貸借対照表の貸方は負債と資本をもって構成される, ということを捨てることによって, あるいは負債でなければ資本, 資本でなければ負債, ということを捨てることによって負債の概念, 資本の概念を守ったのだろうか。何に固執し,

---

7　上田晋一「少数株主持分」石川鉄郎, 北村敬子（編著）『資本会計の課題——純資産の部の導入と会計処理をめぐって』2008年, 256頁。

8　しかし,「資産負債アプローチが支配的な地位を獲得したとまではいえない」（松下真也「資産負債アプローチの歴史的検討」『企業会計』第68巻第11号, 2016年, 6頁）ともされる。

9　上田「少数株主持分」255〜256頁。

10　鈴木卓也「新株予約権」石川鉄郎, 北村敬子（編著）『資本会計の課題——純資産の部の導入と会計処理をめぐって』2008年, 193頁。

11　同上, 192〜193頁。

142 第1部 会計が拘るべきもの

いかに折り合いを付けたのだろうか。

　他方，資本直入項目については，例えば石川鉄郎によれば，「株主資本は，株主による払込資本と稼得された利益の留保額を表す稼得資本から構成されると考えられているが……資本直入項目は……損益計算書に計上されず，純利益の計算に算入されていないという意味では，稼得資本を表すものでもない。すなわち，それはまだ稼得されていない潜在的な株主資本（潜在的な稼得資本）を表すものにすぎない」[12] とされる一方，堀江優子によれば，「その他有価証券の評価差額の性格については，概念フレームワークによって示された「リスクからの解放」概念によって説明され……リスクからの解放という概念は，「（広義の）『実現』概念と基本的に同一の概念と考えてよいとされており……その他有価証券の評価差額は……投資のリスクから解放されているとはいえないことから，当期の収益としては認識しないとされる」[13] とされ，また，「為替換算調整勘定の本質は，未実現損益として捉えられる」[14] とされているが，「しばしば誤解を招くところから解決しなければならない概念上の問題は，稼得利益および包括利益と実現利益の関係である」[15] とする広瀬義州によれば，「稼得利益およびその他の包括利益は利益の種類であり，すなわち利益概念であり」[16]，他方，利益「の認識・測定を包摂する収益の認識基準が実現である」[17] とされ，「わが国においては，稼得利益の典型である純利益が実現利益とイコールとみなされてきた長い歴史があるために，利益概念と収益計上基準が混同され」[18] ているとされる。確かに会計におけ

12　石川「本書の目的」3頁（（　）書きは原文）。

13　堀江優子「売買目的有価証券・その他有価証券の評価差額」石川鉄郎，北村敬子（編著）『資本会計の課題——純資産の部の導入と会計処理をめぐって』2008年，209〜214頁（（　）書きは原文）。

14　田代樹彦「為替換算調整勘定」石川鉄郎，北村敬子（編著）『資本会計の課題——純資産の部の導入と会計処理をめぐって』2008年，250頁。

15　広瀬義州『財務会計（第13版）』2015年，58頁。

16　同上，58頁。

17　同上，58頁。

18　同上，58頁。

る「実現」は，現金ないし現金等価物の形をもって確定的に得られた，と
いったことを意味し，実現利益（現金ないし現金等価物の形をもって確定的に
得られた利益）と未実現利益（まだ……得られていない利益）は「利益の種類」
ではないといえようし，他方，「稼得」という語は一般には，労働やサービ
スの提供によって収入や所得を得ること，をもって意味し，また，「稼得」
の「稼」は「稼ぐ」であって，これも要は，働いてカネを得る，ということ
であって，要は不労所得はこれには該当しないが，会計における「稼得利
益」は「正常営業循環過程（すなわち，本業）で生じる利益」[19]とされる。

　純利益は稼得利益であって，稼得利益は本業において生ずる利益というこ
とだが，純利益の計算を構成する特別損益は，しかし，本業において生ずる
ものではなく，これはどのように解するべきか。

　閑話休題。その他有価証券評価差額金や為替換算調整勘定は不労所得であ
り，また，本業において生ずる利益ではなく，さらにまた，未実現でもある
が，これらが資本直入項目とされた理由はどれか，といえば，前出の堀江に
よれば，それは未実現ということであって，未実現だから資本直入したもの
の，しかし，これも前出の石川によれば，「それはまだ稼得されていない潜
在的な株主資本（潜在的な稼得資本）を表すものにすぎない」ため，「資本の
部」という名称では都合が悪くなったということだろうか。

　しかし，「まだ稼得されていない潜在的な株主資本（潜在的な稼得資本）」
とは何だろうか。「まだ稼得されていない潜在的な稼得資本」とは何だろう
か。「まだ稼得されていない」という述べ方はおかしくはないか。要は「ま
だ実現されていない潜在的な稼得資本」ということではないだろうか。

　そうすると，その他有価証券評価差額金は稼得利益ではないから純利益の
計算には入れない，ということではなく，まだ実現していないから純利益の
計算には入れない，ということになるが，それでよいのか。その他有価証券
評価差額金はすべて未実現だが，純利益の計算に入れない理由は未実現か。

　未実現をもって理由とすると，未実現だから資本直入したものの，未実現

19　同上，56頁（（　）書きは原文）。

だから「資本の部」という名称では都合が悪くなった，ということになってしまう。

たとえそうだとしても，いずれにしても，未実現は資本に分類できないのだろうか。

純資産の部の導入は，負債ではなく，しかし，資本（株主資本）でもない項目に置き場所を用意することを意味し，「負債でない項目は純資産に含めると判断し，その上で純資産の部の中で株主持分に属さない区分を設けて，そこに新株予約権を計上することにしたのである」[20] が，醍醐聰によれば，「しかし，同じことが評価・換算差額等（その他有価証券評価差額金や為替換算調整勘定）にもあてはまるのかというと疑問がある。……その他有価証券評価差額金……は未実現の保有利得という意味で損益計算書を経て留保された利益と異なるだけであり，新株予約権のように積極的に非株主資本という特徴があるわけではない。この意味では，その他利益剰余金の内部で「未実現保有利得」といった小区分を設け，売却等によって実現されるまで繰り延べる方が実態にかなっていると考えられる」[21] とされる。

未実現は株主資本に非ざることの積極的な根拠に非ず，ということだろうか。

曖昧さの排除

前述のように，純資産の部の導入は「概念上のあいまいさを排除」するためになされた，とされているが，そもそも曖昧さの排除は必要なことだったのだろうか。

例えば「従来の資本の部における資本の概念が担っていた3つの意味内容のうち，中間独立項目の出現によりあいまいとなった純資産を意味する概念という点については，中間独立項目を取り込む形で新たに純資産の部を導入することによって，差額概念としての純資産の概念を会計上の概念として保

---

20 醍醐聰『会計学講義（第4版）』2008年，253〜254頁。
21 同上，254頁。

持している」[22] とされているが，そこでは何を守り，あるいは何を捨てたのだろうか。何に固執し，いかに折り合いを付けたのだろうか。「差額概念としての純資産の概念を……保持し」たということは，純資産概念を守った，ということだろうが，それははたして有意味なことだったのだろうか。

　前項では，無理遣りにでも負債ないし資本に分類できないのか，未実現も資本に分類できないのか，といったように，負債と資本から構成される貸借対照表の貸方の固守について述べたが，ここでは逆に放棄について述べたい。すなわち，貸借対照表の貸方はやはり 2 区分でなければならないのだろうか。3 区分ではいけないのだろうか。

　資本直入項目の処理に関する諸説を整理している池田幸典によれば，名目資本維持を前提とした場合[23]，この項目は負債および持分（資本）のいずれにも分類することはできず，（名目資本維持および）包括利益を前提とした場合には損益説が採られ，（名目資本維持および）純利益を前提とした場合には非認識説が採られる[24] が，ただし，この整理は「負債と持分に区分することを前提にする 2 区分説を前提にしていた。ただし，中間項目説を採用し，負債と持分のほかに中間項目を設置すれば，純利益を前提にしたときにこうした評価・換算差額を中間項目に置くという選択肢も，ないわけではない。ただしその前提として，中間項目の設置を正当化するための理論的根拠が必要である」[25] とされる。

　しかし，ここにいう「理論的根拠」とはどのようなものだろうか。あるいは，2 区分だからこその中間項目，とも捉えられようか。

22　石川「本書の目的」4 頁。

23　「資産の時価評価に伴う評価差額の扱いをめぐっては，ひとまず資本維持概念の選択を考察する必要はあるものの，現在の会計制度や会計理論は，さしあたり名目資本維持概念を前提にすることが多い。大半の会計処理を名目資本維持概念で構築しておきながら，一部の項目について別の資本維持概念を選択したのでは，ご都合主義との批判を免れない」（池田幸典『持分の会計──負債・持分の区分および資本取引・損益取引の区分』2016年，167頁）。

24　同上，271〜273頁。

25　同上，273〜274頁。

146　第1部　会計が拘るべきもの

　2区分を維持しつつ，曖昧さを排除するためになされたと解される純資産の部の導入は，しかしながら，中間項目の存在によって据わりが悪くなった資本の部を純資産の部に替えたものの，要は負債でも資本でもないものを純資産の部という資本の部よりも大きな容器に収めたにしか過ぎず，実質的には，負債の部・資本の部・負債でも資本でもないものの部，という3区分になっているとみることもできる。

　2区分だからこその中間項目と捉えるか，それとも3区分と捉えるか。結局は同じともいえようし，しかし，本質的に何か違う気もする。

　利益計算に鑑みると2区分は固守されるべきであり，その理由は全体利益一致の原則にある，とされ，すなわち，利益計算を行う場合には2区分が前提でなければならず，そうでなければ全体利益一致の原則が破られる虞がある，ともされている[26]が，叙上のような3区分であっても中間項目（負債でも資本でもないものの部に含まれる項目）の増減を損益に入れないのであれば，この原則が破られる虞はなく，あるいはまた，先述のように，無理遣りにでも負債ないし資本に分類することによって2区分を守るという行き方を採れば，その場合も，この原則が破られる虞はない。

　ただし，無理遣りの行き方は2区分を守り，全体利益一致の原則を守る反面，負債や資本の既存の定義[27]の放棄を意味しよう。

　何を守って何を捨てるか。あるいは何を捨てて何を守るか。

　「また，資本直入項目の出現によりあいまいとなった株主資本を意味する概念という点については，純資産の部に株主資本の区分を設けるとともに，資本直入項目を株主資本の区分から切り離し，それらを新たに純資産直入項

26　木村太一「利益計算と貸方区分」『三田商学研究』第59巻第6号，2017年，100～102頁。

　　もっとも全体利益一致の原則はこれを守らなければならないかどうかは別の議論である。

27　会計に携わる人々が負債や資本について抱くイメージに反しない定義というか，彼らが考える負債らしさや資本らしさに反しない定義（木村太一「貸方区分議論の整理と検討」『三田商学研究』第59巻第5号，2016年，79～80，84～86頁）。

目（評価・換算差額等）として規定することによって，株主資本を意味する概念を純資産の1つの主要な構成項目として位置づけている。さらに，このような純資産の構成項目としての株主資本は，純利益を計算するための損益計算上の資本を意味する概念としても規定されている」[28]とされている。

すなわち，「株主取引（資本取引）から生じたのではない純資産の変動でありながら，業績測定の観点からみて期間損益から排除すべき項目が生じた場合にはどうするか……「その他有価証券評価差額」の処理が典型である」[29]とされ，「こうした「資本直入項目」は期間損益計算を経由しないので，純利益は「資本取引（株主取引）を除く純資産（資本の部）の変動」との一致を達成できないことになった」[30]とされているが，純利益は資本取引（株主取引）を除く株主資本の変動との一致はこれを達成しうるということである。

ところで，その他有価証券評価差額金は「業績測定の観点からみて期間損益から排除」されるのであって，未実現だから，ではないのか。本業において生ずるものではないから，純利益の計算には入れられないのか。

それにしても，やはり，「純利益は稼得利益であって，稼得利益は本業において生ずる利益」という言い様は些か気に懸かる。

他方，「業績の選択問題」[31]がある。「（2016年現在）日本では，純利益を業績とみなし，包括利益はたんに表示の対象となっているにすぎない。これに対し，包括利益を業績とみなし，純利益を開示せず，包括利益への一本化を目指す動きは，IASBを中心に頻繁に繰り返されてきた。しかしながら，包括利益への一本化に対しては反対が強く，現在では，IASBも包括利益と純利益の併存を認める方向で議論を進めている。ここから，業績概念の選択問題が生じる」[32]とされる。

---

28 池田『持分の会計』4頁（（　　）書きは原文）。

29 梅原秀継「資本概念と利益計算」石川鉄郎，北村敬子（編著）『資本会計の課題──純資産の部の導入と会計処理をめぐって』2008年，15頁。

30 同上，15～16頁（（　　）書きは原文）。

31 池田『持分の会計』165頁。

148 第1部　会計が拘るべきもの

純利益と包括利益

純利益と包括利益については例えば次のようにいわれる。

　「そもそも純利益と包括利益とでは，利益をどう見るかに関しての見
方が異なっているのであり……両利益をともに同一の会計計算構造か
らアウトプットすることは難しい……。純利益は，収益費用アプロー
チによって計算されるのに対して，包括利益は，資産負債アプローチ
によって計算される。……両利益概念の必要性を主張するものは，そ
れを1つの会計計算構造の中でミックスして計算しようとしているに
すぎない。したがって，資産負債アプローチに立脚する現在の会計理
論の方向性に照らして考えれば，理論としては，脆弱なものになって
しまう。IASBとFASBとの会計基準を巡るコンバージェンスの結果，
どうも包括利益を基本としながらも，その中で，中間の利益として純
利益を測定表示することが認められそうであるが，純利益自体が，そ
もそもが収益費用アプローチのもとにおけるものである以上，どれほ
どの有用性をもっているのか疑問である」[33]。

　「理論として……脆弱」とはどういうことか。「純利益自体が……収益費用
アプローチのもとにおけるものである以上，どれほどの有用性をもっている
のか疑問」とはどういうことか。二つの対立的なアプローチが混在するから
といって，そのことと情報の有用性は無関係ではないか。「いずれかの会計
アプローチを選択する二者択一論ではなく，二者共存論を策定することが，
建設的な議論につながる」[34]ともされる。
　あるいは，次のようにもいわれる。

32　同上，165頁。

33　北村「純資産会計の将来展望」302頁。

34　松下真也「収益費用アプローチの歴史的検討」『企業会計』第68巻第12号，
　2016年，7頁。

「わが国では，収益費用アプローチに基づく稼得利益または純利益の
情報価値を認めるものの，資産負債アプローチに基づく包括利益の情
報価値に有用性を積極的に認めない傾向にあるが，もともと資産負債
アプローチのもとでは，ストックまたは借方に生じる増加分にこそ情
報価値があるのであって，フローまたは貸方に生じる包括利益はその
論理的帰結ともいえる。したがって，資産負債アプローチをフローま
たは貸方の純利益にのみに意味をもたせている収益費用アプローチと
対峙させて二者択一的な情報価値のみを論じても生産的ではないとい
えよう」[35]。

　なるほど，［純利益 vs. 包括利益］の議論は余り意味がないのかもしれない。
ただし，上に引いた「二者共存論」の主張者は「それぞれの利益の役割分担
を検討すること」[36]をもって重要視している。
　さらにまた，とりあえずは「対立的」と書いたものの，そもそも［収益費
用アプローチ vs. 資産負債アプローチ］なのだろうか。この二つのアプロー
チは対立軸がずれているような気がしてならないが，しかしながらまた，こ
の vs. こそが会計の会計たる所以なのかもしれない。
　そうであれば，「二者共存論」は会計をして何か大切なものを捨てさせる
ことになるのだろうか。
　「収益費用アプローチにもとづく純利益の計算と，資産負債アプローチに
もとづく包括利益の計算が併存する……二元的会計システム」[37]については
「併存する 2 つの利益計算がどのような関係にあるかということ」[38]が重要な
論点とされ，これは「現行の企業会計の理論的な特徴を明らかにするうえで
避けて通れない研究課題」[39]ともされているが，「理論的な特徴」の何たるか

35　広瀬『財務会計（第13版）』58～59頁。
36　松下「収益費用アプローチの歴史的検討」7 頁。
37　藤井秀樹『入門財務会計（第 2 版）』2017年，282頁。
38　同上，283頁。
39　同上，283頁。

150 第1部 会計が拘るべきもの

はさて措き，これは「現行」の会計ばかりか，そもそも会計の何たるかを問うことに等しいだろう。

第2部
会計が果たすべきこと ──担うべき機能は何か

第8章

財務会計論の前提としての株式会社論

　『株式会社とは何か』[1] という本を出したことがある。元々会計の本として出されることになっていたこの本は，しかしながら，事情により，如上のタイトルをもって出された[2]が，タイトルはどうあれ，会計を考える前提としての株式会社について論じており，本章はこの本を承けての再論である。

　というわけで，株式会社とは何か。これをもって再論しつつ，会計という行為が行われる前提状況を再確認したい。

　通説はオランダ東インド会社をもって株式会社の嚆矢とするが，本章はジョイント－ストック・カンパニーの嚆矢とされるロシア会社についてその出資者たちが置かれていた状況を探り，ジョイント－ストック・カンパニーの，いや，株式会社の基本的構造を再確認する。

株式会社の要件と起源

　むろん，これは株式会社に限ったことではないが，或る事物の起源をどこに求めるか，という議論は当該事物の要件（定義）に従属する。

　ときに「世界最初の株式会社は，1602年にオランダに設立された東インド

1　友岡賛『株式会社とは何か』1998年。
2　この出版の経緯等については下記のものを参照。
　　友岡賛『会計の時代だ──会計と会計士との歴史』2006年，補遺。

154 第2部　会計が果たすべきこと

会社である」[3]と断言され，断言されていることからすると，けだし，これが
通説であり，また，「オランダ東インド会社が「株式会社の起源」であり，
またつとに複式簿記の記帳法を採用していたことは，あまりにも有名であ
る」[4]ともされる。あるいは，断言はされなくとも，「「株式会社の起源」とよ
ばれる和蘭東印度会社」[5]とされ，また，「オランダ東インド会社は世界最初
の株式会社であると言われる。……オランダより2年早くロンドンに設立さ
れたイギリス東インド会社が，最初の10年ほどの間は多分に当座企業として
の性格を残しており，まだ株式会社の実質を備えていないことを見れば，オ
ランダ東インド会社が時代に先んじたものであったことがわかる」[6]とされる。

　こうした，株式会社の嚆矢はオランダ東インド会社，とする通説をもたら
す株式会社の要件は株式，そして有限責任制の存在である。株式について
はおよそ異論がなかろうが，有限責任制については「株式会社の発生を識別す
べき決定的指標」[7]はこれが「「全社員の有限責任制」に存する」[8]とされ，そ
うした理解をもってする場合，企業形態の近代化プロセスは［ギルド → 制
規組合（regulated company） → ジョイント - ストック・カンパニー（joint-
stock company） → 株式会社］として捉えられる。

　ここにおける論点は，有限責任制は株式会社の要件か，ということであっ
て，別言すれば，ジョイント - ストック・カンパニーは株式会社ではないの
か，ということである。

　通説は有限責任制をもって株式会社の要件とし，したがって，［ジョイン
ト - ストック・カンパニー ≠ 株式会社］とする。他方，通説に非ざる説は
有限責任制をもって株式会社の要件とはせず，したがって，［ジョイント -

3　菊地正俊『良い株主　悪い株主』2016年，21頁。
4　科野孝蔵『オランダ東インド会社の歴史』1988年，35頁。
5　大塚久雄『株式会社発生史論』1938年，401頁。
6　永積昭『オランダ東インド会社』1971年，48〜49頁。
7　大塚『株式会社発生史論』16頁。
8　同上，16頁。

ストック・カンパニー ＝ 株式会社］とする[9]。

「株式会社」と「joint-stock company」

　ところで，「株式会社」と「joint-stock company」は一般にどのように訳されているのだろうか。

　まずは一般的な辞典の類いをサーベイしてみた結果，**図表8-1**を得ることができた。

　通説に非ざる筆者の立場からは「joint-stock company」をもって「株式会社」と訳し，「株主は有限責任ないし無限責任を負う」とするものが目に留まり，これは無限責任の株式会社と有限責任の株式会社が存在することを意味する[10]が，他方，「株式会社」の訳に「limited liability company」や「company limited by shares」や「limited company」があることも看過しえない。

　ただし，「今日わたしたちが目にしている株式会社について」[11]云々するのか，あるいは「そもそも株式会社とはなにか，といった視点からみた株式会社」[12]について云々するのか。そもそもこれが問題である。

　また，例えばイギリス近代史家の川分圭子は会社法制史の訳書において「joint stock が単独で出てくるときは，株式共同資本と訳している。joint stock company はジョイント・ストック・カンパニとした。joint-stock business corporation や joint-stock corporation 等は，法人ジョイント・ストック・カンパニとした。unincorporated joint-stock company は，非法人ジョイント・ストック・カンパニとした」[13]とし，さらに次のように述べている。

9　友岡『株式会社とは何か』166～171頁。
10　「limited liability joint-stock company」について注記68をみよ。
11　友岡『株式会社とは何か』150頁。
12　同上，150頁。
13　ロン・ハリス／川分圭子（訳）『近代イギリスと会社法の発展――産業革命期の株式会社　1720-1844年』2013年，10頁。

156 第2部 会計が果たすべきこと

図表8-1 「株式会社」と「joint-stock company」の訳

	株式会社の英訳	joint-stock（ないし joint stock）company の和訳
和英辞典[14]	joint-stock company, limited liability company, (joint-stock) corporation, public（ないし private）(limited) company	
英和辞典[15]		英―株式会社（アメリカでは stock company） 米―株式社団。株式会社(corporation)と似ているが,株主は無限責任を負う。
英和辞典[16]		英―株式会社。株主は有限責任ないし無限責任を負う。通常はアメリカの株式会社（corporation）と同義。 米―共同出資会社,法人格のない株式会社（株式社団）。株主が無限責任を負うという点で株式会社（corporation）とは異なる。
ビジネス英語辞典[17]	(joint-) stock company 米―(joint-) stock corporation	株式会社
経営学辞典[18]	米― stock corporation	
ビジネス法務和英辞典[19]	stock corporation, joint stock company, stock company	
ビジネス法律英和和英辞典[20]	company limited by shares, incorporated company, joint stock corporation, limited company, stock corporation	英―株式会社 米―法人格はないが,持分が持分証券に分割されて流通する企業 イギリス法では古い制度であり,現在は一定の条件下,株式会社として扱われるだけであり,アメリカ法では法人格がなく,株式会社とは区別されるため,日本の株式会社の英訳としては不適切。

第 8 章　財務会計論の前提としての株式会社論　*157*

「business corporation は現在の株式会社やその概念を表す最も一般的
な表現である。……株式資本と法人という両方の特質を重視している
と思われる箇所では株式会社法人，法人という面を強調して使われて
いると思われる箇所では法人会社と訳している」[21]。
「法人ジョイント・ストック・カンパニ（joint-stock corporation）は，
株式会社法人と訳すことも可能だが，歴史的な存在であり，現代の株
式会社の持つ全特質を持っていたわけではない。したがって……現代
の株式会社をさす business corporation に株式会社法人（または法人
会社）の訳語を当て，それと区別する意味で，joint-stock corporation
はこのように訳す」[22]。

しかしながら，「特質」は要件ではない。

ロシア会社

通説に非ざる説は「最初の Joint-Stock Company といわれる「ロシヤ会
社」」[23] に着目する。すなわち，通説に非ざる説「によれば，株式会社とは株
式に分けられた資本を有する合本（ジョイント‐ストック）形態の会社のこ
とであって，このような理解によれば……ロシア会社をもって最初の株式会

14　渡邉敏郎，Edmund R. Skrzypczak，Paul Snowden（編）『研究社新和英大辞
典（第5版）』2003年。

15　竹林滋（編者代表）『研究社新英和大辞典（第6版）』2002年。

16　小学館ランダムハウス英和大辞典第2版編集委員会（編）『小学館ランダムハ
ウス英和大辞典（第2版）』1994年。

17　グローバル・マネジメントグループ（編纂）『新ビジネス英語大辞典——英
和・和英』1987年。

18　二神恭一（編著）『ビジネス・経営学辞典（新版）』2006年。

19　原秋彦『ビジネス法務基本用語和英辞典』2005年。

20　喜多了祐（編著）『英和和英ビジネス法律用語辞典』2000年。

21　ハリス／川分（訳）『近代イギリスと会社法の発展』36頁。

22　同上，37頁（（　）書きは原文）。

23　大塚『株式会社発生史論』211頁。

158 第2部 会計が果たすべきこと

社とされることになる」[24]。

　当初は男性199名，女性2名の計201名を社員（member）とし，1555年に
勅許が与えられたその会社は「ロシア会社（Russia Company）」ないし「モ
スクワ会社（Muscovy Company）」ないし「ロシアとの貿易を行う商人たち
の会社（Company of Merchants trading with Russia）」をもって通称とし，法
人格およびロシアとの貿易の独占権を与えられ，その経営は，社員によって
ではなくして，1名ないし2名の総裁（governor）と4名の参事（consul）
と24名の理事（assistant）をもって行われ，勅許状が社員たちに与えた唯一
の役割は総裁，参事，および理事の選挙だった[25]。

　さて，この会社は「制規組合であったのか，それともジョイント－ストッ
ク・カンパニーであったのか」[26]。
　この二つの形態の最大の異同は，けだし，合本の有無，すなわち，メン
バー（組合員ないし社員）の資本を合わせる，ということの有無に求められ
よう[27]が，勅許状には組織形態への言及が殆どなく，したがって，勅許状の
内容をもって，制規組合か，それともジョイント－ストック・カンパニーか，
ということを判ずることはできない[28]が，「ロシア会社はジョイント－ス
トック・カンパニーであった」[29]。

　アダム・スミス研究等をもって知名の政治経済学者ウィリアム・ロバー
ト・スコット（William Robert Scott）によれば，「完璧に構成されたジョイン
ト－ストック・カンパニーの登場は二つの異なった方向の発展の所産であっ

24　友岡賛『会計の歴史（改訂版）』2018年，134頁（（　）書きは原文）。

25　T. S. Willan, *The Early History of the Russia Company, 1553-1603*, 1956,
　　pp. 7-9.

26　*Ibid.*, p. 19.

27　友岡『株式会社とは何か』117〜119頁。

28　Willan, *The Early History of the Russia Company, 1553-1603*, p. 22.

29　*Ibid.*, p. 21.

た。……一方は多様な形態の中世のパートナーシップであり，もう一方はギルドに由来する法人組織であった。前者においては何人かの人々が所有する資本の統合をみることができたが，しかし，この形態の企業は当座的な性格のものであり，継続の予定はおよそなかった。また，多くの資源の利用が必要になると大勢のパートナーが必要になるが，中世のソシエタスには大勢のメンバーを統治しうるような精巧な組織がなかった。しかし，必要とされる仕組みはこれが商人ギルドおよび初期の制規組合において発展をみ，あとは会社組織がパートナーシップと融合される適切な切っ掛けさえあればよかった」[30]。

　後述のように，ロシア会社が設立されたのは1553年のことだったが，「同じ年にアフリカとの貿易のためにもう一つのジョイント - ストック企業が設立された[31] ということも重要である。ロシア会社とアフリカ会社の前には正規の会社と大規模なパートナーシップの境界線上に存するような冒険的事業がいくつかみられた」[32] が，しかし，「それらが会社とはどの程度の隔たりがあり，パートナーシップとはどの程度の隔たりがあるのかを判ずるのは難し」[33] く，叙上の「1553年の二つの貿易遠征はこれらを重要なイングランドのジョイント - ストック企業の嚆矢とみることができる。これらは対照的な関係にあり，ロシア会社はこれが制規組合からジョイント - ストックへ進化したものであるのに対し，アフリカの冒険的事業の場合はパートナーシップから同様の形態に進化したものである」[34]。

30　William Robert Scott, *The Constitution and Finance of English, Scottish and Irish Joint-Stock Companies to 1720*, Vol. 1, *The General Development of the Joint-Stock System to 1720*, 1912, p. 15.

31　ただし，「イギリスのアフリカ西海岸との貿易の歴史は，1553年の探検航海からはじまるが，これらはなんら独占権を持たぬ数名のパートナーシップで行われた」（山田勝「イギリス王立アフリカ会社の設立と経営」『駒大経営研究』第 7 巻第 2 号，1976年，71頁）ともされる。

32　Scott, *The Constitution and Finance of English, Scottish and Irish Joint-Stock Companies to 1720*, Vol. 1, pp. 17-18.

33　*Ibid.*, p. 18.

160 第2部 会計が果たすべきこと

「イングランドにおいて初めて完全な法人格を与えられたジョイント‐ストック・カンパニーであった」[35] このロシア会社の社員のなかには貴族や高官をみることができ，当時，そうした人々が商事会社の社員に名を列ねることは稀だったが，商いに積極的に関与することはこれを欲しない人々に，しかし，投資先を提供するジョイント‐ストック・カンパニーという企業形態の特徴がこうした状況をもたらしていた[36]。

勅許状は総裁，参事，および理事をもって構成される役員会に大きな権限を与えていた[37]が，他方，前述のように，勅許状が社員たち，すなわち社員総会（general court）に与えた唯一の役割は総裁，参事，および理事の選挙だった。しかし，実際には社員総会はかなり多くの役割を担っており，また，その主たる役割は財務に関わり[38]，「1580年代以降，同社の計算書類の年次監査および配当額は社員総会の承認事項であった」[39]。

如上の社員や役員等に加え，事業運営には出納係（treasurer）や事務係（secretary）や帳簿係（bookkeeper）といった俸給職員が必要だった[40]。

帳簿係は船の事務長（purser）から船荷の勘定書を受け取り，これを確認するという役割を担っていたが，この確認は個人的な取引を防ぐためのものだった[41]。職員は個人的な取引を禁じられていたが，そうした取引を摘発することは容易ではなかった。個人的な取引と会社の取引の関係は密輸と合法的な貿易の関係に似ており，個人的な取引の摘発は，密輸の摘発と同様，困難だった[42]。ちなみに，1560年代に帳簿係を務めていたニコラス・プロクター（Nicholas Proctor）は，しかし，のちに代理人（agent）としてロシアに

---

34 *Ibid.*, p. 18.

35 Willan, *The Early History of the Russia Company, 1553-1603*, p. 41.

36 *Ibid.*, p. 21.

37 *Ibid.*, p. 24.

38 *Ibid.*, pp. 22-23.

39 *Ibid.*, p. 23.

40 *Ibid.*, pp. 24-25.

41 *Ibid.*, p. 25.

42 *Ibid.*, pp. 37-38.

渡り，彼の地で個人的な取引に手を染め，摘発されている[43]。

ロシア会社における出納係や事務係の存在は特別なことではなく，そうした係の存在は制規組合にもみることができたが，しかし，それらの職務は大きく異なっていた。各メンバーが各々に取引を行う制規組合とは異なり，会社それ自体が取引を行うジョイント－ストック・カンパニー[44] は制規組合には必要のない複雑な会計システムを必要としていた[45]。

ロシアにおける取引は同社のロンドンの本社によって管理され，同社の社員がロシアに渡ることはなかった。社員には個人的に取引を行う権利がなく，したがって，渡露すべき理由はなかった。社員の渡露は，社員としてではなく，職員としてのものだったが，職員は社員であることを要さず，また，普通，社員ではなかった。ロシアにおける取引は，したがって，職員によって行われ，最も重要な役割は代理人（agent or factor）が担っていた[46]。

代理人と同社の関係は一般の商人と代理人の関係とは異なっていた。ロシア会社にあって主任代理人の職責は頗る重く，ロシアとの貿易のすべてについて管理責任を負い，他の職員を監督し，会社全体に影響を及ぼすような意思決定を行うべく，詳細な帳簿記録を行っていた[47]。

ロシア会社の初期の記録はこれが1666年のロンドン大火によって失われてしまっている[48] ため，同社の当初の財務については不明な点が少なくないが，確認しうる資料によれば，同社の1553年の最初の航海の資金は一人当たり25ポンド，計6,000ポンドの出資金をもって賄われており，これは最初の社員が240名だったことを意味している[49]。すなわち，「当初は……201名を社員とし，1555年に勅許が与えられた」と前述はしたものの，1555年に勅許を与えられた同社は，しかし，既述のように，実はその2年前の1553年にはイン

---

43 *Ibid.*, p. 25.
44 友岡『株式会社とは何か』117〜119頁。
45 Willan, *The Early History of the Russia Company, 1553-1603*, pp. 25-26.
46 *Ibid.*, p. 29.
47 *Ibid.*, p. 32.
48 *Ibid.*, p. v.
49 *Ibid.*, p. 41.

162 第2部 会計が果たすべきこと

グランドのラシャの輸出先を求める者を多く含む発起人（promoter）たちによって組織され，発起人たちの購入した3隻の船は同年5月にグレーブゼンドを出港していた[50]。最初の出資金の使途はこの3隻の船の購入および改修ならびに食糧および船荷の購入だったが，ただし，同社が勅許を受けたときにイングランドに戻っていたのは1隻のみであって，あとの2隻は杳として消息が知れず，同社が1555年に改めて2隻を用意することを決した際には追加の資本調達を必要とし，これは新株式の発行をもってではなく，既存の社員に対する払い込み請求（call）をもってなされた[51]。

　或る社員の記録によれば，1555年4月に25ポンド，同年7月に5ポンド，1556年に15ポンド，そして，4隻のうちの3隻が難破という悲惨な1556年の復路航海により，1557年3月には30ポンドの追加出資がなされ，したがって，それまでの累計額は100ポンドに上っていた。さらに，爾後は1564年11月までの間に40ポンド，同月には60ポンドの払い込み請求がなされ，したがって，その時点における同社の資本の総額は計算上は48,000ポンドということになるが，しかし，240名の社員のすべてがそれまでのすべての払い込み請求に応じていたとは考えられない[52]。

　「1564年に一株当たり60ポンドの追加的な払い込み請求が行われた際に株式の額面価格が25ポンドから200ポンドに増額され」[53]，それまでの経緯は下掲の計算表[54]にまとめられる。

　他方，配当（dividend）は1566年までおよそ行われず，翌1567年にロシア

1553年に240株について一株当たり25ポンドの払い込み請求	£6,000
1553年から1563年の間に240株について一株当たり115ポンドの払い込み請求	27,600
1563年現在の資本金	33,600
1564年に240株について一株当たり60ポンドの払い込み請求	14,400
1564年現在の資本金（ただし，払い込まれていない額は要控除）	£48,000

50　*Ibid.*, pp. 3-5.
51　*Ibid.*, p. 41.
52　*Ibid.*, pp. 41-43.

第8章　財務会計論の前提としての株式会社論　*163*

会社が初めて企図した dividend は，しかしながら，実は通常の配当ではな
くして株式の分割（division）（株式配当）であって，その後，新規の資本調
達が意図されていた。しかし，実際にはそうした行き方が採られることはな
く，1570年1月に50ポンド，1572年3月に200ポンドとやはり既存の社員に
対する払い込み請求が行われて一株当たり450ポンドとなり，そこで得た資
本は女王からの借入金の返済に充てられ，あるいは1571年のロシア・クリミ
ア戦争によるモスクワ大火の被害に対して用いられた。1570年代における同
社の債務の額および債務返済のためになされた資本調達の額はこれらを正確
に知ることはできないが，後者はこれがかなりの額に上っていたことが推察
される[55]。

　モスクワ会社が設立時より恐らくは1580年代までの間，永続資本（perma-
nent capital）を有していたことは明らかであり，すなわち，同社は，航海毎
に資本調達および資本の払い戻しを行う，というギニアとの交易におけるよ
うな行き方を採っていたわけではなく[56]，また，初期の東インド会社のよう
に，ほんの数回の航海のために資本調達を行っていたわけでもなかった。他
方また，設立当初の20年間ないし30年間，同社の社員が株式の所有によって
どのような利益を得ていたのか，あるいは利益を得ていたのかどうかは定か
でない[57]。

　なお，「この会社はロシアから鯨油，獣脂，毛皮，およびフェルト，そし
てとりわけ儲けになる索具，帆柱，および蠟といった品々を輸出してい
た」[58]。

53　William Robert Scott, *The Constitution and Finance of English, Scottish and Irish Joint-Stock Companies to 1720*, Vol. 2, *Companies for Foreign Trade, Colonization, Fishing and Mining*, 1912, pp. 39-40.

54　*Ibid.*, p. 40.

55　Willan, *The Early History of the Russia Company, 1553-1603*, pp. 43-46.

56　要するに，当座企業（友岡『株式会社とは何か』92～95頁）ではなかった。

57　Willan, *The Early History of the Russia Company, 1553-1603*, pp. 46-47.

58　Scott, *The Constitution and Finance of English, Scottish and Irish Joint-Stock Companies to 1720*, Vol. 2, p. 40.

164 第2部 会計が果たすべきこと

ジョイント‐ストック・カンパニーと株式会社

経済史家の大塚久雄は次のように述べている。

> 「問題史上，英吉利における Joint-Stock Company なる制度は本質上
> 株式会社と同一物なりと見做され，従って Joint-Stock Company の発
> 生史は直ちに英吉利に於ける株式会社発生史なりといふ風に考へられ
> ている。併し乍ら之は誤であって，Joint-Stock Company 制は決して
> 本来株式会社などではなく，加之凡そ会社形態に関する経済学上の一
> 範疇などではなく，従って Joint-Stock Company の発生史は決して株
> 式会社発生史と同一視さるべきものでなくして，更により厳密な理論
> 的分析を必要とする」[59]。

大塚の「より厳密な理論的分析」は会計史家の中野常男によってまとめら
れている。

すなわち，オランダ東インド会社においては「特許状において機能資本家
である取締役の有限責任が規定されており，既に事実上は有限責任であった
無機能資本家と併せて，「全社員の有限責任制」が確立されたこと……など
から，そこに「株式会社」としての会社形態上の特質の具備が認識される
の」[60, 61] に対して，「イギリス東インド会社は，オランダ東インド会社のよう
に設立の当初から「株式会社」としての形態的特質を備えていたのではなく，

---

59 大塚『株式会社発生史論』194頁。

60 中野常男「株式会社と企業統治：その歴史的考察——オランダ・イギリス両
東インド会社にみる会社機関の態様と機能」『経営研究』第48号，2002年，4頁。

61 オランダ東インド会社史家の科野孝蔵は次のように述べている。「取締役は，
いわゆる機能資本家で，先駆会社においては企業機能の維持者であった。……
他方，これら取締役は当該企業に対しては無限責任であった。これに反し，一
般出資者は出資を限度とする有限責任であった」（科野『オランダ東インド会社
の歴史』22〜23頁）。しかし，「合併（による東インド会社の成立）によって，
取締役の責任は変った。先駆会社では取締役の責任は無限であったが，いまで
は有限となった」（同上，29頁）。

第8章　財務会計論の前提としての株式会社論　*165*

「ジョイント・ストック・カンパニー」と呼ばれる特殊イギリス的な制度の
下で, パートナーシップ的性格を次第に払拭して「株式会社」としての会社
形態上の特質を具備するに至」[62]るとされ, ジョイント–ストック・カンパ
ニーとその社員の責任については次のようにまとめられている。

　　「「ジョイント・ストック・カンパニー」とは, 外国貿易商人のギルド
　　的組合である「制規組合」の外枠と, その内容である中世以来の当座
　　的会社制度である「パートナーシップ」とが経過的に癒合した結果と
　　して成立し, その団体的規模に一致する「結合資本」によりもっぱら
　　経営を行うところの会社企業である。したがって……「東インド会社」
　　が "joint-stock company" に生成した1613年当時にあっても, それ自
　　体は何ら「株式会社」といえるものではなく, むしろその後の歴史的
　　経過の中で「全社員の有限責任制」等の形態的特質を具備することに
　　より, 本来の「株式会社」へと質的転換を遂げていく」[63]。
　　「「イギリス東インド会社」の場合……株式会社への質的転換を遂げる
　　以前にあっては, 外枠としての「東インド会社」の内部に繰り返し設
　　立された当座的な個別的会社企業に生じた損失について, 制度的には
　　各出資者が「無限責任」を負うものとされていた。ただし, ここでい
　　う「無限責任」とは, 特殊イギリス的な損失負担の形式, つまり, 直
　　接的な人的無限責任ではなく, 全出資者に対して彼らの出資額に比例
　　した「徴収」を行い, ともかく全出資者が出資額を超えた責任を持つ
　　という, 間接的な無限責任を意味した。しかも, 重役団がこのような
　　「徴収」を一般出資者, とりわけ「匿名出資者」にまで強制できたか
　　といえば, そのような実力も意思も持たなかったのであり, 結果的に,
　　重役団とそれに近い主要出資者以外は, 事実上の「有限責任」に近づ
　　いていた」[64]。

62　中野「株式会社と企業統治：その歴史的考察」17頁。
63　同上, 37頁。
64　同上, 23頁。

166 第2部 会計が果たすべきこと

けだし，大塚説に由来する通説は全社員の有限責任制をもって株式会社の
「決定的指標」とし，「有限責任という特徴を備えることによって株式会社が
成立した」[65] などとし，他方，通説に非ざる説は株式の存在とそれによる合
本の存在をもって「決定的」[66] とみるが，しかし，これらの是非は論じにく
く，ときに循環論法に陥る虞もある。また，有限責任の存在と全社員の有限
責任制は同義ではなく，「最初の Joint-Stock Company といわれる「ロシヤ
会社」」にも下記のように有限責任の存在はこれをみることができる。

> 「16世紀から17世紀にかけて，世界史上で最も注目に値する事業組織
> が誕生した。それは「特許会社（chartered company）」と呼ばれるも
> ので……特許会社は，特許状に加えて，中世から引き継いだ二つの概
> 念に基づいている。その一つは，自由市場で売買可能な株式という概
> 念だ。……もう一つは，それ以前にも時々見られた，有限責任という
> 概念だ。……最初の特許株式会社（chartered joint-stock company）は，
> 1555年に特許状を与えられたモスクワ会社（ロシア会社）である」[67, 68]。

---

65 日置弘一郎，高尾義明「解説」ジョン・ミクルスウェイト，エイドリアン・
ウールドリッジ／鈴木泰雄（訳），日置弘一郎，高尾義明（監訳）『株式会社』
2006年，258頁。
　なお，この「解説」は共同出資，法人，有限責任，および準則主義をもって
現在の会社制度に至るまでの四つの重要な制度的飛躍としている（同上，257～
258頁）。

66 友岡『株式会社とは何か』170頁。

67 ジョン・ミクルスウェイト，エイドリアン・ウールドリッジ／鈴木泰雄（訳），
日置弘一郎，高尾義明（監訳）『株式会社』2006年，38～39頁。

68 叙上のように「有限責任という特徴を備えることによって株式会社が成立し
た」とする経営学者の日置弘一郎および高尾義明を監訳者とする訳書は，ただ
し，「limited liability joint-stock company」を「有限責任株式会社」とし，した
がってまた，「joint-stock company」を「株式会社」（12頁）としている（John
Micklethwait and Adrian Wooldridge, *The Company: A Short History of a
Revolutionary Idea*, 2003, pp. 1, 4，および，ミクルスウェイト，ウールドリッジ
／鈴木（訳），日置，高尾（監訳）『株式会社』8，12頁）

第8章 財務会計論の前提としての株式会社論 *167*

「最初のジョイント・ストック・カンパニであったロシア会社」[69]とされる
ロシア会社については，しかしながら，次のような分析もある。

> 「ジョイント‐ストックという仕組みは同社（ロシア会社）がそれを採
> 用する前から西欧において知られていたが，しかし，未だ実験段階に
> あったため，イングランドにおいては頗る新しく，同社による採用は
> 発展段階を迎えたことを明確に意味している。同社の財務の詳細は不
> 明ながら，けだし，当初の意図は，頻繁に清算される期限付きの資本，
> というものであったが，しかし，早期に船と船荷が失われ，その時点
> において船は未だ同社が所有していたため，如上の意図は実行に移す
> ことができなかった。そうした損失の発生は，払い戻しうる資本が殆
> ど残っていない，ということを意味しており，同社の社員は，このこ
> とに鑑み，貿易が安定的に行われるようになった暁には十分な報酬が
> 得られることを期待し，株式所有の継続を選択したのであろう」[70]。

　株式所有の継続を選択した社員たちに対してやがてなされる払い込み請求
ないし「徴収」はこれをどのような性格のものとして捉えるべきだろうか。
あるいはまた，女王からの借入金の返済のためになされる払い込み請求はこ
れをどのような性格のものとして捉えるべきだろうか[71]。

　法制史家のロン・ハリス（Ron Harris）によれば，ロシア会社には［永続
的なジョイント‐ストック（permanent joint-stock）（1553年～）→ 事業毎の
ジョイント‐ストック（ad hoc joint-stock）（1586年～）→ 制規組合（1622年な
いし1623年～）→ 開放的な制規組合（open regulated company）（1698年～）］

---

69 ハリス／川分（訳）『近代イギリスと会社法の発展』67頁。
70 Willan, *The Early History of the Russia Company, 1553-1603*, pp. 276-277.
71 むろん，「増資によって集められた……資金は……これを……有利子負債の返
　　済に充てるというの」（前川修満『事件は帳簿で起きている』2016年，75頁）は
　　決して「面妖なこと」（同上，76頁）ではないが。

168　第2部　会計が果たすべきこと

という組織的変容をみることができた[72]。

　すなわち，同社は当初の約30年間は永続的なジョイント－ストックの資本構造を保持したが，最初の株式に対する払い込み額は決して十分なものではなく，そのため，その後は配当の見込みがないにもかかわらず，追加の払い込み請求が行われ，その結果，1586年には同じジョイント－ストック・カンパニーの形態をもって再組織されながらも，爾後は永続資本ではなかった[73]。「この変化は，最初の株主からの資金徴収という困難を克服し，より広範なグループから資金を集め……配当をより頻繁に行い，会計を単純化するという意図から生まれたものだった。1622－23年には，この過程はさらにもう1段階先に進み……ロシア会社は，事実上制規会社法人（regulated corporation）として組織されたのである」[74]。

　「以上からは，初期の企業組織にとっては，永続的な株式共同資本は問題の多い望ましくない特質であったことが，見て取れる。永続的株式共同資本は，東インド会社という例外的ケースと，高度に冒険的なアフリカと大西洋沿岸への航海の場合にのみ，生き残った」[75]とするハリスは16世紀から18世紀半ばまでの時期について主要な10の貿易企業の組織的変容を比較分析しており[76]，それによれば，16世紀にあって永続的なジョイント－ストックを有していたのは独りロシア会社のみであって，17世紀以降になって東インド会社，ハドソン湾会社（Hudson's Bay Company），王立アフリカ会社（Royal African Company），および南海会社（South Sea Company）が永続的なジョイント－ストックを有するに至っているが，上記のように［永続的なジョイント－ストック → 事業毎のジョイント－ストック → 制規組合 → 開放的な制規組合］といった変容をみたロシア会社や［事業毎のジョイント－ストッ

72　Ron Harris, *Industrializing English Law: Entrepreneurship and Business Organization, 1720-1844*, 2000, p. 52.

73　*Ibid.*, pp. 44-45.

74　ハリス／川分（訳）『近代イギリスと会社法の発展』67頁。

75　同上，67頁。

76　Harris, *Industrializing English Law*, p. 52.

ク（1581年〜）→ 制規組合（1588年ないし1595年〜）→ 開放的な制規組合
（1752年〜）］といった変容をみたレバント会社（Levant Company）の場合
のように「1620年代以前に関しては」[77]［ジョイント-ストック・カンパ
ニー → 制規組合］に非ざる動きをみることができる。

会計が行われる状況

　あえて改めて問うが，会計（財務会計）はどのような状況において，また，
どのような役割を担って行われるのだろうか。

　筆者の持論は，会計は経営者のためにこそ行われる，とし，敷衍すれば，
経営者は自らの経営者としての地位を守るために会計（出資者に対する説明）
を行う，としており[78]，これには，経営者と出資者の関係において後者が優
位にある，ということが前提されているが，しかし，本章においてみたロシ
ア会社の状況はどのようなものだったか。
　すなわち，出資金は難破等によって失われ，また，配当も行われることな
く，払い込み請求はこれが陸続と行われ，しかし，けだし，大半の社員は請
求に応じ続け，といった状況は会計を必要とはしないかもしれない。
　あるいは，投資者（株主）保護の立場，すなわち，会計は投資者のために
ある，とする立場からする会計の存在意義はこれも有限責任制が存する場合
には否定されてもよい。
　例えば19世紀のイギリスには，事業によって儲けを得ようとする者はそれ
に見合った事業のリスクを負担してしかるべきである，という基本的な理念
があり，この理念は債権者保護の考えに繋がり，また，無限責任会社こそが
この理念に適っていると考えられていた。すなわち，有限責任会社における
株主のリスクは，見合ったリスク，とはいえず，別言すれば，有限責任会社
において株主は過保護の状態にあり，したがって，会計による株主保護は屋

77　ハリス／川分（訳）『近代イギリスと会社法の発展』67頁。
78　例えば下記のものをみよ。
　　友岡『会計の歴史（改訂版）』182〜185頁。

170 第 2 部　会計が果たすべきこと

下に屋を架すものとされよう[79]。

　前出の引用[80]においては，chartered company は自由市場で売買可能な株式および有限責任という二つの概念（idea）にもとづいている，とされ，ロシア会社はこれが最初の chartered joint-stock company である，とされている[81]ものの，しかし，それ以上の詳細等は示されていないが，いずれにしても，大塚説にいわれる東インド会社における全社員の有限責任制の「確立」[82]や「具備」[83]に鑑みるに，ロシア会社にあったのは全社員の有限責任制ではなかろうし，けだし，「無機能資本家」[84]のみの有限責任制だろう。しかしまた，借入金の返済等のための払い込み請求の存在はこれをどのように捉えるべきか。

　「重役団がこのような「徴収」を一般出資者，とりわけ「匿名出資者」にまで強制できたかといえば，そのような実力も意思も持たなかった」とされるイギリス東インド会社の場合には払い込み請求（「徴収」）の存在はこれが有限責任制の存在を否定するものではなかろうが，ロシア会社の場合にははたしてどうだろうか。

　「自分の利益を追求する，という行為は，すぐれて私的な行為であ」[85]って「自分の利益を追求する株主と自分の利益を追求する経営者，この両者からなる私的な存在が株式会社」[86]であり，別言すれば，「株主と経営者との関係は，内輪のこと」[87]であって「たとえば，経営者にちゃんとした会計をやらせよう，などといったことを，だれか第三者（たとえば法。法を第三者というと語弊があるかもしれないが）がいうことの必要はなく，それは，内輪のこと

79　友岡『株式会社とは何か』201頁。

80　注記67をみよ。

81　Micklethwait and Wooldridge, *The Company*, p. 26.

82　中野「株式会社と企業統治：その歴史的考察」4 頁。

83　同上，37頁。

84　同上，4 頁。

85　友岡『株式会社とは何か』40頁。

86　同上，41頁。

87　同上，200頁。

として，株主が自分で要求すればよいことである」[88] ともされ，「有限責任形体であれば，なおのこと，株主保護の必要性は存在しない」[89] とされる。

　ただしまた，ロシア会社の社員たちが置かれていた状況は，事業の好不調にかかわりなく，出資を継続し，剰え追加の出資をもって求められる，というものだった。いや，事業が不調だからこそ，止めることができず，事業が不調だからこそ，断ることができなかった，というべきか。

　如上の状況において会計は必要か。

88　同上，203頁（（　）書きは原文）。
89　同上，204頁。

第9章
債権者保護と株主の責任

　前章の株式会社論をもって承け，債権者保護と株主の責任と会計の諸機能
の関係についてとつおいつ思量する。
　会計の諸機能については種々の捉え方が考えられようが，けだし，利害調
整機能に集約しうるかもしれない。

株主と経営者の関係

　前章にも述べられたように通説にあって，株式会社の嚆矢，とされるオラ
ンダ東インド会社における株主の立場については次のように概説される。

> 「東インド会社以前の都市ごとの航海の時代には，航海を計画し出資
> した者は無限の責任を負ったが，東インド会社設立後は有限となった。
> それでも取締役は大きな支部では少なくとも6,000ギルダーを出資し，
> 万一会社が損益を計上した際にはまずその出資金を補塡に充てねばな
> らなかった。ただし，会社の名前での第三者への債務の責任を彼らが
> 負うことはない旨が特許状に明記されていた。この有限責任制は，現
> 代の株式会社まで引き継がれ，採用されている。……一方，会社の事
> 業に出資する一般の株主は，最低でも10パーセント，平均して20パー
> セント程度の配当金を受け取ったが，社の経営方針に対してはほとん
> ど何の影響力も持たなかった。この点は……イギリス東インド会社の
> 場合と大きく異なっている。……しかし，安定した高い配当金が期待

174 第2部 会計が果たすべきこと

できる東インド会社の株は人気が高く，400パーセント以上の額で取り引きされたという」[1]。

　要するに，配当はあり[2]，また，株式の自由譲渡性はこれもあった[3]ものの，しかし，経営に口出しをすることはできず，すなわち共益権はなかった，ということだが，これはどういう状況だろうか。

　株主と経営者の関係をもって財産管理に関する委託・受託の関係と捉える場合，この委託・受託関係の解消には①株主を辞める，②経営者を馘にする，③経営者を辞める，という三つの手立てがある[4]が，如上の状況にある株主には②はなく，しかし，①はある。経営成績が思わしくない場合にも①の手立てをもって損害ないし損害の増大を免れることができようし，株主を辞めること（株式を手放すこと）は株価の下落を通じて②に類する意味をもちうるかもしれない。

　なお，イギリス東インド会社については次のように述べられるが，異同は要するに社員総会の有無[5]だった。

---

1 羽田正『興亡の世界史［第15巻］　東インド会社とアジアの海』2007年，101〜102頁。

2 配当があるのは当然のこととされるかもしれないが，しかし，前章においてロシア会社にみられたような状況もありうる。

3 オランダ東インド会社については「出資者の「持分」が，後の完成した形での株式制にみられる等額への分割と「株券」による表彰までに至っていないが，会社の「社員名簿」においてその譲渡の自由が明白に許され，かつ，その手続が示されており」（中野常男「株式会社と企業統治：その歴史的考察——オランダ・イギリス両東インド会社にみる会社機関の態様と機能」『経営研究』第48号，2002年，4頁）とされているが，ただしまた，「特許状において，出資は10年を期限として固定され，その間は入退社を許さず，そして，この10年の経過の後に「一般的清算（決算）」が実施され，その際にのみ有志者の入退社が許容されるものと規定された」（同上，14頁）ともされている。

4 友岡賛『株式会社とは何か』1998年，56頁。

5 中野「株式会社と企業統治：その歴史的考察」5頁。

「17世紀半ばの……これらの特許状は，まず，会社が永続的な資本を保有することを認めた。イギリス東インド会社はこの時点で株式会社となったとも言えるだろう。……オランダ東インド会社とは異なり，イギリス東インド会社では，間接的とはいえ株主はその出資額に応じて会社の経営に参画することができた」[6]。

債権者保護と利害調整

　債権者保護については，例えば藤井秀樹によれば，「債権者の経済的利害の保護（債権者保護）を図りながら，配当として株主に分配することのできる利益の金額を決定することを会計の基本目的とし，その基本目的を会計のメカニズムを通じて達成しようとするのが，会計の利害調整機能」[7]とされ，この藤井は利害調整を含む会計の諸機能を**図表9-1〜3**[8]のように捉えているが，しかし，やはり債権者保護は利害調整機能と結び付き，投資者保護は情報提供機能と結び付くのだろうか。

図表9-1　会計の機能

機能	会計の基本目的
説明	受託責任の履行状況の説明
利害調整	分配可能利益の計算
情報提供	有用な投資情報の提供

図表9-2　制度会計

	基本理念	会計の機能
会社法会計	債権者保護	利害調整
金融商品取引法会計	投資者保護	情報提供
税務会計	課税の公平性	課税所得の計算

6　羽田『興亡の世界史［第15巻］　東インド会社とアジアの海』104〜105頁。

7　藤井秀樹『入門財務会計（第2版）』2017年，18頁（（　）書きは原文）。

8　同上，21，53，60頁。

176 第2部 会計が果たすべきこと

図表9-3 経済社会システムの類型と会計の主要機能

類型	企業システム	法システムの基本理念	会計の主要機能
英米型システム	直接金融	投資者保護	情報提供
大陸型システム	間接金融	債権者保護	利害調整

　図表9-1に示されるように，藤井は会計の機能として説明機能，利害調整機能，および情報提供機能を挙げている[9]が，異論はあろう[10]ものの，説明はこれを情報提供に含むこともでき，また，利害調整は利益計算をもってなされるのであれば，会計には計算という側面と情報提供（知らせる）という側面がある[11]，ともいえよう[12]。

　ところで，会計における計算とは何か。

　例えば分配可能利益の計算はこれにもとづいて配当の支払いという経済行為（過大な配当は支払わないという経済行為）が行われ，叙上の利害調整にかかわる計算は当該企業の経済行為（担保財産を維持するという経済行為）に繋がる計算としてこれを捉えることができようが，他方，経営成績を表す利益の計算はこれにもとづいて情報提供が行われ，すなわち計算された利益数値は情報である。

　したがって，会計における計算には当該企業の経済行為のための計算と情報提供のための計算がある，ということになろうが，とすると，前出の「会計には計算という側面と情報提供という側面がある」という述べ方（計算と情報提供を並列的に捉えること）は適当ではないような気もしてくる。しかし，経済行為のための計算と情報提供のための計算は会計という行為における位

9　なお，「筆者とすれば，（利害調整機能 vs. 情報提供機能，といったように）利害調整と情報提供を同次元のものとして扱うことには違和感がある」（友岡賛『会計学原理』2012年，79頁（（　）書きは原文））。

10　かくいう筆者も説明と情報提供を截然と区別している（友岡『株式会社とは何か』77〜81頁）。

11　「会計という行為には二つの面があり，一つは，計算する，という面，もう一つは，知らせる，という面である」（友岡『会計学原理』77頁）。

12　同上，第2章第14〜16節を参照。

置を異にしているのかもしれない。すなわち，等しく，会計における計算，とはされながらも，経済行為のための計算はそれ自体が会計の目的であるのに対し，情報提供のための計算は（情報提供という目的に至る）手段として捉えられよう。

　というわけで，分配可能利益の計算と経営成績を表す利益の計算は会計における位置をもって異にしており，したがって，「会計には計算という側面と情報提供という側面がある」という述べ方における「計算」（情報提供と並列的に捉えられる計算）は分配可能利益の計算の類いのみを意味することになる。

　ただし，「等しく，会計における計算，とはされながらも」とは述べたものの，会計の定義の仕方によっては，当該企業の経済行為のための計算は，会計における計算，としては捉えられないかもしれない。

　例えば往年のベストセラー・テキストにおいて飯野利夫は次のように会計の定義を述べている。

　　「広く会計といえば，「情報を提供された者が適切な判断と意思決定ができるように，経済主体の経済活動を記録・測定して伝達する手続」をいう」[13]。

　また，「日本一読まれている財務会計のテキスト」と帯に書かれた近年のベストセラー・テキストにおいて桜井久勝は次のように述べている。

　　「会計は，ある特定の経済主体の経済活動を，貨幣額などを用いて計数的に測定し，その結果を報告書にまとめて利害関係者に伝達するためのシステムである」[14]。

13　飯野利夫『財務会計論（3訂版）』1993年，1～3頁。
14　桜井久勝『財務会計講義（第18版）』2017年，1頁。

178　第2部　会計が果たすべきこと

さらにまた，桜井の書と肩を並べ，「現代会計のバイブル」と帯に書かれた広瀬義州のテキストは次のように述べている。

　　「「会計」とは経済主体が営む経済活動およびこれに関連する経済事象を測定・報告する行為をいう」[15]。

「伝達する手続」，あるいは「伝達するためのシステム」，あるいは「報告する行為」といったように，言い回しに些かの異同はあるものの，これらの定義において計算（測定）[16] は専ら情報提供（伝達ないし報告）のためのものであって，当該企業の経済行為のための分配可能利益の計算の類いは少なくとも定義のなかにはなく，したがって，そうした計算は会計における計算ではなく，分配可能利益の計算は会計ではない，ともいえるのかもしれない。

　閑話休題。分配可能利益の計算はこれが債権者保護を念頭に置いて利害調整機能と結び付く，ということについては首肯できようが，しかし，やはり債権者保護は利害調整機能と結び付き，投資者保護は情報提供機能と結び付くのだろうか。
　例えば飯野は「債権者のための会計」と題して次のように述べている。

　　「すでに貸付けた債権が回収できるか否か，また新たに貸付けてよいか否かを決定するための資料として，債権者も企業の会計に関心をもつようになり，債務者または資金の借入申込者に対して，そのために役立つ会計情報を提出することを求めるようになった」[17]。

　もっとも飯野は「「情報」という概念は現在では当たり前のように会計に

15　広瀬義州『財務会計（第13版）』2015年，2頁。
16　ここでは行論上の都合により「計算（測定）」としたが，ときに筆者は計算と測定を截然と区別している（友岡『会計学原理』82頁）。
17　飯野『財務会計論（3訂版）』1～3頁。

おいて用いられているが，そのようになった契機がこの*ASOBAT*の登場だった」[18]とされるアメリカ会計学会（American Accounting Association）の*ASOBAT*（*A Statement of Basic Accounting Theory*）の訳（『基礎的会計理論』）を手掛け，つとに前出の「情報を提供された者が適切な判断と意思決定ができるように，経済主体の経済活動を記録・測定して伝達する手続」という「情報」を用いた定義を会計に与えているため，些か特別ともいえようが，他方，桜井は次のように述べている。

> 「現代の企業は多様な利害関係者との利害関係を伴いつつ経済活動を営んでいる。そのような利害関係者……は，自己の利益を守り，適切な経済的意思決定を行うために，企業の動向に強い関心を有し，企業に関する情報を必要としている。……銀行や社債保有者などの債権者は，自己が有する債権の元本と利子についての企業の支払能力に注目している」[19]。

「支払能力に注目」は，支払い能力についての情報が欲しい，ということだろうし，また，広瀬は情報について次のように述べている。

> 「利害関係者はいろいろな経済的なニーズをもっており，そのニーズを満足させるために，情報を利用する。……金融機関などの債権者であれば，融資を行うべきか否か，融資先の企業の担保財源は確保されているか否か，貸付金の支払能力はあるか否かなどを判断するためのデータとして……情報を利用する。……しかし，現行の財務会計は，利害関係者のなかでも投資者および債権者のニーズと意思決定に焦点を合わせているために，そこからアウト・プットされる情報も投資者および債権者向けであるといってよい」[20]。

---

18 友岡賛『会計学の基本問題』2016年，192頁。
19 桜井『財務会計講義（第18版）』3頁。
20 広瀬『財務会計（第13版）』4〜5頁。

180　第2部　会計が果たすべきこと

　情報提供機能については債権者が投資者と同様に重視され，しかも，利害調整機能については債権者保護が念頭に置かれているというのであれば，それはどうしてだろうか。
　その事訳はやはり有限責任制か。

有限責任制と債権者保護

　「有限責任会社において株主は過保護の状態にあり」[21] といった捉え方からすると，叙上のように「情報提供機能については債権者が投資者と同様に重視され」というよりも，情報提供機能についても，投資者は債権者と同様に重視されてよいのか，といった疑義すら生じようが，それはさて措き，商法・会社法学者の後藤元は有限責任制について次のように述べている。

　　　「団体の構成員に有限責任を認めるための条件は何であるのかという
　　　問題……は，理論的に重要であるのみならず，構成員が例外的に有限
　　　責任の利益を享受できなくなる場合を明確にするという実際的意義を
　　　も持つものである」[22]。
　　　「この問題に関して，江頭憲治郎は「事業の開始にあたりリスクに応
　　　じた合理的な出資の引受が構成員によってなされ，以後維持され，か
　　　つ財務状況に関して合理的な方法で第三者に対する開示がなされるこ
　　　とが，共同企業の構成員に対して有限責任を認めることの必要・十分
　　　条件である」と述べている。この江頭の見解はしばしば引用されてお
　　　り，一定の影響力を有しているものと思われる」[23]。

　有限責任制は開示（情報提供）がその条件の一つとされており，後藤が引いた同じく商法・会社法学者の江頭憲治郎は開示について次のように敷衍し

21　第8章。
22　後藤元『株主有限責任制度の弊害と過少資本による株主の責任——自己資本の水準から株主のインセンティブへ』2007年，1頁。
23　同上，2頁。

ている。

> 「株式会社等において出資の払戻が禁止されている理由は，構成員の
> 出資が，会社に取引上の損失が生じた場合に債権者にすぐさま損害を
> 与えないためのクッションの役割をなすことが期待されているからで
> ある。……当初そのクッションは十分であっても，取引上損失が累積
> すればそれは減少するものであるから，取引先は会社のその時々の財
> 務状況を知りうる状態におかれなければならないであろう。貸倒れの
> 危険を認識しつつ取引した相手方は有限責任を対抗されても仕方ない
> が，危険を認識できない状態において取引した者に対して有限責任を
> 対抗するのは不当だからである」[24]。

　情報提供がない場合には無限責任，ということか。

　ただし，その真意はさて措き，ここで江頭が述べているのは，財務状況を
知りうる状態にない債権者に対して有限責任を対抗するのは不当，というこ
とであって，これは，無限責任の場合には情報提供がなくともよい，とか，
情報提供がなくとも無限責任の場合ならよい，といったことを当然には意味
しない。

　しかしまた，いずれにしても，情報提供がなく，したがって，不安がある
場合には債権者にならなければよい，ともいえようが，債権者のなかには債
務者よりも強い立場にある金融機関もあれば，債務者より弱い立場にある売
掛債権者もあって，不安がありながらも，債権者にならなければならない，
ということもありえよう。

　他方，これも商法・会社法学者の蔵田英人による以下の記述のように，開
示は債権者保護において資本よりも重要，ともされる。

24　江頭憲治郎「企業の法人格」竹内昭夫，龍田節（編）『現代企業法講座［第2
　　巻］　企業組織』1985年，75頁。

182 第2部 会計が果たすべきこと

「わが国の改正前商法における株式会社の資本は，会社債権者に対する担保額を意味し，表示資本に相当する財産の維持を要求する財産拘束機能と，配当可能利益算定における控除項目としての計算尺度機能を併せもつ会社債権者保護機能を資本に求めていた」[25]。

「しかし，資本は……資本に相当する財産がどのような形態で会社に保有されるかを問わない抽象的な金額で……資本は株主が出資した額の歴史的な記録にすぎず，会社の財政状態や支払能力を表すとは限らないものであった」[26]。

「また，株主有限責任の原則により株主は出資義務を負うだけであるから，会社債権者保護が計算尺度としての資本に結びつく理論上の必然性があるわけではなく，資本は営業不振により会社財産が減少することまで阻止することはできない」[27]。

「改正前商法は，資本制度を有限責任の代償として位置づけ，設立時に会社自身が最低限度保有すべき責任財産として最低資本金を定め……ていた」[28]が，「会社法は，会社債権者保護の観点から，株式会社の設立時の財産額である資本金の大小よりも，現在の会社財産状況の把握や開示および適切な会社財産留保措置が重要であると配慮し……会社債権者保護規制の基本は開示の充実による会社債権者の自己防衛にあるとして最低資本金制度を廃止した」[29]。

ただしまた，「基本は開示の充実による……」とされつつも，「および適切な会社財産留保措置」とされており，やはり，先述のように，情報提供機能については債権者が投資者と同様に重視され，しかも，利害調整機能につい

---

25 葭田英人『コーポレート・ガバナンスと会計法——株主有限責任と会社債権者保護』2008年，150頁。

26 同上，151頁。

27 同上，151頁。

28 同上，156頁。

29 同上，162頁。

ては債権者保護が念頭に置かれている，ということだろうか。

利害調整機能における計算

　前々項において，会計における計算には経済行為のための計算と情報提供
のための計算があり，これらは会計における位置を異にしている，としたが，
前項の「および」の「適切な会社財産留保措置」は前者の経済行為のための
計算として行われ，これは具体的には分配規制の分配可能利益の計算として
行われる。

　この辺りのことについて桜井，あるいは広瀬，あるいは蕗田は次のように
述べている。

　　　　「株式会社では株主の有限責任の制度が採用されているため，債権者
　　　　の権利は会社の純資産によってのみ保証されるにすぎない。したがっ
　　　　て配当などにより，会社の純資産が無制限に社外に流出すると，債権
　　　　者の権利が著しく害される。そこで会社法は，株主と債権者の利害調
　　　　整の目的で，会社財産を株主に払戻すことが可能な上限額を「分配可
　　　　能額」として法定し，それを超える分配を禁止している」[30]。

　　　　「株式会社では，株主の責任は，自己の出資額を限度とする間接的有
　　　　限責任であるところから，一方のステークホルダーである債権者に対
　　　　しての唯一の担保財源は純資産である。このために，「会社法」の前
　　　　身である「商法」では従来から，債権者保護の見地から配当可能利益
　　　　をめぐる株主との利害調整が重視され……てきた」[31]。

　　　　「株式会社においては，株主が有限責任しか負わないので，会社債権
　　　　者の利益が害されるリスクがある。会社債権者にとって会社財産のみ

30　桜井『財務会計講義（第18版）』279頁。
31　広瀬『財務会計（第13版）』352～353頁。

184 第2部 会計が果たすべきこと

が担保財産であることから，株主と会社債権者との利害の調整を図り，
会社債権者を保護するためには，剰余金の分配規制を課す必要があ
る」[32]。

どうやら「利害調整」は「債権者保護」と同義であって，ことによると，
利害調整機能は「債権者保護機能」と称することもでき，「株式会社の会計
には債権者保護機能がある」といった言い方もできるのかもしれない。
　その事由はやはり有限責任制のようだが，それでは有限責任に非ざる場合
にはどうなるのだろうか。

　有限責任に非ざる場合に配当規制の類いが要るかどうか，ということはこ
れを即断することはできないが，無限責任形態と有限責任形態の比較におい
ては債権者にとって前者の方が「安全で安心」[33]，後者の方が「危険で不
安」[34]であって，したがって，債権者保護のための規制はこれの要る度合い
は後者の方が低い，ということはいえよう。
　しかし，前項の引用はいずれも，要するに，有限責任だから要規制，とし
ており，違和感を覚える。有限責任だから要規制，ということは，少なくと
も文字面上は，無限責任なら規制不要，ということを意味しようが，しかし
ながら，例えば「もっぱら貧乏人によって構成される無限責任会社には……
債権者保護機能がほとんどなく」[35]，したがって，一定額以上の財産の所有
をもって出資者の資格要件としたりしない限り，如上の規制はこれが不要と
はいえないだろうし，「すべての株主の財産の状態をつねに把握することな
どおよそ不可能である」[36]。

32　葭田『コーポレート・ガバナンスと会計法』161頁。
33　友岡『株式会社とは何か』163頁。
34　同上，164頁。
35　同上，175〜176頁。
　「もっぱら貧乏人によって構成される無限責任会社」は「株主たちの財産の不
均等性ないし有限性という現実が，株主たちのあいだに，ある特殊な作用をも
たらす」（同上，172頁（圏点は原文））ことによってもたらされる。

第9章　債権者保護と株主の責任　*185*

　ただしまた，「無限責任会社にカネを貸すばあいには，出資者の個人的な財産までもが担保になっている」[37]という無限責任会社の本来的な意義とその出資者のリスクの大きさに鑑みれば，無限責任会社の場合には，例えば桜井が述べるように，「配当などにより，会社の純資産が無制限に社外に流出すると，債権者の権利が著しく害される」ということにはならないのかもしれない。

　しかしながら，このようにとつおいつしてくると，またぞろ情報提供のことが想起されてくる。

情報提供の意義

　投資者については例えば「「自分の判断で投資した以上，その結果についても当人が責任を負う」というのが資本市場のルールで……これを「自己責任の原則」といい……そして自己責任の前提には，十分な情報の開示が必要」[38]などとされているが，債権者についても，例えば既出の莨田の記述によれば，「開示の充実による……自己防衛」が「基本」とされ，ここにおいて「自己責任」と「自己防衛」はほぼ同義といってよく，既述のように，情報を得ることできないために不安がある場合には止めておけばよく，また，情報（当該企業の状態が思わしくないという情報）を得ることができたために不安が生じた場合にも止めておけばよい。

　他方また，情報提供は経営者のためにある[39]という観点をもってする場合には，資金調達をしたい経営者は，資金提供者の不安を解消するため，情報を提供する，ということになろうが，前出の飯野の往年のベストセラー・テキスト（1977年初版刊行）の前には最も売れていたという[40]『体系財務諸表論』（1973年初版刊行）は，「財務会計」という呼称の意義に拘泥しつつ，資

36　同上，175頁。

37　同上，163頁。

38　水口剛，平井裕久，後藤晃範『企業と会計の道しるべ』2017年，35頁。

39　「会計というものは経営者のためにこそある」（友岡賛『会計の歴史（改訂版）』2018年，185頁）。

186 第2部 会計が果たすべきこと

金（資本）調達のための会計について次のように述べている。

> 「報告の内容が企業の財政状態ないし財務状態であることのゆえに財務会計とよぶのだとする解釈」[41] もあるが，「もともと財務会計つまりファイナンシャル・アカウンティングという呼称が米国において用いられるようになったのは，まさしく資本の調達との関連においてであった。すなわち信用経済の発達を媒介として企業の資本調達がはかられるばあい，そこでは債務の弁済能力の判定のための情報提供つまり債権者的見地からの会計報告が要請されたわけであるが，そのような会計報告は，まさにファイナンスのための会計であるという意味で財務会計の名に相応しいもので……このことは，企業資本の調達におけるその後の事情の変化，つまり株式資本への依存度の増大にともない，債権者のための会計から株主のための会計へと移行をみたのちにおいても，異なるところはない」[42]。

しかし，これは経営者のための情報提供ではないのか。「債権者的見地からの」，あるいは「債権者のための」，あるいは「株主のための」とされてはいるものの，「ファイナンスのための」ということは，資金調達をしたい経営者のための，ということではないのだろうか。

また，二つ目の「債権者保護と利害調整」と題する項においては，会計には計算という側面と情報提供（知らせる）という側面がある，とし，また，利害調整は計算をもって行われる，としていたが，情報提供（知らせること）をもってなされる利害調整，という関係はこれを看過してよいのか。

前出の飯野，桜井，および広瀬はいずれも分配可能利益の計算を会計の埒外に置いてはいないものの，しかしながら，会計を「伝達する手続」，ある

---

40 「飯野君のあれが出るまでは私と嶌村君の本が……」（山桝忠恕談）。

41 山桝忠恕，嶌村剛雄『体系財務諸表論　理論篇（4訂版）』1992年，7頁。

42 同上，7頁。

いは「伝達するためのシステム」，あるいは「報告する行為」といったように捉える彼らの定義にしたがう限り，「分配可能利益の計算は会計ではない，ともいえるのかもしれない」と前述したが，そうした場合になおも会計に利害調整機能を求めるのであれば，例えば次のような定義が得られよう。

> 「会計とは，経済主体の種々の利害関係者間の利害調整が果たされるようにするため，あるいはまた，経済主体の種々の利害関係者による意思決定を支援するために，当該経済主体における経済事象・経済状態を貨幣数値をもって認識・測定し，かくて作成された情報を伝達する行為，である」[43]。

利害調整機能への集約

　もっとも会計に計算と情報提供の二面を認めつつ，この両面に利害調整機能を求め，認める，という行き方もあるだろう。

　敷衍すれば，情報提供はその目的をまずは，利害関係者の意思決定を支援するために情報を提供する，といったように捉えられようが，他方また，情報提供をもって利害を調整する，といったように捉えることもでき，ただし，ここに至って後者については「情報提供」よりも「説明」と称した方が適当だろう[44]。

　いずれにしても，種々の利害関係者のうち，誰までを念頭に置くか，誰までを対象，すなわち説明の相手とするか，ということは企業観ないし会計主体観に依拠しようが，いずれにしても，ここにおける説明は納得を得るためになされ，すなわち，現行の関係について相手の納得を得るためになされる。すなわち，経営者は当該利害関係者との「関係を維持するために」[45] 当該利

43　友岡『会計の歴史（改訂版）』23～24頁。

　　この定義は，利害調整と情報提供ではなく，利害調整と意思決定支援をもって会計の機能（目的）としているが，これは注記9に示された事情によっている。

44　注記10をみよ。

害関係者「を納得させなければならない」[46, 47]。

このように，説明し（知らせ），納得を得て，関係を維持する，ということは利害調整にほかならない。

如上の捉え方においては，会計は財産の維持等に繋がる計算をもって利害調整をなし，また，現行の関係に問題がないことを知らせることをもって利害調整をなす，ということになり，したがって，ここに会計の機能ないし目的は利害調整これ一本に集約されることになる。

かくして，会計機能論においては，**図表9-4**に示されるように，「①利害調整機能と意思決定支援機能を挙げる立場と，②利害調整機能と情報提供機能を挙げる立場と，③利害調整機能，意思決定支援機能，説明責任履行機能を挙げる立場と，④利害調整機能，情報提供機能，説明責任履行機能を挙げる立場」[48] と，そして⑤利害調整機能のみを挙げる立場が考えられよう。

図表9-4　会計機能論の諸類型

利害調整機能	①	②	③	④	⑤
意思決定支援機能	①		③		
情報提供機能		②		④	
説明責任履行機能			③	④	

45　友岡『会計の歴史（改訂版）』25頁。

46　同上，25頁。

47　説明，納得，および関係維持については下記のものを参照。
　　　友岡『株式会社とは何か』49〜56頁。

48　友岡『会計学原理』76頁。

第10章
財務会計と管理会計

　「会計学の基本問題」や「会計学原理」や「会計基礎理論」などといった
看板を掲げ，要するに，本書のタイトルに示されるように，会計と会計学の
レーゾン・デートルについて思量している筆者の脳裡には，けだし，常に山
桝忠恕が潜在している。

　会計は一般に，その機能の面から，財務会計と管理会計に大別されようが，
かつて山桝はこの分類に疑義を抱き，この二つの統合の可能性をもって模索
していた。

山桝を取り上げることについて
　「緒言」に述べられたように，本書は前々著『会計学の基本問題』（2016
年）の続篇に該り，また，この『会計学の基本問題』の前の著書，すなわち
前々々著の『会計学原理』（2012年）は予てから担当している「会計基礎理
論」という講義科目のテキストとしてまとめられた。「基本（fundamental）
問題」だろうが，「原理（principles）」だろうが，「基礎（basic）理論」だろ
うが，要するに，このところ，その手のことをやってきており，そうした筆者
が特にその手のことを扱う際に無意識に意識してきているのは山桝（1922～
1984年。1958～1984年，慶應義塾大学助教授・教授）[1] である。
　この辺りで意識的に取り上げてみたい。

190 第2部 会計が果たすべきこと

では彼の何を取り上げたらよいだろうか。

山桝の崇拝者からは異論があろうが，しかし，「論理展開の厳密さ……は他著の追随を許さない」[2]とされ，また，「他著ではほとんど触れられていない点まで事細かに言及され，卓越した見識が示されている」[3]とされる嶌村剛雄[4]との共著『体系財務諸表論』はこれが代表作の一つだろう。往年のベストセラー・テキスト，飯野利夫[5]の『財務会計論』（1977年初版刊行）の前にベストセラーだったという『体系財務諸表論』（1973年初版刊行）は，しかし，「われわれのこれまでの研究成果を整理し交換することによって，ひとまず全体をとおしての共通の素稿を作成のうえ，これに対して相互に何回となく綿密な検討を加え合いながら，文字どおり両者共同して本書を作り上げた。分担執筆に類する単純な共著に終らせたくなかったからである」[6]とはされているものの，嶌村によれば，「あれは私が書いた」[7]ともされる。やはり止めておこうか。

ほかに目を向ければ，単著の初期の代表作として『近代会計理論』が挙げられよう。「過去における会計理論関係の習作に多少の整理を施しつつ，とりあえずそれらの約半分を一本にとりまとめてみたものにほかならない」[8]に始まり，「その稚拙さと浅薄さとは目にあまるものがあるものの，あまり勤

---

1 山桝については宛も聖人君子のように評する向きが少なくないが，筆者とすれば，彼は全くもってそうではなく，しかし，そうではない彼を敬愛していた。まずは以下のものを参照。
　友岡賛『会計学の基本問題』2016年，315～316頁。

2 小樽商科大学会計研究会「大学レベルの財務会計テキストの検討（1）」『産業經理』第54巻第2号，1994年，133頁（野口昌良稿）。

3 同上，134頁（同上）。

4 1928～1994年。1959～1994年，明治大学助手・専任講師・助教授・教授。

5 1919～2007年。1943～1970年，東京商科大学助手・助教授，一橋大学助教授・教授，1972～1990年，中央大学教授。

6 山桝忠恕，嶌村剛雄『体系財務諸表論　理論篇（4訂版）』1992年，「はしがき」5頁。

7 嶌村談。

8 山桝忠恕『近代会計理論』1963年，「序文」（2）頁。

第 10 章　財務会計と管理会計　*191*

勉とも言えない一学究のたどたどしい足どりのほどを示す云々」[9]と続くこの書は論攷集であり，さらには「あまりにもその内容の貧しいことを心苦しく思う云々」[10]とまでいわれると，「じゃあ，出すなよ」といった突っ込みを入れたくもなろうが，このような実に態とらしく，かつ周到な言い訳がいかにも山桝らしい。

　歯切れのよい論述をもって知られた中村忠[11]のことを「中村君は気楽でいいねえ。何でも簡単に割り切れて」[12]と皮肉っていた山桝の著作は「不必要と思えるほど入念慎重になりすぎているところが見受けられる」[13]ともされ，（叙上の筆者からの「じゃあ，出すなよ」といったそれはさて措き）突っ込みどころのない，言い訳に満ちた記述をもって専ら心掛けていた山桝だった。

「会計」の定義と会計学の対象

　閑話休題。山桝は，後出の引用に示されるように，会計学の対象を企業の会計に限っており，1963年刊の『近代会計理論』はその企業会計について次のように述べている。

> 企業会計は企業資本の「運動の経過ないしは顛末を計数的に測定・描写し，計数の側面から企業資本の統一的・全体的な管理を行なうためのものであり，またこの運動が企業自体の行動目標を反映する利潤生出の運動であるというところから，ひいては利潤の計数的確定をもその必須の課題とする関連にもある」[14]。

　如上の「資本の……管理」をもって会計の目的とする定義は爾後も持続さ

9　同上，「序文」（3）頁。
10　同上，「序文」（4）頁。
11　1930〜2008年。1972〜1994年，一橋大学教授。
12　山桝談。
13　久野光朗（執筆者代表）「大学レベルの簿記テキストの検討」『産業經理』第45巻第1号，1985年，61頁（長井敏行稿）。
14　山桝『近代会計理論』7〜8頁。

192 第2部 会計が果たすべきこと

れ，10年以上も経たのちにも次のようなほぼ同様の定義が示されている。

　　　企業会計は企業資本の「運動の経過ないし顚末を計数的に測定・描写
　　　し，計数の側面から企業資本の統一的・全体的な管理を行なうための
　　　ものであり，またこの運動が企業自体の行動目標を反映する利潤生出
　　　の運動であるということから，ひいては利潤の計数的確定をも，その
　　　直接の課題とする関連にある」[15]。

　ただし，前出の蔦村との共著は（誰が書いたのかは知らないが）「会計学は，
企業会計を研究対象とする学問であり，企業会計は，企業の経済活動つまり
企業の資本運動を貨幣計数でもって有機的・統一的に把握するための計算報
告機構である」[16]と述べて，そこに「管理」はなく，また，没後に発表され
た遺稿は次のように述べて，そこに「資本」はない。

　　　「会計学の研究対象は企業の会計であり，企業の会計とは，経済的な
　　　意思決定への役立ちが果たされうるように，企業において生起する経
　　　済事象を，適切な判断に基づき一定のルールに即しつつ，貨幣計数に
　　　よって，「フロー」と「ストック」の両面から有機的・秩序的・統一
　　　的に把握し表明するための人間の営みないし行動の体系にほかならな
　　　い」[17]。

　終始一貫しているのは，企業の会計である，ということと「統一的・全体
的」ないし「有機的・統一的」ないし「有機的・秩序的・統一的」といった
ことであって，「会計が会計学の対象をなすからといって，会計を対象にす
る学問でありさえすれば単にそれだけの理由でもって会計学といえるかとい

15　山桝忠恕「序説」山桝忠恕（編）『会計学（改訂版）』1975年，9頁。
16　山桝，蔦村『体系財務諸表論　理論篇（4訂版）』3頁。
17　山桝忠恕「会計学の対象と方法——会計学の基礎」『税経セミナー』第30巻第
　　　1号，1985年，6頁。

第 10 章　財務会計と管理会計　*193*

うと……必ずしもそう簡単には結論づけられない」[18] ともされ，やはり「会計学の対象としての会計というのは，ある種の課題ないし要請との関連において，会計主体の意向に基づきつつ，特有の方法でもって，一定の会計単位において展開される秩序的な行動体系であり，それゆえにまたそこにみられる行為は，互いに関連をもち，一定の段取りと手順とをもってなされ，それらが全体として会計主体の目的達成の営みを示しうるように，有機的に一体化されているわけである」[19] とされる。「学の対象」は「秩序的」なものでなければならないのか。「学」は対象に秩序を見出すものだからだろうか。しかし，秩序を見出しえないものは対象たりえないのか。

　なお，いつしか「資本の……管理」がなくなった事訳は分からないが，ただしまた，『複式簿記原理』（1972年初版刊行）は「このたび本書の内容につき，総点検を行いうる機会に恵まれたために，細部にわたり気づくかぎりの補正に努めた」[20] という1983年刊の新訂版においてなお，企業の簿記をもって「企業資本の統一的・全体的な計算的管理を司るための装置」[21] としている。

　また，企業の会計である，とすることについては，そうすることには異論はないが，『近代会計理論』（あるいは嵩村との共著）にはそうすることの理由がおよそ示されていない。そういったことはこれを有耶無耶にしたまま，いつしか，専ら企業の会計について述べている文献が少なくないなか，山桝は対象が企業の会計に限られることを明言している。有耶無耶にはしていない点はこれを高く評価することができようが，しかし，明言しておきながら，その理由が示されないことには違和感を覚える。

　すなわち，山桝はまず「会計と単純な計算とのあいだの関係（異同）」[22] について，会計は経済単位を前提とする旨を「会計は経済単位，企業会計の場

18　山桝忠恕「会計学の領域と体系」『會計』第104巻第5号，1973年，2頁。
19　同上，4頁。
20　山桝忠恕『複式簿記原理（新訂版）』1983年，「新訂版に添えて」1頁。
21　同上，43頁。
22　山桝『近代会計理論』4頁。

194　第2部　会計が果たすべきこと

合には企業という経済単位を前提としてのみ，そしてまた，それについての全体としての有機的な観察をもってしてのみ，はじめて可能になると言えよう」[23]と述べ，ここでは［企業会計 ⊂ 会計］ということが暗示されているが，その後，いきなり「われわれの見解によれば，会計学というのは，経済的範疇としての企業の会計機構を理論的に分析し解明することを，その基本的な課題とする」[24]とされ，その理由はこれが示されないまま，直ちに「分析・解明の対象となる会計機構が経済的範疇としての企業のそれである以上」[25]と続いてしまう。

　もっとも後年の別の書には「経済単位の，いわば典型をなすものは……企業にほかならない。したがって，単に会計と言う場合にも，暗黙のうちに企業のそれを指すことが多い」[26]という記述をみることができ，また，前出の遺稿は会計学の研究対象について，これを企業の会計に限定する立場と企業の会計に限定しない立場の二つがあることを明示し[27]，その上でもってこれを企業の会計に限定する立場を採る理由を周到に述べている[28]。

二つの会計における疑義

　山桝は［財務会計 vs. 管理会計］という捉え方に異を唱えていた[29]。

　　「企業会計を，なによりもまず，その機能ないしは目的の分化に照応して，大きく，財務会計と管理会計とに区別してかかるというのが，少なくとも従来の支配的な風潮をなしている」[30]が，「いまや意味のあることというのは，財務会計と管理会計というような分類意識を止揚し，むしろこれに代うるに，私会計と公会計との統一というかたちに

23　同上，5頁。
24　同上，6頁。
25　同上，6頁。
26　山桝「序説」8頁。
27　山桝「会計学の対象と方法」3頁。
28　同上，5〜6頁。

第 10 章　財務会計と管理会計　*195*

おいて，この企業会計をとらえあげるということであろう。この場合の公会計というのは……利害関係者の見地に立つ公表会計ないしは第三者的監査を必須のものとする監査会計というほどの意味である」[31]。

　如上の主張の前提には「われわれの見るところによれば，企業会計というのは，企業資本の展開する統一的・持続的な運動過程を逐一刻明に補捉しつつ，その顛末を計数的に明らかにすることにより，それら企業資本運動の計算的管理を行なうための機構にほかならない。したがって，もともとそれは，組織的・一体的な，ひとつの経済計算秩序をなす全一的なものであるはずである」[32] という，冒頭の「われわれの見るところによれば」という条件設定がなければ，或る意味において論理的に非ざる，決め付け的な主張があり，そしてこの「はずである」はこれに「ところが」が続く。

　　「ところが，そのような全一体としての企業会計こそが，その考察の
　　対象ではありながらも，少なくともこれまでのところ，一般に採択さ

29　この捉え方に対する疑義は，加筆の上，『近代会計理論』に収められたものを含め，下記の諸稿において示されている。
　　山桝忠恕「「財務会計」の財務的機能——財務会計と財務管理」『PR』第 6 巻第 6 号，1955年。
　　山桝忠恕「総説」小高泰雄，山桝忠恕（監修）『会計学の展開——戦後わが国における会計学の発展』1959年。
　　山桝忠恕「「財務会計」の意味」『三田商学研究』第 5 巻第 5 号，1962年。
　　Tadahiro Yamamasu, 'A Reconsideration on the Nature of "Financial Accounting",' *Keio Business Review*, No. 2, 1963.
　　山桝忠恕「経営財務会計の性格」飯野利夫，山桝忠恕（編）『会計学基礎講座［第 2 巻］　経営財務会計』1963年。
　　山桝忠恕「公会計としての近代会計」慶應義塾経営会計研究室（編）『経営組織と計算制度』1964年。
30　山桝『近代会計理論』46頁。
31　同上，48頁。
32　山桝「「財務会計」の意味」15頁。

196　第2部　会計が果たすべきこと

れ，それゆえにまた，おのずからひろく支配的な風潮をなしつつある
のは，ことさらにそこに，財務会計と管理会計という「ふたつの会
計」の併存を前提にしつつ，しかも暗黙のうちにそのいずれかの会計
を任意に想定しながら，これに接近するというアプローチの仕方で
あった。……そのようなアプローチの仕方ないしは分類意識自体が再
検討されなければならない筋合にあること，これらふたつの会計を全
一体としての企業会計のなかに再統合することが必要であることは，
企業会計それ自体が，もともと全一的なものであるかぎり，言うまで
もないところである」[33]。

　なお，上掲の引用の論攷は些か加筆の上，前出の飯野との共編で『[第1
巻]　企業会計原理』，『[第2巻]　経営財務会計』，および『[第3巻]
経営管理会計』の3巻をもって構成される『会計学基礎講座』に収録され，
次のように，周到にこの『講座』の構成について言い訳している。

　「ところが，そのような全一体としての企業会計こそが，その考察の
対象ではありながらも，少なくともこれまでのところ，一般に採択さ
れ，それゆえにまたおのずからひろく支配的な風潮をなしつつあるの
は，ことさらにそこに，財務会計と管理会計という「2つの会計」の
並存を前提にしつつ，しかも暗黙のうちにそのいずれかの会計こそを
任意に想定しながら，これに接近するというアプローチの仕方にほか
ならない。この講座が，第2巻と第3巻とに，それぞれ「経営財務会
計」「経営管理会計」というタイトルを当てなければならなかったの
も，さしあたってのところ，そのような風潮と実績との存在を無視し
去ってはしまえなかったからである。……そのようなアプローチの仕
方ないしは分類意識自体が再検討されなければならない筋合にあるこ
と，これら2つの会計を全一体としての企業会計のなかに再統合する

33　同上，15～16頁。

ことが必要であることは，企業会計それ自体が，もともと全一的なものであるかぎり，いうまでもないところである」[34]。

閑話休題。前出の「もともとそれは，組織的・一体的な，ひとつの経済計算秩序をなす全一的なものであるはず」と同様，この「全一体としての企業会計のなかに再統合することが必要」もまた，「いうまでもない」といわれても，「もともと全一的なものであるかぎり」という条件設定がなければ，一方的な断定に過ぎないが，山桝のこの手の主張は「近代会計としての企業会計がもっている性格を深く分析して，会計の機能を明らかにすると共に，近代会計に接近する際の視点を明示した」[35]ものともされ，あるいは山桝をもって「諸領域の個別的な論理の寄木細工になりがちな会計理論にあって，会計学を一個の学問たらしめるべく……首尾一貫性あるいは統合性を徹底的に追究された」[36]と評価する向きは「そうした研究姿勢は，個々の領域においても，もちろん貫徹されている。その点を，まずいわゆる会計の領域についてみてみると，例えば……財務会計と管理会計との統合化などといったことが，指摘できる」[37]としている。

財務会計と管理会計

ところで，財務会計と管理会計はいずれが先にあったのか。

山桝によれば，「財務会計という呼称自体の出現は，そう古いことではない」[38]とされ，「原価会計の発達により，そしてまた管理会計の擡頭により，それらの新興領域との対比上，アメリカで，旧来の会計をもってフィナンシャル・アカウンティングと呼び，また外部に発表する会計書類をもって殊

34　山桝「経営財務会計の性格」1頁。

35　斉藤昭雄「山桝先生の会計学説──形成の軌跡」『三田商学研究』第29巻特別号，1987年，194頁。

36　笠井昭次「序」山桝忠恕先生13回忌追悼論文集編集委員会（編）『山桝忠恕先生13回忌追悼論文集』1996年，ⅱ頁。

37　同上，ⅱ頁。

38　山桝「「財務会計」の意味」16頁。

198 第2部 会計が果たすべきこと

更にフィナンシャル・ステイトメントと呼ぶ慣わしが芽生えはじめたという
のは，せいぜい今世紀（20世紀）の初頭のことである」[39]とされ，これは次
のように敷衍される。

「アメリカの企業会計が遂に軌道に乗り，華々しい展開を見せるに
至ったのは，前世紀の末葉から今世紀の20年代にかけての信用経済，
とくに短期金融の発展との関連においてであった。……つまり，近代
の会計実践というのはその第一段階においては……債権者的観点，信
用目的との関連において大きく発達したのであり，いわばそれは企業
資金の調達のための用具として重視されたのである。……他方におい
て管理会計の擡頭とか原価会計の発展とかが著しく，それらが旧来の
会計から独立の存在を主張するまでになったのは，実にこの頃であっ
たのであり，それゆえにこそ旧来の会計を端的に表象する呼称として，
なによりもフィナンシャル・アカウンティングという言葉が人々の頭
に浮び，アカウンティング・ステイトメントに代るにフィナンシャ
ル・ステイトメントという名が現われ出るに至ったのであろう。……
旧来の会計をもってフィナンシャル・アカウンティングと直観した当
初にあっては，このようにそれはまさしく資金調達上の直接の必要に
不可分に結びついており，まさしくフィナンシングの用具に他なら
なかったのである」[40]。

　すなわち，先にあったのは財務会計だが，しかし，会計に財務会計しかな
ければ，それは単に「会計」と称すればよく，のちに財務会計に非ざる会計
が登場をみたことによって，両者を区別する必要が生じ，したがって，両者
を区別する称し方が用いられるに至った，ということである[41]。
　しかしながら，このような，まずは財務会計，その後，管理会計，といっ

39　山桝「「財務会計」の財務的機能」25頁（圏点は原文）。
40　同上，26頁。

第10章　財務会計と管理会計　*199*

た捉え方については疑問がないでもない。資本と経営の分離がなければ財務
会計はないが，管理会計はそうではないからである[42]。ちなみに，筆者は会
計の移行をもって**図表10-1・図表10-2**[43]のようにまとめている。

　もっとも山桝は「企業会計を……ふたつに分類しようとする試みが芽生え
はじめるに至ったのは今世紀に入ってからのことであり……生産規模の拡大，

図表10-1　資本の状況と会計の移行

資本の状況	会計の目的	行われる会計
自己資本だけ	資本の運用	管理会計
他人資本の生成	資本の運用	管理会計
	他人資本の調達	債権者相手の財務会計
資本（自己資本）と	資本の運用	管理会計
経営の分離	他人資本の調達	債権者相手の財務会計
	自己資本の調達	株主相手の財務会計

図表10-2　企業の規模と会計の移行

企業の規模	簿記・会計の登場
ごく小規模な企業の段階	経営者が自分で自分の財産を管理するために自分でやる簿記[44]
或る程度の規模の企業の段階	経営者が自分で自分の財産を管理するために従業員にやらせる管理会計
資本と経営が分離した企業	経営者が他人の財産管理を受託するためにやる財務会計

41　例えば［単式簿記 vs. 複式簿記］や［静態論 vs. 動態論］についても同様の状
　況があり，しかしまた，こうした vs. の解釈は一様ではない（友岡『会計学の基
　本問題』95〜98頁）。

42　友岡賛『会計学原理』2012年，30〜31，90〜91頁。

43　同上，31，91頁。

44　筆者は簿記をもって，財産管理のためにする財産に関する記録，と定義して
　いる。

200 第2部 会計が果たすべきこと

生産競争の激化に伴ない，それら生産面ないしは工程面にかんする管理の問題が抬頭しはじめるにつれ……工場会計（factory accounting）……という，伝統的な会計にとっては未開拓の，あたらしい会計領域が開発されるようになったことの関連上，そこにおのずから一般会計（general accounting）とこの工場会計という区分が芽生え……前者，すなわち，それまでにも存在していたような……会計のことを，ことさらに財務会計の名でもって表現するという傾向までもが生じはじめたわけである」[45] としており，「企業資本の運動過程の内部に新たに大きく介在するに至った内部取引ないしは製造過程にかんする計算……をもっぱら司るべくそこに出現を見た」[46] この工場会計と財務会計をもってする分類は，したがって，「そこに従前から存在していた企業会計の範囲を前提にしつつ案み出されたものではなく，企業資本の運動過程の迂回化に照応する会計計算領域の拡大のゆえに，従前の企業会計の範囲がそのまま一般会計（財務会計）の名で呼ばれ，あたらしく加わるに至った領域ないしは過程のそれが工場会計と名づけられただけのことである」[47]。

しかしまた，「この財務会計という用語がさらにその普及を見るに至ったのは，大規模経営の出現と，そこに窺われる出資と経営との分離傾向の一段の進行とに伴ない，企業会計にたいする新たな要請が抬頭しはじめたこととの関連上，かりに同一の計算領域を前提にする場合であってもなお，これを観察するさいの取り上げかたの面に分化の気運が生じるようになったことによってである。つまり，企業会計を，その計算領域の差に応じてというよりは，むしろその職能ないしはそれに寄せられる要請自体の分化に照応して，大きく財務会計と管理会計とに区別してかかるという風潮こそが，ついに一般化しはじめたわけである。……そこでは，一方で経営からの分離を余儀なくされた一般の遙有株主達をはじめとする，いわゆる外部の利害関係者達の保護という社会経済的な要請が，そしてまた他方にあっては経営内部の合理化のための経営者職分の確立という経営管理的な要請が，ともに企業会計に

---

45 山桝「「財務会計」の意味」16頁（（ ）書きは原文）。

46 同上，17頁。

47 同上，17頁（（ ）書きは原文）。

寄せられるに至り，ついにそこに，財務会計と管理会計という，いわゆるふたつの会計の対立をさえ生み出すことになったものとされている」[48]。

ただし，ここにおける「管理会計」と前掲の**図表10-1・図表10-2**における「管理会計」は別物，ということもでき，**図表10-1・図表10-2**における「管理会計」は，管理のための会計，を意味してはいるものの，そのすべてが「管理会計」という呼称を有していたわけではない。**図表10-1・図表10-2**は，行われていた会計，をもって問題とし，したがって，例えば，自己資本だけの場合には管理のための会計が行われていた，といったように整理しているが，他方，山桝は呼称，すなわち「分類意識」を問題とする。呼称は分類意識があってこそもたらされ，したがって，呼称の存在，これがもつ意味は重要である。自己資本だけの場合には管理のための会計が行われていた，としても，そこに「管理会計」の呼称はまだなかった。

或る事物の存在事実とそれについてのカテゴリーの認識の存在は同じことではない。或る事物が存在するからといって，当該事物が一つのカテゴリーとして認識されているとは限らない。今日，「管理会計」という概念をもって捉えられ，「管理会計」という呼称が与えられているものがたとえ当時，既に存在していたとしても，しかし，当時，既にそれが「管理会計」という一つのカテゴリーとして認識され，「管理会計」という概念をもって捉えられていたとは限らない。

「財務」概念の拡大の可能性

他方，財務会計について山桝は「もともと，財務会計に冠せられている財務という言葉自体，元来は資本の準備調達という語源をもつ語であり，企業財務論の課題もまた……主として資金ないし資本の調達の問題に注がれてきたといってよい。そしてそのような財務の認識をもって所与の前提とし，それに奉仕するものであったればこそ，財務会計は資金調達の制度と手段との推移に常に歩調を合わせそのときどきの財務の課題に仕えつつ，ある段階に

---

48 同上，18頁。

202 第2部 会計が果たすべきこと

は債権者的観点からする会計，またある段階には株主的観点からする会計として大きく発達してきたのである」[49] と述べており，これは**図表10-1**における財務会計と同様のものといえようが，しかし，この件はこれに「しかし」が続く。

> 「しかし最近においては，財務活動が単に資金調達の面のみでなくその運用面にも及ぶものとされ，しかも財務のもつ経営管理職能が重視され，企業財務論が経営者的観点からするいわゆる財務管理論の形で展開されるに至って」[50] おり，「ひとたび財務についてそのような認識をするならば，経営者が財務管理の手段ないし用具として必要とする会計もまた，まさしく財務会計とよばれてよいことになり，しかもそれが仮に公的役割をも達成するかぎりは，それこそまさに会計そのものでもあるわけである。そしてまた，その意味では，財務会計の領域がある程度経営計画ないし予算統制にまで拡張されて理解されても何の不思議もないということにもなり得る。そしてここまで来ると，管理会計のもつ財務会計性と財務会計のもつ管理会計性とが交錯し合い，ついには，この財務会計と管理会計とを一度は共通の坩堝のなかに放りこみ，それら両者の位置づけを振り出しに戻って考え直してみる必要と，ひろく管理会計論をも含めた意味での会計学の可能性とを確かめたくもなってくるわけである」[51]。

これはまずは財務会計と管理会計について，その統合の可能性を述べているようだが，ただし，「経営者が財務管理の手段ないし用具として必要とする会計もまた，まさしく財務会計とよばれてよいことになり」ということはまずは，財務会計も管理会計も財務のために行われる，ということを意味し，会計は財務のために行われる，ということを意味し，財務のために行われる

---

49 山桝「総説」11〜12頁。

50 同上，12頁。

51 同上，12頁。

第10章　財務会計と管理会計　*203*

図表10-3　会計の存在と概念と呼称

概念	呼称	存在（行われる会計）
		管理会計
	会計	管理会計 債権者相手の財務会計
		管理会計 債権者相手の財務会計 株主相手の財務会計
「管理会計」概念の 登場	管理会計 財務会計	
広義の「財務会計」 概念の登場	財務会計 ↓ 会計	

会計を「財務会計」と称するのであれば［会計 ＝ 財務会計］ということを意味し，財務のために行われる会計を意味する「財務会計」という概念・呼称は要らなくなる。

　前述の「会計に財務会計しかなければ，それは単に「会計」と称すればよく」の頃に戻る，ということである。

　以上のことは**図表10-3**のようにまとめられようが，広義の「財務会計」はこれが実際には未だ採用をみていないことは言を俟たない。「財務」という概念について［財務 ＝ 資本の調達］と［財務 ＝ 資本の調達 ＋ 資本の運用］を較べ，後者の捉え方に優位性が認められるのであれば，広義の「財務会計」は他日，採用されるかもしれないが，しかしながら，その優位性が，この「財務」概念をもってすれば全一的な把握をすることができる，ということであれば，そこにどれほどの意味があるのだろうか。

　なおまた，財務会計と管理会計の統合といえば，アメリカ会計学会（American Accounting Association）による1966年のステートメント（*A Statement of Basic Accounting Theory*）（*ASOBAT*）におけるアプローチも想起されようが，山桝は「このステートメントというのは，コンピュータの発

204　第2部　会計が果たすべきこと

達にともなう情報処理能力の飛躍的増大を背景に，会計をもってそれ自体もともと情報システムのなかに組みこまれている経営職能であると見，それゆえにまた情報理論を会計の領域に当てはめることによって，情報理論のいわば援用としての会計理論を打ち出そうとしているもののようであるが，同時に注目すべきことは，それが……公表会計（財務会計）と管理会計との理論的統一を図り，それら両者に共通する基礎理論の樹立こそを企てているかにも見える点である」[52] としつつも，このステートメントによってもたらされた「会計を意思決定のための情報システムの一環として新しく把え直そうとする風潮」[53] のなかに「会計固有（の観念ないし思考）というよりは会計もまたむしろそのなかにいわば還元されてしまう筋合にある一般的・根本的な観念ないし思考の会計領域への適用をもくろもうとする迫り方」[54] を看取し，これを憂慮している。もっとも「情報の利用者の側からすれば，なんらかの情報が会計情報であろうとなかろうと，そのようなことは一向に問うところではないかもしれない」[55, 56] が，「しかしながら，会計を一個のディシプリンの認識対象に据え……ようとするのであれば，ASOBAT にみられるような会計拡張の方向を，あながち好ましいとばかり言ってはおられないのではなかろうか」[57]。

　「会計固有」の観念ないし思考を失った会計学者は会計学を失うのだろうか。

52　山桝忠恕「会計理論における伝統と変容」山桝忠恕（責任編集）『体系近代会計学［第1巻］　会計学基礎理論』1980年，238〜239頁（（　）書きは原文）。

53　山桝忠恕「「会計」の定義に関する吟味＜序説＞」『三田商学研究』第25巻第3号，1982年，4頁。

54　同上，5頁。

55　同上，9頁。

56　「それが会計かどうか，を問題にするのは会計学者だけで，他の人々にとっては，おこなわれているそれが会計かどうか，などといったことはどうでもよいことである」（友岡『会計学原理』12頁）。

57　山桝「「会計」の定義に関する吟味＜序説＞」9頁。

第 10 章　財務会計と管理会計　*205*

　「会計学者は，会計学者だから，「会計」を定義し，定義するからこそ，定義にそぐわないものを，会計ではない，とし，定義にそぐわなくなったものを，もはや会計ではない，などとする」[58]が，「様変わりしてしまった会計について，会計学者が「もはや会計ではない」といってみたとて，それを会計に戻せるわけもなく，「もはや会計ではない」ということによって，会計学者は対象（会計）を失い，すなわちメシのタネを失う」[59]。

　「「会計ではない」などというのも会計学者だけなら，そういうことをいって困るのも会計学者だけ，ということである」[60]。

　閑話休題。情報理論の援用等をもってする統合はどうやら会計学にとって危険らしい。前出の広義の「財務」概念の可能性は未だ分からない。いずれにしても，問題は，財務会計固有の観念ないし思考，あるいは管理会計固有の観念ないし思考と，会計固有の観念ないし思考の比較において，いずれにより大きな意義をもって認めるか，ということだろう。

　敷衍すれば，問題は，或る事物に固有の論理というものはこれをもって当該事物をどれだけ説明しうるのか，ということであって，すなわち，財務会計固有の論理の有する財務会計の説明力と管理会計固有の論理の有する管理会計の説明力が同じかどうかも定かでないが，［財務会計固有の論理の有する財務会計の説明力　＋　管理会計固有の論理の有する管理会計の説明力　＞　会計固有の論理の有する会計の説明力］ということであれば，統合は見送られることとなろう。

58　友岡『会計学原理』12頁。
59　同上，12頁（（　）書きは原文）。
60　同上，12頁。

第11章

簿記の機能と会計との関係

　「簿記と会計」の再論[1]である。

　かのウィリアム・アンドリュー・ペートン（William Andrew Paton）には「まったく無意味」といわれた[2]が，やはり「簿記と会計」の区別に拘りたい。

　ちなみに，徳前元信は「友岡は簿記と会計を明確に区別することはまったく無意味であると主張する」[3]としているが，これはまったくの誤解である。「まったく無意味」としているのはペートンであって，筆者ではない。

　ただしまた，「会計」については，結局のところ，極言すれば，各人各様，十人十色の定義付けがありえようし，したがって，会計とは何か，ということの追究は，或る意味において，稔り乏しく，虚しい。しかし，「簿記」についてはそうでもないような気もする。

山桝説

　前章の名残というわけでもないが，まずは山桝忠恕が引かれる。

1　「簿記と会計」と題する下記のものをもって承ける。
　　友岡賛『会計学の基本問題』2016年，第4章。

2　同上，71頁。

3　徳前元信「複式簿記の基礎的考察——会計と簿記の関係性から」『會計』第192巻第3号，2017年，16頁。

「金銭や物品のような具体物については……あながち記録を残さずとも，いざとなれば現物を調査・点検することによって，ある程度までは実態を把握できるかもしれない」[4]が「債権・債務のような対人間の関係ともなると，もはや記録なしには，その管理が困難である。したがって，合理的・秩序的な記録・計算の必要を最初に痛感するに至ったのも……金融機関にほかならなかった」[5]。

「簿記というのは……預金者や貸付先とのあいだに存在する貸借関係を人名別に明らかにするための記録計算方法として，金融業界においてあみ出されたものであるが，その後の信用経済の発展によって……売買上の貸借関係の記録計算方法としてもまた珍重されるに至った。このような経緯からも明らかなように，簿記には，その生成の当初から，備忘機能が期待されている」[6]が，「今日では……経営体の経済活動……が多岐・多量になってきており……したがって，たんに貸借関係だけにとどまらず，およそ経営体の展開するいっさいの経済活動との関連において，備忘機能さらには管理機能が，この簿記に対して期待されるに至っている」[7]。

「しかも……管理の重点が財産の保全から経営能率の向上へと移行するにつれ……いまや多くの経営体は，自己の経済活動の全貌をそれによってあまねく俯瞰しうるような記録の提供を，簿記に期待しているわけである」[8]。

他方，「経営体の内部にあっては，さまざまな職務上の信託・受託関係ないし委任・分担関係がみられるに至っている。そして，そのような場合には，受託者ないし分担者としては……いわゆる会計責任を……帯びることになるが……彼は平素からそのような責任の完遂に最

4　山桝忠恕『複式簿記原理（新訂版）』1983年，3〜4頁。
5　同上，4頁。
6　同上，4頁。
7　同上，4頁。
8　同上，4〜5頁。

第11章　簿記の機能と会計との関係　*209*

図表11-1　簿記の機能の移行

生じた必要	簿記の機能
債権・債務の記録・計算の必要	備忘機能，すなわち財産の保全に重点を置いた管理機能
経営体の経済活動の全貌の把握の必要	経営能率の向上に重点を置いた管理機能
経営体の内部における信託者ないし委任者に対する会計責任の履行の必要	経営能率の向上に重点を置いた管理機能 経営体の内部における報告機能
経営体の外部の利害関係者に対する会計責任の履行の必要	経営能率の向上に重点を置いた管理機能 経営体の内部における報告機能 経営体の外部に対する報告機能

も適した記録を保持する必要がある。……簿記における記録が，現実の経済活動に即しての組織的・秩序的な記録でなければならないのは，そのような報告機能との関連からも言いうるところである。しかも，報告機能といえば，実は経営者自身もまた，外部の利害関係者に対しては受託者の立場にあり，会計責任を帯びているところから，経営者が会計責任を完うするうえからも，簿記の報告機能は，いっそう注目されざるをえない」[9]。

　山桝の書からの引用はまずは上掲の**図表11-1**のようにまとめられようが，筆者の立場からしてここに注目される論点（ないしその候補）としては例えば，簿記は「記録・計算」なのか，すなわち，「計算」は簿記に含まれるのか，とか，「備忘」はさて措き，「管理」や「報告」は簿記の機能なのか，といったものが挙げられよう。

　ただし，これらは，結局のところ，「簿記」の定義，すなわち，簿記とは

9　同上，5頁。

210 第2部 会計が果たすべきこと

何か、ということだろう。

　永年、要するに、会計とは何か、ばかりを考えてきている当の筆者がいうのも何だろうが、「会計」については、結局のところ、極言すれば、各人各様、十人十色の定義付けがありえようし、したがって、会計とは何か、ということの追究は、或る意味において、稔り乏しく、虚しい。しかし、「簿記」についてはそうでもないような気もする。すなわち、「簿記」については、或る程度、客観的な定義付けも可能ではないか、ということである。

計算は簿記か

　むろん、一般用語としての「計算」、すなわち「数量を数えること」や「数量について加減乗除などの方法で値を定めること」などといった意味における「計算」を念頭に置くのであれば、簿記においては「記録・計算」が行われる、といえようし、あるいは、計算は簿記においても行われている、といえようし、他方また、特定の分野において特殊な意味をもって用いられる専門用語の場合には、しかしながら、立場が違えば定義も異なるかもしれず、定義は必ずしも一様ではないかもしれず、立場によっては、計算は簿記ではない、とされることもありえよう。

　いずれにしても、定義の仕方は各人の自由ともいえようが、ただしまた、種々の定義の優劣は、いずれの定義がよりすっきりした説明をもたらしうるか、ということによって決せられよう。もっとも、渡邉泉によれば、「各自が勝手に自分なりの独断で「簿記はこういうものである」と定義し、その定義にしたがって簿記の生成の時期を決めていくのであれば、10人いれば10通りの生成史が可能になる。そのような状況は、決して科学の世界ではなく、単なる思い付きの世界、フィクションの世界に過ぎない」[10]とされ、そういう言い方をしてしまえば、それはそうかもしれないが、これについては後述される（それにしても「各人の自由」というのと「各自が勝手に」というのでは

---

10 渡邉泉「会計の生成史を論ずるに先立って」『會計』第191巻第6号、2017年、95頁。

かなりニュアンスが異なる）。

　筆者の立場，したがって，筆者の定義によれば，簿記・会計[11]における
「計算」は，要するに，利益の計算を意味し，すなわち，動態論においては，
すべての計算は，つまるところ，利益を計算するために行われており，後述
のように，そうした利益の計算は簿記の外において行われ，したがって，計
算は簿記の埒外にある，と捉えたい。
　なお，これまた渡邉によれば，「簿記の本質は損益計算」[12]とされているが，
これについても後述される。

　山桝によれば，日々の取引の計算方法には「順列加減法」[13]，すなわち
「現金収支の順序を追って逐次足したり引いたりしつつ計算してゆく方法」[14]
と「たとえば，収入は収入だけ，支出は支出だけを，それぞれまとめて計算
したうえで，収入の合計額から支出の合計額を差し引くことによって手もと
残高の額を算定するという方法など」[15]のような「選別加減法」[16]があり，し
かし，それぞれに長所もあれば短所もあるとされ，「収支が連日頻繁に繰り
返されるという場合には，とうていこのような形式でその計算を行なうこと
は，その繁雑さからしても事実上不可能に近い」[17]という順列加減法の短所
および「加えるべきものと差し引くべきものとを選りわけ，それらを別々に
まとめあげたうえで両者を比較しなければならぬという点で，収支の順序な

11　この「簿記・会計」のような「・」（なかぐろ）を用いた表記はこれが些か狡いというこ
　　とは重々承知しているが，しかしながら，ここは「簿記ないし会計」でも，「簿
　　記や会計」でも，「簿記および会計」でも，「簿記と会計」でも，あるいは「簿
　　記会計」でもない気がする。

12　渡邉「会計の生成史を論ずるに先立って」103頁。

13　山桝『複式簿記原理（新訂版）』15頁。

14　同上，14頁。

15　同上，15頁。

16　同上，15頁。

17　同上，15頁。

212　第2部　会計が果たすべきこと

いしは過程を表示することが不可能になる」[18]という選別加減法の短所に鑑みた場合，両者の「長所のみをあわせ兼ね備えるような計算方法がありさえすれば，それこそ最も好都合なわけであるが，このような要請を満たすに足るものとして，勘定形式による計算方法を挙げることができよう」[19]とされる。

　しかるに，筆者の立場，したがって，筆者の定義によれば，簿記は記録であって，簿記においてなされるものはすべて記録であって，計算ではない。「勘定形式による計算方法」は勘定形式による記録方法であって，計算方法ではない。「勘定形式による計算」は計算に非ず，ということである。

　また，利益は計算されるものであって，記録されるものではない。企業における経済事象・経済状態の記録は測定をもって必要とするが，利益は計算されるものであって，測定されるものではなく，写像されるものでもなく，こうしたことは以下のように説明される。

　　「「会計は事業の言語である」とよくいわれ，こうした理解によれば，
　　会計は企業における経済事象・経済状態を表現して人に伝える行為と
　　して捉えられ，その場合，会計において表現されたものは財務諸表に
　　まとめられる，ということになるが，こうした会計における表現はま
　　た，「写像」という概念でも捉えられる。すなわち……「会計は写像
　　である」ともよくいわれ，写像とは，対象物を写し取って描き出すこ
　　と，だから，会計についていえば，企業における経済事象・経済状態
　　を写し取って描き出すこと，であって，写し取って描き出されたもの，
　　すなわち写体は財務諸表に描き出される。……ここでの［本体 ― 写
　　像 → 写体］という写像行為は，実態を写し取って，財務諸表に描き
　　出す，ということで，たとえば，商品が売れた，とか，商品を売るた

18　同上，16頁。
19　同上，16頁。

めに色々と掛かった，とかいった実態を，収益150万円，費用100万円，といったように写し取って，財務諸表に描き出す，ということである」[20]。

「しかし，ここで留意すべきは，利益は違う，ということである。利益は写し取るものではない。利益は，写し取った収益，費用から，［収益150万円 － 費用100万円 ＝ 利益50万円］と導き出されるものなのである」[21]。

「利益は写し取るものではなく，別言すれば，利益は写像行為の対象ではない。また……利益は計算するものであって測定するものではなく[22]，したがって，計算は写像行為においておこなわれるものではない」[23]。

「要するに，利益は実態のなかにはない，利益には実態というものはない，ということである。……利益には，実際の利益，というものはない，ということである。実際の利益，というものがまずあって，それを写し取った，会計上の利益，がある，ということではなく，利益は会計のなかにしかない，利益には，会計上の利益，しかない，ということなのである」[24]。

　さらに繰り返せば，簿記は記録であって計算ではなく，また，簿記・会計における計算は利益の計算であって，利益は記録（測定）（写像）の対象ではなく，したがって，利益は簿記の対象ではなく，したがって，計算は簿記ではない，ということである。

　他方，利益は計算されるものであって，記録されるものではなく，また，簿記における利益はこれも記録されるものではないが，しかし，計算される

20　友岡賛『会計学原理』2012年，92頁。
21　同上，93頁。
22　同上，82頁。
23　同上，88頁。
24　同上，93頁。

214　第2部　会計が果たすべきこと

ものでもなく，ほかのものが記録された結果の残が利益であるに過ぎない。

簿記と財務諸表の作成

　利益は会計において，損益計算書において計算されるが，簿記における損益勘定とこの損益計算書の異同は何か。財務諸表の作成と簿記はどのような関係にあるのか。

　山桝は以下のように述べている。

> 「損益勘定や残高勘定というのは，それ自体が損益計算書であり貸借対照表であるというわけでなく，それらはあくまでも損益計算書や貸借対照表の原型にすぎない……。したがって，簿記上の決算の段階に接続して，当然にそれら財務諸表の作成の段階がはじまるわけであり，この財務諸表の作成ということが簿記固有の領域内に属する性質のことがらであるかどうか，という点については多少の問題もあるにせよ，その終りを完うするためには，簿記としても，いちがいにこれに無関心であってよい，といういわれはない」[25]。

　財務諸表の作成と簿記の関係が些か微妙であることを認識し，また，そのことに微妙に言及しているのはいかにも山桝らしく[26]遺漏がないが，筆者とすれば，「簿記は何も財務諸表の作成のためにあるというわけではない」[27]。

　ただし，「他方，簿記が財務諸表の作成に用いられている，ということは事実である」[28]が，しかし，筆者とすれば，けだし，財務諸表の作成は簿記の仕事ではなく，財務諸表は簿記の記録を用いて勝手に作ればよく，他方また，例えば，財務諸表はこれを作成することなく，損益勘定と残高勘定をそのまま提示することをもって会計（報告）を行うこともできよう。そのまま

25　山桝『複式簿記原理（新訂版）』217頁。
26　第10章。
27　友岡『会計学の基本問題』80頁。
28　同上，80頁。

第11章　簿記の機能と会計との関係　*215*

の損益勘定と残高勘定がいかに分かり難くとも，それはそれで会計（報告）
にほかならない。

　ただしまた，山桝は次のように述べている。

> 「ことにこんにちにあっては，「報告」ということを伴わなければ，
> 「記録」も「計算」もついにその存在理由をもち得ない，とさえも言
> われるばかりでなく，げんにこの報告ということこそが，しばしばそ
> の前提をなす計算や記録のありかたまでをも左右するほどの力を発揮
> しつつある」[29]。

　財務諸表の作成ないし財務諸表をもってする報告が簿記の「ありかた」を
左右する，というのはどういうことだろうか。

「簿記」の定義の意義

　他方，「簿記したがって複式簿記」[30] という捉え方をもってその特徴とする
渡邉説は「簿記の歴史研究は，企業の損益計算の記録の歴史である」[31] と言
い切り，また，例えば以下のように述べている。

> 「わが国でも，奈良時代の木簡が数多く発見され，そこに官吏の給料
> や食料品の支払額が記録されている。木簡を帳簿というかどうかは別
> にして，そのような現金の出納記録が残されているからと言って，わ
> が国の奈良時代に簿記したがって複式簿記が存在していたという会計
> 史家が果たしているであろうか」[32]。

　しかし，「したがって複式簿記」を挿入するのは渡邉の勝手ながら，勝手

29　山桝『複式簿記原理（新訂版）』217頁。
30　渡邉「会計の生成史を論ずるに先立って」94頁。
31　同上，97頁。
32　同上，97頁。

216 第2部 会計が果たすべきこと

に挿入しておいて「果たしているであろうか」とするのはいかがなものか。
この挿入がなければ，「わが国の奈良時代に簿記が存在していたという会計
史家」はこれがいても一向に不思議ではない。

　また，既述のように「簿記の本質は損益計算」とする渡邉は以下のように
説いている。

　　「かつて，会計の役割に管理計算機能すなわち財産保全機能（管理中
　　心主義）と価値計算機能すなわち損益計算機能（決算中心主義）の二
　　つがあるといわれてきた」[33] が，「会計の損益計算構造を支える複式簿
　　記は，13世紀初頭の北イタリアの都市国家で企業損益の算定手段とし
　　て誕生し，800年もの悠久の歴史を紡いできた。その中心的な役割は，
　　損益計算にあり，単なる財産管理のための技法ではない。財産管理機
　　能は，正確な損益を計算するための前提であり，あくまでも損益計算
　　機能の副次的な役割に過ぎない。損益計算を前提にしない単なる財産
　　の管理計算を会計やその利益計算構造を支える複式簿記の第一義的な
　　役割として位置づけることはできない。それ故にこそ，会計ない
　　しは簿記を定義する大前提に損益計算機能があることを意味している。
　　簿記の始まりは，決して単なる金銭の出納記録や財産の増減記録では
　　ない。情報提供機能もまた然りである」[34]。

　しかしながら，筆者とすれば，損益計算先にありきのクワジ・トートロ
ジーとしか思えない。

　また，前々項において言及し，「これについては後述される」とした簿記
の定義について渡邉は「単なる現金の収支記録も簿記であって，これこそが
複式簿記に先立って存在していた簿記であると主張する研究者も一部にはい

――――――――――――――――――

33　同上，103頁（（　）書きは原文）。

34　同上，103～104頁。

第11章　簿記の機能と会計との関係　*217*

る。もしそうであるなら，財産の在高や増減を記録した帳面は，すべて簿記になり，この帳面が初めて登場した時が簿記の嚆矢ということになる。果たしてそうであろうか」[35] と疑問を投げ掛け，定義の意義をもって次のように説いている。

　　「簿記を単に帳簿記入であるとか財産の増減を記録する手法と規定するだけでは，簿記を特定したことにはならない。なぜなら，簿記の他にもそのような要件を備えたものが数多く存在するからである。そこで，簿記をより明確に定義することが必要になってくる」[36]。

　しかしながら，「簿記の他にも」という述べ方は既に渡邉が思い描く特定の簿記がこれに前提されている。渡邉は自身の定義による特定の簿記を念頭に置き，それに合致しないものはこれを「単なる」や「単に」といった言い様をもって切り捨てる。
　例えば山桝のいう「貸借関係の記録計算方法」もまた，単なる貸借関係の記録計算方法は簿記に非ず，とされようし，筆者の定義も切り捨てられるだろう。例えば20年以上前に上梓された筆者の 1 冊目の会計通史は簿記をもって，財産管理を第一義的な目的とする財産に関する記録，と捉え[37]，複式簿記について以下のように説いている。

　　「その（財産管理という）目的のために，なにを記録するのか，といえば，それは「財産の在り高，増減」である。……そして，これを大雑把にいい換えるならば，それは資本と利益とにかんする記録ということができる。もともとどれだけの財産があるかという意味における「もともとの財産」は「元手」すなわち資本であって，それが増えたならば増えた分は「もうけ」すなわち利益ということになる。……そ

35　同上，96〜97頁。
36　同上，97頁。
37　友岡賛『歴史にふれる会計学』1996年，25〜26頁。

218　第2部　会計が果たすべきこと

ういった意味における資本と利益とを正確に記録することができるように体系化されたそのシステムを，今日，わたしたちは複式簿記とよんでいるのである。そしてまた，複式記入は，いってみれば，その必要条件なのである。財産の増減をもたらすものは取り引きであって，その取り引きには2面性という属性があるからである」[38]。

「結局のところ，取り引きのもつ2面性ゆえの複式記入を不可欠の要素とする資本と利益との記録システムが複式簿記ということになる」[39]。

　また，つい最近，上梓された筆者の3冊目の会計通史はこれも簿記をもって「財産を管理するために，その在り高と増減を貨幣数値をもって記録する行為」[40]と捉え，複式簿記をもって「取引のもつ2面性ゆえの複式記入を不可欠の要素とする資本と利益の記録システム」[41]と定義しており，この20年間，およそ進歩がみられないが，いずれにしても，渡邉によれば，「簿記したがって複式簿記」の目的は単なる財産管理ではない，と切り捨てられるのだろう。

複式簿記と単式簿記[42]

　いまさらながら，複式簿記とは何か。「複式簿記」はどのように定義されるのだろうか。

　ただし，簿記論のテキストの類いをサーベイしてみると，例えば「複式簿記（double-entry bookkeeping）の複式（double-entry）は複式記入のことで，複式記入とは……」といった説き方が多く，「複式簿記とは……」といった

38　同上，52頁。
39　同上，52頁。
40　友岡賛『会計の歴史（改訂版）』2018年，44～45頁。
41　同上，65頁。
42　この二つの簿記については下記のものを参照。
　　友岡『会計学の基本問題』第5章。

第11章　簿記の機能と会計との関係　*219*

定義らしい記述は意外と少ないが，それでも例えば以下のような定義付けの
類いをみることができる。

　　「複式簿記は，記帳の対象となるすべての経済事象を常に歴史的順序
　　に従って二面等額方式で分析し，その計算結果についても自検機能を
　　具備した自己完結的な計算機構である」[43]。

　　「複式簿記は，一経済主体の経済活動をすべて原因と結果の両面から
　　二面的にとらえ，貸借記入原則にしたがって組織的に記録・計算する
　　方法である」[44]。

　　「営業活動のすべてを一定のルールに従って継続的に記録・計算・整
　　理する簿記を複式簿記という」[45]。

　　「複式簿記は企業の財産のすべてについて，また損益のすべてについ
　　て，その増減・変化を……複式すなわち二重に記録する」[46]。

　　「複式簿記とは，「経済主体の経済活動を勘定科目と貸借記入原則に
　　よって秩序整然と記録・計算・整理し，その結果として財産計算と損
　　益計算とを同時に完成する記録システム」であると定義することがで
　　きる」[47]。

　　「企業の経済活動を体系的，組織的に捉える簿記のシステムを代表す

43　久野光朗「簿記の種類，歴史，および前提」久野光朗（編著）『簿記論テキス
　　ト（改訂版）』2006年，3～4頁。

44　森川八洲男『精説簿記論Ⅰ（改訂版）』2001年，6頁。

45　中村忠『現代簿記（新訂版）』1993年，3頁。

46　太田哲三，新井益太郎『新簿記原理』1976年，4頁。

47　大藪俊哉「複式簿記と記帳技術の基礎」大藪俊哉（編著）『簿記テキスト（第
　　5版）』2010年，1頁。

220 第2部 会計が果たすべきこと

るものが複式簿記である。これは，企業に生成するすべての取引を勘定を用いて，二面的に記録し，財産の増減・変動をすべてもれなく把握し，損益発生の原因を明らかにすることができるシステムである」[48]。

「複式簿記は，財産と資本の双方について，漏れなく記録計算する方法である。記録にあたっても，一定の記帳原則が厳守される。財産と資本の変動を，相互に関連させながら，しかも計算方法としては別個に，二面的にとらえ，いわゆる財産計算と損益計算が並行して行なわれる」[49]。

「すべての取引を二面的に記帳し，貸借平均の原理が成り立つような組織的な帳簿記入法のことを複式簿記という」[50]。

「複式簿記は，経済主体の経済活動をつねに二面的にとらえ，すべての財産および資本の変動を一定の記帳原理に従って記録・計算するものである」[51]。

「複式簿記とは，記帳を必要とするすべての行為および事象について，例外なく二面的記入を行なうところの簿記であり，しかも，その二面的記入のルールが機構的・原理的に確固とした基礎の上に形成されているものである」[52]。

---

48 興津裕康，岡野憲治『簿記原理（改訂第2版）』2009年，5頁。

49 田島四郎「総論」横浜市立大学会計学研究室（編）『新簿記事典』1975年，9〜10頁。

50 武田隆二『簿記一般教程（改訂版）』1983年，31頁。

51 宇南山英夫「複式簿記の原理」横浜市立大学会計学研究室（編）『現代会計学基礎講座2　簿記論』1979年，19頁。

52 安平昭二『簿記要論（6訂版）』2007年，3頁。

最頻出の語は（人によっては，案に相違して，かもしれないが）「二面」ではなく，「すべて」ないし「漏れなく」であって，上掲の10の定義のうち，九つのものにみることができ，これに八つの定義にみられる「二面」ないし「二重」が続く。

　ときに「複式簿記 = 完全簿記，単式簿記 = 不完全簿記とするような規定のしかたは，必ずしも当をえたものではない」[53]とされ，また，「すべて」≒「完全（欠けたところがまったくない）」ではあるものの，「すべて」はこれが要かもしれない。三つ目の「営業活動のすべてを一定のルールに従って継続的に記録・計算・整理する簿記を複式簿記という」とする中村忠の定義は，意外と良い，というか，彼らしく[54]簡にして要を得ているともいえようか。

　また，「計算」はこれを含む定義の方が多く，六つあり，先述の，簿記は記録であって計算に非ず，とする筆者の立場は分が悪いが，なおまた，かつて「簿記の定義を，例えば英米日のテキストの類いについて概観してみ」[55]た際にも「計算」はこれを含む定義の方が多かった[56]。

　単式簿記についてはどうだろうか。

　　「簿記機構が一定の理論・原理・原則に従っているか否かによって複式簿記と単式簿記とに類別される。……単式簿記とは……組織的かつ体系的な機構をもつ複式簿記以外のものの総称である。……したがって，単式簿記には種々の形態が存在する。……単式簿記といっても……部分的には複式簿記の形式的特徴である二面的記入がなされる場合もある」[57]。

53　同上，４頁。

54　第10章。

55　友岡『会計学の基本問題』83頁。

56　同上，83〜85頁。

57　久野「簿記の種類，歴史，および前提」３〜４頁。

222 第2部 会計が果たすべきこと

「単式簿記とは，複式簿記のような二面記入のしくみが確立していない簿記をいう。……単式簿記のなかには，記帳対象であるすべての経済事象のうち，一部の事象については，二面記入を適用するものもある。……単式簿記には一面記入の形態をとるものと，部分的二面記入の形態をとるものとがあるが，いずれも自動検証能力を欠いている」[58]。

「債権・債務や商品・現金などのような財産の一部について，特別のルールによらないで記録する場合，それを単式簿記という。……簿記は，最初は単式簿記として行われた。しかし単式簿記は商人の必要を十分に満たさないことが明らかになり，複式簿記に発展した」[59]。

「単式簿記は，財産計算を目的とし，損益計算は，財産計算の結果から，間接的に行なわれるにすぎない簿記法である。しかも，財産の記録計算は，財産のすべてについて行なわれるのではない。経営遂行上，どうしても記録しておかなければならない，他人との貸借関係や金銭の収支に記録計算の主眼がおかれる」[60]。

「複式簿記と単式簿記のちがいは……記帳が例外なき二面的記入のルールによって行なわれるかどうか，記帳組織がそのような原理的仕組みをもって構成されているかどうかという点にある。……二面的記入の原理を機構的に確立しているか否かということこそが重要なのである」[61]。

単式簿記の定義においては「部分的」ないし「一部」ないし「すべて……

---

58 森川『精説簿記論Ⅰ（改訂版）』7頁。

59 中村『現代簿記（新訂版）』3頁。

60 田島「総論」9頁。

61 安平『簿記要論（6訂版）』4頁。

第 11 章　簿記の機能と会計との関係　*223*

ではない」が多く，これらは複式簿記について最頻出の「すべて」の対義語の類いといえようし，また，上掲のもののほか，「単式簿記とは，現金の収入・支出だけを記録しておく家計簿のように，とくに一定の体系的な秩序のある記帳を前提とはしないで，常識的な記帳を行なう方法をいう」[62] や「単式簿記は常識的な記入によるもので，その基礎に理論を認めえない記録方法である」[63] などといったように説く向きもみられるが，この「常識的」という言い様は，大雑把なようでいて，どうしてなかなかに意味深い。

　なお，上掲の引用の三つ目の「簿記は，最初は単式簿記として行われ……複式簿記に発展した」とする中村著の件はこれこそ渡邉による通説批判をもって諸に受けそうだが，しかし，そもそも「渡邉説における単式簿記は通説におけるそれとは別物」[64] である[65]。

62　會田義雄「簿記の意義」會田義雄，會田一雄『簿記テキスト』1988年，　6頁。

63　高松和男「総論」横浜市立大学会計学研究室（編）『現代会計学基礎講座 2　簿記論』1979年，　3頁。

64　友岡『会計の歴史（改訂版）』48頁。

65　第 1 章。

第12章

近代会計成立史論の展開

　近代会計成立史論の展開をイギリス会計史論の展開と重ね合わせて辿る。

　そこにはあるいは運河と鉄道があり，したがって，資本と経営の分離と固定資産があり，あるいは会計プロフェッションがあり，したがって，会計士監査制度と会計士会計学があった。

　会計士監査制度の成立は機能の面からみた近代会計の成立をもって意味し，固定資産は複会計システム（double-account system）をもたらした。本書は複会計システムをもって会計の「守るべき構造」を扱う第1部は第6章において扱ったが，会計の「担うべき機能」を扱うこの第2部の観点をもってみる場合，複会計システムは鉄道会社の株主間の利害調整において大きな機能を担っていた。

近代会計の成立プロセス

　筆者のこれまでの会計史の枠組みは次の通りだった。

　会計の近代化プロセス，別言すれば，近代会計の成立プロセスをもって会計の機能の面と構造の面という二つの面から併せみる。したがってまた，そこには会計の機能の面からみた近代会計と会計の構造の面からみた近代会計が予定されている。機能の面からみた近代会計の成立はこれすなわち近代会計制度の成立[1]であって，この近代会計制度は会計士監査制度[2]の成立をもっ

226 第2部 会計が果たすべきこと

て完成をみる。構造の面からみた近代会計は発生主義にもとづく期間計算の成立をもって成立をみる。これら，すなわち機能の面からみた近代会計と構造の面からみた近代会計はともに産業革命を経たのち，19世紀末のイギリスに成立をみる[3]。

イギリスと鉄道

近代会計はイギリスがもたらし，「鉄道発祥の国イギリス」[4]はその鉄道が近代会計をもたらした。

「蒸気機関と鉄道の時代以前には，人間の移動にも，モノの運搬にも，馬こそが決定的な動力源となっていた。運河が重要な役割を果たすようになってからでも，運河に浮かべた船を曳航したのは馬であった」[5]。また，「運河時代の最も顕著な特徴の1つは，大多数の運河会社が，自らは輸送サービスを行わず，それらの水路を利用する独立の艀所有者に賦課する通行料収入に専ら依存していたことにあった。……この点，運河会社は，肝心な点で19世紀半ばの鉄道会社とは異なっていたのであり……この違いにより，鉄道というライバルと比較して，運河会社は幾分，柔軟性を欠くこととなった」[6]。

「鉄道はイギリスの産業革命（1760〜1830）を背景に出現」[7]をみ，「産業革

1　近代会計制度の成立については以下のものを参照。
　　友岡賛『近代会計制度の成立』1995年。
　　平林喜博「友岡賛『近代会計制度の成立』（書評）」『三田商学研究』第39巻第2号，1996年。
　　平林喜博『会計史への道——一つの覚書』2007年，183〜204頁。
2　「つねに「監査」を意識する。これが友岡会計学の本性でもある」（茂木虎雄「友岡賛著『歴史にふれる会計学』（書評）」『書斎の窓』第464号，1997年，67頁）ともされる。
3　友岡賛『歴史にふれる会計学』1996年，26〜36頁。
4　湯沢威『鉄道の誕生——イギリスから世界へ』2014年，1頁
5　川北稔『イギリス——繁栄のあとさき』1995年，70頁。
6　フィリップ S. バグウェル，ピーター・ライス／梶本元信（訳）『イギリスの交通——産業革命から民営化まで』2004年，20〜21頁。

命の主役は石炭であった」[8]。「創設以来，鉄道が輸送した主要貨物は石炭であった。1880年に鉄道は全石炭輸送の63.1％を担っていた」[9]。

「初期鉄道は鉱山や運河・河川の補助的交通手段の地位にあった」[10]が，「1820年代……になると，運河の付属施設的な鉄道は減少し，鉱山と結びついた石炭輸送を主たる目的とする鉄道が増えてくる」[11]。

「世界最初の公共鉄道であるサリー鉄道（Surrey Iron Railway）」[12]は「1801年に議会の承認をうけて株式会社が設立された」[13]。ただし，「サリー鉄道は「鉄道」と呼ばれてはいたが……馬が牽引する貨車軌道であった」[14]。「19世紀に入ると蒸気機関車の実験はそろそろ始まるが，この段階で牽引力が機械になることはまだ想定外であった」[15]。「初期鉄道が運河や鉱山の付属施設的地位を払拭して，独立の輸送機機関……になるまでには，サリー鉄道から約20年の歳月を要したのである」[16]。

「イギリスで蒸気機関の発達を可能にしたのは，安価な燃料である石炭の存在であった。……産業革命は木材などの有機物燃料から鉱物資源である無機物燃料，すなわち石炭へのエネルギー革命でもあった」[17]。「ジェームズ・ワット（James Watt）が蒸気機関を発明し，ジョージ・スティーヴンソン（George Stephenson）が蒸気機関車を発明したというような間違った知識」[18]

7　湯沢『鉄道の誕生』2頁（（　）書きは原文）。

8　同上，21頁。

9　バグウェル，ライス／梶本（訳）『イギリスの交通』105頁。

10　湯沢『鉄道の誕生』23頁。

11　同上，29〜30頁。

12　同上，31頁（（　）書きは原文）。

13　同上，32頁。

14　同上，32頁。

15　同上，35頁。

16　同上，35頁。

17　湯沢威「鉄道の発生と世界への普及」湯沢威，小池滋，田中俊宏，松永和生，小野清之『近代ヨーロッパの探究⑭　鉄道』2012年，5頁。

18　H. W. ディキンソン／磯田浩（訳）『蒸気動力の歴史』1994年，5頁。

228 第2部 会計が果たすべきこと

とはされるものの,「蒸気機関の発明は現代機械文明の源である」[19] ともされ,鉄道にあってはストックトン・ダーリントン鉄道（Stockton and Darlington Railway）が嚆矢だった。「ストックトン・ダーリントン鉄道はサリー鉄道以来の公共交通手段として,歴史にあらたな一歩を記すことになった。……蒸気機関車による牽引である」[20]。1825年に開通のストックトン・ダーリントン鉄道はジョージ・スティーブンソンを主任技師とし,彼の息子の名前を冠したロバート・スティーブンソン社（Robert Stephenson & Co.）製の蒸気機関車を導入したのだった[21]。

「鉄道時代の到来は様々な事態を決定的に変えた」[22]。「イギリスでは,鉄道会社が真の意味で最初の大企業となった。資本金50万ポンド以上の産業企業がほんの数社しかなかった1850年に,300万ポンドを超える資本金を有する鉄道会社が19社もあった」[23]。

「鉄道業の発展は……企業管理の新たな方式を生み出した。鉄道会社は,先行する小規模企業と異なり,巨額の出資金を管理し,多数の労働者を雇い,安全かつ効率的な旅行を提供できるよう,労働者の活動を調整しなければならない立場にあることに初めて気づいたのである。企業管理が直面した責任の大きさとその多様性は,企業資産と体系的な役割分担との分離を生み出した。一方には会社を所有する多数の株主が,他方にはフルタイムで会社の経営を託された特別な技能と能力を兼ね備えた俸給経営者（salaried manager）がいた」[24]。

鉄道業における「巨大なインフラの建設には巨額の資金を必要とし」[25],

19　湯沢『鉄道の誕生』37頁。
20　同上,170頁。
21　同上,第4章〜第5章。
22　F. アマトーリ, A. コリー／西村成弘, 伊藤健市（訳）『ビジネス・ヒストリー──グローバル企業誕生への道程』2014年,97頁。
23　同上,97頁。
24　同上,102頁。

それは資本と経営の分離を通じて近代会計制度[26]をもたらし[27]，他方，「巨大なインフラ」は固定資産の認識（「固定資産」という概念の生成）を経て減価償却をもたらし，この減価償却の一般化は発生主義にもとづく期間計算の成立を意味した。かくして「鉄道発祥の国イギリス」の鉄道は機能の面からみた近代会計の成立と構造の面からみた近代会計の成立をともにもたらすこととなった。

イギリス会計史論の先駆

　わが国における会計史学の成立は，けだし，1970年代の辺りに求められよう[28]が，この成立期ないし成立前夜の辺りにおけるイギリス会計史論の先駆としては，一方において，如上の鉄道業における会計実践を考究した中村萬次の1970年代以降の諸論攷[29]を挙げることができ，これは『英米鉄道会計史研究』（1991年）にまとめられ，また，「近代会計が近代会計として本格的展開をするのは産業革命を自生的に展開したイギリスである」[30]として「固定資本の損益計算への関連認識が近代会計を成立させる。近代会計は固定資産会計を中核とする」[31]と続ける茂木虎雄の1967年の論攷[32]は19世紀イギリスを扱ってのちに『近代会計成立史論』（1969年）の結章を構成し，他方，些

25　湯沢『鉄道の誕生』2頁。

26　筆者のいう「制度」とは社会的定着性をもった約束事のことであり，また，「近代会計制度」とは，財産管理に関する委託・受託の関係において，受託者は委託者に対して説明（会計）を行い，監査を受け，監査人には会計プロフェッションを充てる，という約束事が社会的定着性をもったもののことである。

27　友岡『近代会計制度の成立』はこのタイトルをもってスコットランドにおける銀行の粉飾事件と会計プロフェッションの成立を扱い，そこに会計士監査制度の成立（近代会計制度の成立）をみているが，ただし，近代会計制度成立の起点は鉄道にあった（友岡賛『会計の歴史（改訂版）』2018年，221頁）。

28　友岡賛『会計学の基本問題』2016年，第10章。

29　中村萬次『英米鉄道会計史研究』1991年，（5）頁。

30　茂木虎雄『近代会計成立史論』1969年，332頁。

31　同上，337頁。

32　同上，7頁。

230 第2部　会計が果たすべきこと

か遡るが，1961年刊の『監査制度の展開』の一章を成す山桝忠恕の「イギリスにおける監査制度の展開」は会計士監査制度の成立プロセスを会計プロフェッションのそれとともに扱っており[33]，これも看過しえない先駆といえよう。

　ちなみにまた，わが国における会計史学の成立の時期については1979年に刊行が開始された叢書『体系近代会計学』はその第6巻が『会計史および会計学史』とされた[34] ことが注目されよう[35] が，そこで「イギリス会計史」を担ったのは久野秀男だった[36]。この久野には『英米（加）古典簿記書の発展史的研究』（1979年）があり，その大半がイギリスの簿記書の分析に充てられる同書においては「英国古典簿記書の系譜を……発展段階的に区分すると」[37] として［第1期　イタリア簿記の継承期（1543年刊〜1635年刊）→ 第2期　近代簿記への胎動期（1736年刊〜1801年刊）→ 第3期　近代簿記の完成期（1818年刊〜1878年刊）］とする捉え方が示され[38]，「英国簿記書の文献史的研究」という副題をもつ『会計史および会計学史』の「イギリス会計史」は『英米（加）古典簿記書の発展史的研究』の要約と看做しえようが，「はたして会計史と簿記史は何をもって峻別するのか」[39]。

固定資産と複会計システムと減価償却

　中村の諸論攷は「鉄道会計の基本的思考は，運河会社の実務を源流とし，その理論を継承して発展していった」[40] との理解の下，鉄道業に先行する18

33　山桝忠恕『監査制度の展開』1961年，第2章。

34　小島男佐夫（責任編集）『体系近代会計学［第6巻］　会計史および会計学史』1979年。

35　友岡『会計学の基本問題』225〜226頁。

36　久野秀男「イギリス会計史──英国簿記書の文献史的研究」小島男佐夫（責任編集）『体系近代会計学［第6巻］　会計史および会計学史』1979年。

37　久野秀男『英米（加）古典簿記書の発展史的研究』1979年，109頁。

38　同上，109頁。

39　友岡『会計学の基本問題』240頁。

40　中村『英米鉄道会計史研究』（3）頁。

第12章　近代会計成立史論の展開　*231*

世紀の運河業における会計実践から説き起こし，1820年代以降の鉄道業にお
ける会計の実践，理論，規制を論じており，そうした中村の運河・鉄道会計
史論は村田直樹の1980年代以降の論攷[41]における運河・鉄道会計史論に引き
継がれる。

　周知のように，産業革命は（エネルギー革命および）交通革命に支えられ
てこそ起こることができ，この交通革命は運河をもってその前半期の担い手，
鉄道をもってその後半期の担い手とし，別言すれば，鉄道は運河を継承して
交通革命の完結をもたらすこととなるが，それとともに鉄道は運河を継承し
て近代会計の成立をもたらすこととなる。また，「議会立法によって設立さ
れた株式会社は18世紀には決して新奇なものではなかったが，運河時代に
なって小投資家にその有効性と可能性を広めたのである。株式会社はますま
す民間資本が大規模な建設計画を実行し，無機能資本家が資金を提供する手
段となっていった。ほとんど断絶なしに，1790年代の運河資本家は1830から
40年代の鉄道株主になっていき，その頃になると次世代の交通様式が巨額の
資本上の必要性を国民に提示することとなったのである」[42]。こうしたコン
テクストにおいて「運河会社における会計は，イギリス株式会社会計の出発
点であり，株式会社会計の諸機能のプロトタイプをもつものである」[43]とし，
あるいは「運河会計において複会計制度の原型が成立し，その後の鉄道会計
に継承されていった」[44]とする村田は（やがて会計上，固定資産として認識され
ることとなる）設備資産を多く有する業種において生まれた特殊な会計シス
テム，すなわち複会計システムをもって扱い，「1868年鉄道規制法で定めら
れた会計様式は，その後，複会計制度と呼ばれ……また，イギリス資本に
よって建設された日本の鉄道も，この複会計制度を採用している」[45]とし，

41　村田直樹『近代イギリス会計史研究──運河・鉄道会計史』1995年，xi頁。

42　バグウェル，ライス／梶本（訳）『イギリスの交通』25頁。

43　村田『近代イギリス会計史研究』21頁。

44　村田直樹「株式会社会計の源流」村田直樹（編著）『会計の諸機能──企業会
　計の史的展開』2001年，13頁。

45　村田直樹『鉄道会計発達史論』2001年，175頁。

232 第2部 会計が果たすべきこと

「1868年鉄道規制法制定以前の鉄道会社では，複会計制度が広く一般化しており，1868年鉄道規制法第3条の複会計組織の規定は，当時の鉄道会社における会計実務を追認したものにすぎなかった」[46] としている。

なおまた，本書は複会計システムをもって会計の「守るべき構造」を扱う第1部は第6章において扱ったが，会計の「担うべき機能」を扱うこの第2部の観点をもってする場合，複会計システムはその利害調整機能に大きな意義を認めることができた。

交通経済学の分野において鉄道運賃論をもって知名のディオニシウス・ラードナー（Dionysius Lardner）の『鉄道経済論』（*Railway Economy*）は鉄道会社の株主について次のように述べている。

鉄道会社は種々の人々をもって構成されている。彼らはさまざまな，ときには相容れない利害を有している。経営者はそうした人々の権利を顧慮，斟酌しなければならない。永久的な投資の対象として鉄道会社を選択した株主たちがいる。彼らは，配当の額のみならず，配当の安定性，均一性，および永続性までをも気に懸ける。彼らにとってそうした配当は永続的な当期利益を構成し，そのなかに彼らは期間的な報酬を期待する。他方，鉄道会社を一時的な投資の対象とする人々がいる。また，彼らのなかには鉄道会社をもって投機の手立てと看做し，配当のためにではなくして，転売による利鞘を目的として株式を購入する人々がいる。彼らにとって鉄道会社の株式はほかの市場における商品と同じ投機の対象である。経営者は，一時的な投資の対象ないし貯蓄銀行に代わるものとして鉄道会社の株式を誠実に利用する人々の権利はいうまでもなく，如上の投機的な株主たちの権利をも顧慮，斟酌しなければならない。永久的な投資の対象として鉄道会社を選択した株主たちは，現在の配当の多寡よりもむしろ，株式の永久的な価値に関心がある。主として彼らは，配当の増額より前に，収益によって軌道や車輌の効率的な維持を図ることを経営者に期待する。他方，鉄道会社を一時的な投資の対象とする

---

46 同上，219頁。

人々，とりわけ投機的な株主たちは，企業の永続的な価値はこれをまったく意に介さず，現在の配当のみを期待する。このような2種類の株主のなかにあって，経営者には公平な行為が求められる。資本たるべきものをもってする収益の増額は，永久的な株主の犠牲の下，一時的な株主に利益をもたらす。収益たるべきものをもってする資本の増額は，一時的な株主の犠牲の下，永久的な株主に利益をもたらす。これらはいずれもが不公平であって，回避すべき行き方である[47]。

こうした株主間の利害の対立，したがって，利害調整の必要のなかにこそ複会計システムの存在理由^{レーゾン・デートル}があった。維持すべきものの維持であり，資本的支出と収益的支出の峻別だった[48]。

イギリス鉄道会計史論にはまた，『イギリス鉄道会計発達史』（1991年）にまとめられた金戸武の諸論攷もあり，「イングランドの運河会計については，中村萬次稿……に詳しい」[49]とする金戸の研究は18世紀スコットランドにおける運河会計の分析[50]を含み，さらにまた，『近代イギリス鉄道会計史』（2010年）にまとめられた佐々木重人の1980年代以降の諸論攷[51]は「19世紀後半のイギリス鉄道会社を代表する」[52]ロンドン・ノースウェスタン鉄道（London and North Western Railway）「（およびその前身である3つの鉄道会社）

---

47 Dionysius Lardner, *Railway Economy: A Treatise on the New Art of Transport, Its Management, Prospects, and Relations, Commercial, Financial, and Social*, 1850, pp. 116-117.

48 友岡賛「減価償却思考の確立，これの胚胎，逡巡──イギリス会計史：19世紀」『三田商学研究』第32巻第6号，1990年，38～39頁。
友岡『歴史にふれる会計学』203～204頁。

49 金戸武『イギリス鉄道会計発達史』1991年，40頁。

50 同上，第2章。

51 佐々木重人『近代イギリス鉄道会計史──ロンドン・ノースウェスタン鉄道会社を中心に』2010年，iii頁。

52 同上，277頁。

234　第2部　会計が果たすべきこと

の会計実務を分析することを通じて，主として1868年鉄道規制法が制定する
までのイギリスにおける鉄道会社の会計の軌跡とそこに内在する問題を明ら
かにすることを目的とし」[53]，「19世紀中頃におけるイギリスの鉄道会計の生
成・発展について」[54] いくつかの要点を指摘，そのうちの一つは「取得原価
を固定資産の利用期間にわたって規則的に配分し費用化するという会計思考
（減価償却）が……レール更新勘定実務を通じて芽生え始めていたことであ
る」[55]。

　減価償却思考の萌芽がそこにあったとされる。

　減価償却といえば，先述のように，筆者の会計史の枠組みにあっては減価
償却の一般化が発生主義にもとづく期間計算の成立，すなわち構造の面から
みた近代会計の成立をもって意味するが，減価償却史においては例えば成田
修身の『減価償却の史的展開』（1985年）が「減価償却の生成・確立と制度
的展開」と題するその第2部の4割強[56] をイギリス減価償却史に割いている。

オランダ，そしてイギリス

　茂木の会計史は「会計世界一周論」と称される枠組みをもって展開され，
19世紀イギリスを終着点とするこれは次のように説かれている。

　　　「会計通史をえがこうとするとき，一つの古典的な方法 ＝ 体系化が
　　　あった。これは1933年に公刊された，かの有名な A. C. リトルトン
　　　（A. C. Littleton）のもので，会計発展について，「光ははじめ15世紀に，
　　　ついで19世紀にさしたのである」という提言の2段階接続論であった。
　　　15世紀は「簿記」，19世紀は「会計」の生成という論理で，これで会
　　　計の歴史が説明できるとするが，ここに17世紀論を入れるべきとの提
　　　言を評者（茂木）はなした。名づけて「会計世界一周論」という。3

53　同上，283頁（（　）書きは原文）。

54　同上，278頁。

55　同上，282頁（（　）書きは原文）。

56　成田修身『減価償却の史的展開』1985年，第2部第1章〜第4章。

段階論であって……友岡教授もこれを肯定的に受け入れての展開である」[57, 58]。

　リトルトンの会計史の枠組みに17世紀オランダを加えた茂木は，ちなみに，前出の『体系近代会計学』の『会計史および会計学史』においては「オランダ会計史」を担っており[59]，他方，「17・8世紀会計史を体現するものがイギリス東インド会社の会計実践であり，オランダ東インド会社の会計実践である」[60] との認識の下，1970年代以降の諸論攷[61] をもって『イギリス東インド会社会計史論』（1994年）をまとめ，「次はオランダ東インド会社」[62] としていたが，その途上にて歿した。

　閑話休題。茂木も承知の通り，筆者の［14・15世紀イタリア → 16・17世紀ネーデルラント → 18・19世紀イギリス］[63] は茂木を承継しており，その終着点におけるトピックは減価償却に代表される発生主義である。

会計法制度（会社法会計制度）

　狭義の会計制度[64]，換言すれば，会計法制度，具体的にいえば，会社法における会計制度を扱うイギリス会社法会計制度史においては『英国株式会社会計制度論』（1993年）にまとめられた山浦久司の1970年代以降の諸論攷[65]

57　茂木「友岡賛著『歴史にふれる会計学』」66頁（二つ目の（　）書きは原文）。
58　茂木の枠組みの詳細については次のものを参照。
　　茂木虎雄「会計史研究の方法について――イギリス東インド会社会計史の研究によせて」『産業経理』第44巻第4号，1985年。
59　茂木虎雄「オランダ会計史」小島男佐夫（責任編集）『体系近代会計学［第6巻］　会計史および会計学史』1979年。
60　茂木虎雄『イギリス東インド会社会計史論』1994年，iv頁。
61　同上，251〜255頁。
62　本人談。
63　この枠組みとその是非をめぐる議論について次のものを参照。
　　友岡『会計の歴史（改訂版）』26〜35頁。
64　広義の会計制度については注記26をみよ。
65　山浦久司『英国株式会社会計制度論』1993年，ⅰ〜ⅲ，571頁。

236　第2部　会計が果たすべきこと

と『英国近代会計制度』（1991年）にまとめられた千葉準一の1980年以降の
諸論攷[66]をもって双璧とすることができようが，ちなみに，前出の山桝の
「イギリスにおける監査制度の展開」は「監査制度」というタイトルとはい
え，会社法および会社法上の会計・監査規定の変遷を広く概観しており，や
はりイギリス会社法会計制度史の先駆と看做すことができ，山浦著も千葉著
も刊行後40年も経たこの山桝著をもって参考文献に挙げている。

　ほぼ同時期に上梓された山浦著と千葉著[67]は，しかし，実に対照的な双璧
ということができ，山浦著は1844年の株式会社法を起点として現代（刊行
時）は1989年の会社法までを網羅し，約1世紀半にわたる会計・監査法制度
の変遷を「克明に追跡」[68]しており，また，文献渉猟も遺漏なく，許多の解
説的資料を紹介し，特定の観点に偏することなく，史実と諸資料をもって語
らせる，といった特徴を有し，他方，千葉著はこれも1844年の法を起点とす
るが，「網羅的な通史ではない」[69]この書は1948年の会社法までを扱い，また，
哲学者ユルゲン・ハバーマス（Jürgen Habermas）の所説等を用いて「英国
会計制度の基底範疇たる「信託」概念，「公共圏」概念の史的展開を整理し
ながら英国公共会計の構造転換の問題を探究すること」[70]を目的としており，
そこには「市民的公共圏における英国公共会計が市民社会の階層分化ととも
に崩壊し，それに代わって国家機能の民間団体への移譲を伴う「政治的」な
公共圏が，干渉主義的な会社会計制度をつくりあげていく過程」[71]が描かれ

66　千葉準一『英国近代会計制度――その展開過程の探究』1991年，393～394頁。

67　「イギリス会計学界に広い人脈を持つ千葉準一教授」（辻山栄子「訳者あとが
　　き」G. ウィッティントン／辻山栄子（訳）『会計測定の基礎――インフレーショ
　　ン・アカウンティング』2003年，260頁）は，それはさて措き，当時，留学中
　　だった筆者にわざわざ同書を送って下さった。スコットランドはグラスゴー大
　　学の研究室にて開封し，赤い表紙を目にしたときのことがいまも想起される。

68　山浦『英国株式会社会計制度論』 i 頁。

69　斎藤静樹「千葉準一著『英国近代会計制度――その展開過程の探究』（書評）」
　　『會計』第141巻第4号，1992年，158頁。

70　千葉『英国近代会計制度』365頁。

71　斎藤「千葉準一著『英国近代会計制度――その展開過程の探究』」158頁。

ている[72]。さらにまた，山浦著は仔細にして網羅的ではあるものの，まずは
法制度の吟味に終始し，例えば複会計システムも1868年の鉄道規制法におけ
るそれに限って扱っている[73]が，他方，千葉著は，本章はこれを会社法会計
制度史の範疇に含めたものの，「よく知られている（1868年法の）統一会計制
度以外の様式による「複会計制」の実例をあげてその類型化を試み」[74]ても
いる。

　なお，イギリスの会計法制度といえば，「真実かつ公正な概観（a true and
fair view）規定」と称される規定[75]ないし「真実かつ公正な概観」という概

72　ただし，そうした「その特徴が，本書をわかりにくくしていることも否めな
　い」（同上，159頁）。
73　山浦『英国株式会社会計制度論』32〜43頁。
74　千葉『英国近代会計制度』138頁（圏点は原文）。
75　この規定が採用されたのは1947年の会社法においてのことだったが，同法の
　会計規定はあらまし以下のようなものだった。
　　①真実かつ公正な概観規定
　　　貸借対照表は会計年度末の業務状態に関する真実かつ公正な概観を与え
　　なければならず，損益計算書は会計年度の損益に関する真実かつ公正な概
　　観を与えなければならない。
　　②真実かつ公正な概観規定の優先性
　　　①の規定は会社法のすべての他の規定（具体的・個別的なルール）に優
　　先する。
　　③離脱規定
　　　会社法の他の規定にしたがう限り，①の規定にしたがうことができなく
　　なる（貸借対照表ないし損益計算書が真実かつ公正な概観を与えることが
　　できなくなる）場合には，その規定にしたがってはならない（その規定か
　　ら離脱しなければならない）。
　　なお，このような法規定の在り方については「離脱規定には，いろいろな効
　果がある」（田中弘『会計学の座標軸』2001年，356頁）として「イギリスに学
　ぶ……価値がある」（同上，360頁）と述べるとともに，「実は，成文化された会
　計規定を盲目的に順守することよりも，会計報告の真実性や公正性の確保のほ
　うを重視するという思考は，イギリスに固有のものというわけではない。こう
　した思考は，アメリカ，カナダ，オーストラリア，ニュージーランド，アイル
　ランドなど，コモンローの国々で広く共有されている」（同上，350頁）と解説
　する向きがあるが，その一方，こうした離脱規定も，規定の文言をみただけで

238　第2部　会計が果たすべきこと

念[76]が頗る特徴的なものとして挙げられようが,「歴史的には一貫して法・国家規制の充実強化が進んできた」[77]とされ,あるいは「20世紀以降の国家干渉主義」[78]とされる認識の下,そうした状況下においてこそ,この規定ないし概念の存在意義が問われる[79]とする点において,この対照的な双璧には通底するものが看取される[80]。

会計プロフェッションと会計学

本章の冒頭に述べられたように,筆者の会計史の枠組みにおいていう機能の面からみた近代会計,すなわち近代会計制度は会計士監査制度の成立を

は,その本当の意義を評価することは難しい,といった立場から,「専門的判断に重きをおくコモン・ローの法思考の国であればなおのこと,明文規定の解釈以上に,個々の離脱の事例にあたり,そこでの離脱の理由とそれに対する監査意見を吟味することが肝要であろう」(醍醐聰「サロン・ド・クリティーク」『企業会計』第39巻第1号,1987年,154頁)とし,そうした事例研究の結果は「離脱規定が……厳しい制限のもとにおかれていることを窺わせるのに十分である」(同上,155頁)とする向きもある。

76　この概念については以下のものを参照。

友岡賛「「真実且つ公正なる概観」考<その1>——イギリス会社法の変遷を中心に」『三田商学研究』第28巻第4号,1985年。

友岡賛「「真実且つ公正なる概観」考<その2>——アーガイル・フーズ社の事例を中心に」『三田商学研究』第29巻第3号,1986年。

友岡賛「「真実且つ公正なる概観」考<その3>——意を中心に」『三田商学研究』第30巻第6号,1988年。

77　山浦『英国株式会社会計制度論』545頁。

78　千葉『英国近代会計制度』366頁。

79　山浦『英国株式会社会計制度論』545～547頁。

千葉『英国近代会計制度』365～368頁。

80　「英国近代会計制度については千葉準一教授の『英国近代会計制度』をわれわれは持っている」(平林「友岡賛『近代会計制度の成立』」231頁)などとされる千葉著は,けだし,この分野における金字塔といえようが,その反面,「複雑な要素を綾のように織りなした本書は,けっしてわかりやすいとはいえない」(斎藤「千葉準一著『英国近代会計制度——その展開過程の探究』」160頁)ということは否定しえず,資料として重宝するのは山浦著といえよう。

もって完成をみるが，既述のように，イギリスにおける監査制度史はこれを山桝が先駆的に手掛け，筆者もまずは彼の「イギリスにおける監査制度の展開」に学んだ。会計士監査制度はこれが会計プロフェッションの存在なくして成立しえないことは言を俟たず，監査制度史は，したがって，会計士史[81]を欠くことができないが，山桝は抜かりなく「19世紀における会計士界ないし会計士業務自体の動きを辿って」[82]おり，筆者は会計士史の概要をそこに学び，次いで R. H. パーカー（R. H. Parker）の『イギリスにおける会計プロフェッションの発展』（*The Development of the Accountancy Profession in Britain to the Early Twentieth Century*）（1986年）[83]に学び，後年，「会計士……が知らなかった」[84]「したたかで，ひたむきな会計士の歴史を」[85]『会計プロフェッションの発展』（2005年）と『会計士の誕生』（2010年）にまとめた。

　ときに「近代会計制度の祖国」と称されるイギリスを「近代会計学の祖国」と称することもできるかどうか，ということについては意見が分かれるだろうが，会計プロフェッションの祖国イギリスの会計学は会計士会計学として生まれ，また，とりわけ監査論をもって嚆矢としたともされ，その先駆はフランシス W. ピクスリー（Francis W. Pixley）（1853～1933年）であり，また，ローレンス R. ディクシー（Lawrence R. Dicksee）（1864～1932年）だった。1881年に上梓されたピクスリーの『監査人』（*Auditors*）はときにこれが会計士会計学の嚆矢とされ，したがって，ときにピクスリーはイギリス会計学の祖とされるとはいえ，ピクスリーとディクシーは先駆の双璧だった[86]。ピクスリー，そしてディクシーの著作は，あるいは歴史の資料として，ある

81　会計士史については次のものを参照。
　　友岡『会計学の基本問題』第11章。
82　山桝『監査制度の展開』35頁。
83　R. H. パーカー／友岡賛，小林麻衣子（訳）『会計士の歴史』2006年。
84　山田有人「友岡賛著『会計士の誕生——プロフェッションとは何か』（書評）」『産業經理』第70巻第2号，2010年，125頁。
85　山田有人「したたかで，ひたむきな会計士の歴史を学ぼう」『税経セミナー』第58巻第4号，2013年，2頁。
86　友岡『会計学の基本問題』第6章。

240　第2部　会計が果たすべきこと

いは歴史の対象として，リトルトンの『会計発達史』（*Accounting Evolution to 1900*），山桝著，山浦著，千葉著，友岡著において，あるいは用いられ，あるいは扱われている。

　ピクスリーがイギリス会計学の祖なら，ディクシーはイギリス初の会計学教授だった。「23日に開催されたバーミンガム大学の評議員会においてロンドンの勅許会計士ローレンス R. ディクシー氏がこの国初の会計学教授に任ぜられた」と *The Accountant* が報じたのは1902年のことだった。イギリスにおいて初の会計学教授職を設けたのは同年10月1日に発足のバーミンガム大学は商学部，ちなみに，これはイギリス初の商学部だった[87]。ただし，この教授職は非常勤であり[88]，「会計の分野において，イギリスでは，1947年までは，専任の教授ポストはなく」[89]，バーミンガム大学に教授職を得たこのディクシーは，しかしながら，1902年にはロンドン大学はロンドン・スクール・オブ・エコノミクス（ロンドン大学政治経済学院）（London School of Economics and Political Science）（LSE）の講師（LSE 初の会計学教員）[90]にも任ぜられて掛け持ちののち，結局，1906年にバーミンガム大学を辞め，ロンドン大学にあっては準教授を経て1914年に同大学初の会計学教授に就任，同大学経済学部長をも務めたのち，1926年に定年をもって退任，名誉教授の称号を得ているが，実はこの間も勅許会計士事務所〈セラーズ，ディクシー＆カンパニー（Sellars, Dicksee & Co.）〉を率い続けていた[91]。

　ところで，初の専任の会計学教授は「ロンドン・スクール・オブ・エコノミクスで1947年に教授に任命されたウィリアム・バクスター」[92]だった。け

87　友岡『会計学の基本問題』145頁。

88　J. Kitchen and R. H. Parker, *Accounting Thought and Education: Six English Pioneers*, 1980, p. 60.

89　Rouba Chantiri-Chaudemanche「デヴィッド・ソロモンズ──会計の評価理論から会計理論へ」ベルナルド・コラス（編著）／藤田晶子（訳）『世界の会計学者──17人の学説入門』2007年，152頁。

90　Kitchen and Parker, *Accounting Thought and Education*, p. 60.

91　友岡『会計学の基本問題』147頁。

92　Chantiri-Chaudemanche「デヴィッド・ソロモンズ」152頁。

第12章　近代会計成立史論の展開　*241*

だし，イギリスにあって最も知名の会計学者の一人[93]といえようウィリアム T. バクスター（William T. Baxter）は特にその減価償却論と物価変動会計論をもって知られ，「バクスターの物価変動会計論は，一般物価指数修正会計が基本とされ，剝奪価値に基づく資産評価を導入する考え方である。まさに物価変動会計の領域において注目すべき学説といえよう」[94]ともされる。「バクスターは富の代替的測定概念としてカレント・バリューを選択」[95]し，「資産の測定概念をカレント・バリューに求め，資産評価基準として剝奪価値を適用する」[96]が，この剝奪価値はジェームズ C. ボンブライト（James C. Bonbright）に由来する。「「企業にとっての価値」……すなわち剝奪価値……の考え方は，ボンブライトの「所有者にとっての価値」をもって嚆矢と」[97]し，「バクスターは，資産のカレント・バリューを会計上の資産価値測定に取り入れるための論理として，ボンブライトの「所有者にとっての価値」を剝奪価値と命名し，これを展開した」[98]。

　ただし，「ボンブライトがそもそも提案した企業にとっての価値の概念は，実際のところ，企業が財を取り替えるために支払うであろう額を表すかぎりにおいて，機会原価であると思われ」[99]，「ボンブライトに直接謝辞を呈している論者は，ロンドン・スクール・オブ・エコノミックスの三羽烏であるバクスター，エディー（Harold C. Edey）およびソロモンズであ」[100]って，「機

93　ほかに誰がいるか。例えば，ベルナルド・コラス（編著）／藤田晶子（訳）『世界の会計学者──17人の学説入門』2007年，および，上野清貴（編著）『会計学説の系譜と理論構築』2015年，にはアンソニー・ホップウッド（Anthony Hopwood），T. A. リー（T. A. Lee），デヴィッド・ソロモンズ（David Solomons），トニー・ティンカー（Tony Tinker），およびジェフリー・ウィッティントン（Geoffrey Whittington）が取り上げられており，ちなみにまた，ソロモンズは両書に取り上げられている。

94　山口忠昭『物価変動会計論』1994年，62頁。

95　同上，43頁。

96　同上，43頁。

97　同上，28頁。

98　同上，28頁。

99　Chantiri-Chaudemanche「デヴィッド・ソロモンズ」157～158頁。

242 第2部 会計が果たすべきこと

会原価はLSEの伝統」[101] とされる。

　筆者は第4章において，会計をして会計たらしめているもの，あるいは，会計に存在意義を与えているもの，ないし，会計の存在意義を支えているもの，として収益費用アプローチ，取得原価主義，および名目資本維持をもって挙げているが，筆者の立場によれば，機会原価を用いない，ということもまた，会計をして会計たらしめるものとして捉えられる。会計の対象は専ら起こったことであり，したがって，起こらなかったことの利益（機会原価）はこれを会計は用いない，ということである。機会原価は会計と会計学の存在意義をもって危うくする。

　しかしながら，「「所有者にとっての価値」概念は，イギリスの多くの論者によって支持され，検討されてきた」[102] とされ，また，「所有者にとっての価値は，実務的な手法として職業会計士に受け入れられていることは明らかである」[103] とされる。

　「近代会計学の父」[104] ともされるディクシーの会計士会計学は伝統となりえたのかどうか。

---

100 G. ウィッティントン／辻山栄子（訳）『会計測定の基礎——インフレーション・アカウンティング』2003年，151頁。

101 Chantiri-Chaudemanche「デヴィッド・ソロモンズ」158頁。

102 ウィッティントン／辻山（訳）『会計測定の基礎』157頁。

103 同上，157〜158頁。

104 友岡『会計学の基本問題』147頁。

第13章
会計士監査史論の展開

　前章にも確認されたように，機能の面からみた近代会計の成立はこれすなわち近代会計制度の成立であって，この近代会計制度は会計士監査制度の成立をもって完成をみる。

　こうした筆者の会計史の枠組みには，会計と監査は相即不離の関係にある，という理解が前提されている[1]。

　会計と監査は相即不離の関係にあり，監査の歴史には，実質優先思考の類いを俟つことなく，判断に対する需要の増大傾向を認めることができ，実質優先思考ないし原則主義の下においてはなおのこと，愈々もって判断が必要とされ，判断の質は監査を担う会計プロフェッションがこれを担保する。

　如上の筋書きを（あえて）念頭に置き，デレク・マシューズ（Derek Matthews）の『監査の歴史』（*A History of Auditing*）（2006年）に学びつつ，会計士監査史論の展開を辿る。

通説
　通説は以下のようにまとめられる。

1　「つねに「監査」を意識する。これが友岡会計学の本性でもある」（茂木虎雄「友岡賛著『歴史にふれる会計学』（書評）」『書斎の窓』第464号，1997年，67頁）ともされる。

244　第 2 部　会計が果たすべきこと

　「会計監査は，精密監査から貸借対照表監査へ，そして財務諸表監査
へ発展した。イギリスで生育した精密監査が，1880年代にアメリカに
導入されて20世紀初頭の貸借対照表監査を生み，1929年に始まる株式
恐慌を直接の要因として財務諸表監査へと変貌した，というのが会計
監査の大きな流れである」[2]。

簿記監査

　T. A. リー（T. A. Lee）[3]によれば，監査の歴史は会社企業が出現をみる前
の19世紀半ばまでの時期とそれ以降の時期に二大別される[4]。
　ただし，そもそも説明責任（accountability）を伴う形をもって経済活動が
行われている場合には常に監査という行為が随伴し[5]，それは必ずしも会社
企業の存在を前提とするものではなく，また，いずれにしても，「それが置
かれた状況がどうあれ，監査は，現在に至るその長い歴史の大半において，
経済資源の所有者をその資源の受託管理責任（stewardship）[6]に関わる不正・
誤謬から守る，ということを一貫した目的としていた」[7]。
　すなわち，19世紀を迎え，資本と経営の分離が進展をみ，出資者に財務諸
表をもって説明する必要が認識され，そしてまた，財務諸表の質を検証する
必要が認識されるに至ったのちにおいても，「監査の目的は不正に関わるも
のであり続けた」[8]。監査の課題は，財務諸表の基となる会計記録に不正・誤

2　千代田邦夫『貸借対照表監査研究』2008年，ⅰ頁。
3　トーマス・アレクサンダー・リー（Thomas Alexander Lee）の著書等におけ
　る氏名の表記は「Thomas A. Lee」，「T. A. Lee」，および「Tom Lee」の 3 種が
　ある（恐らく「T. A. Lee」が最も多い）が，本書の文献リスト（アルファベッ
　ト順）はこの表記の異同を考慮することなく作成されている。
4　Tom Lee, *Corporate Audit Theory*, 1993, p. 59.
5　*Ibid.*, p. 59.
6　「accountability」および「stewardship」ならびにこれらの関係について下記
　のものを参照。
　　友岡賛『会計学原理』2012年，第 2 章。
　　友岡賛『会計学の基本問題』2016年，第 2 章。
7　Lee, *Corporate Audit Theory*, p. 60.

謬がないかどうか，ということであって，会計史家たちはそうした監査を
「簿記監査（bookkeeping audit）」と称し，会計証憑から帳簿記入までを辿る
役割として捉えている[9]。

デレク・マシューズによれば，イギリスにおける監査は1960年代に至るま
でこれを簿記監査として捉えることができ，「監査」とは称されるものの，
監査人の作業は帳簿の整理に始まり，決算，財務諸表の作成を経たのち，当
該諸表に監査済みの署名を行う，というものだった[10]。

「1960年代に至ってさえも，監査人たちが「純粋な監査（pure audit）」と
称するもの，すなわち，完全な一組の計算書類を入手した上でもって，その
正確性を彼らが調べるというもの……は少なかった」[11]。簿記監査における
時間の大半は取引の確認と転記に費やされ，こうした作業は大勢の年季奉公
人によって行われ，他方，貸借対照表の資産と負債の検証に費やされる時間
は頗る少なく，在庫の評価については経営者による口頭での説明が十分な証
拠として採用されることも少なくなかったが，しかし，1960年代以降，1980
年代までには監査人の作業は激変し，簿記監査の減少と実地棚卸しの立ち会
いや売掛金の確認等の増加をみることができる。1960年代以降には監査の焦
点が損益計算書から貸借対照表へと移行し，すなわち取引の検証から資産と
負債の検証へと移行し，その結果が実地棚卸の立ち会い等の増加だった[12]。

英米の異同

リーは「19世紀末ないし20世紀初頭のプロフェッショナル会計士の状況に
おいて最も注目すべき特徴は，アメリカの企業には公共会計士を（例えば監
査のために）常用するという習慣がなく，公共会計士は一般に会計業務ない

8　*Ibid.*, p. 60.

9　*Ibid.*, pp. 60-61.

10　Derek Matthews, *A History of Auditing: The Changing Audit Process in Britain from the Nineteenth Century to the Present Day*, 2006, p. 133.

11　*Ibid.*, p. 133.

12　*Ibid.*, pp. 133-135.

246 第2部 会計が果たすべきこと

し不正の調査のために臨時的に雇用されていた，ということである」[13] とし
ているが，他方，マシューズによれば，英米を比較した場合，アメリカの監
査人は当初から純粋な監査を行っており，イギリスの監査人のように簿記監
査に力を入れるということはなかったとされ[14]，アメリカにおける監査論の
先駆とも看做しうるロバート H. モンゴメリー（Robert H. Montgomery）[15] の
『監査——理論と実践』（Auditing: Theory and Practice）はその初版（1912年）
において「不正・誤謬の発見は既にアメリカにおける監査の主目的の座には
なく……モンゴメリーは伝統的なイギリスの「簿記係監査（book-keeper
audit）」[16] よりも，より進歩的な「貸借対照表監査」を支持した」[17]。

　マシューズによれば，英米における監査の異同については，英米の①法制
度の異同，②企業の資金調達方法の異同，および③企業の規模や経営者の専
門性の異同，がその理由として挙げられる[18]。

　①は，アメリカにはイギリスの1900年会社法[19] の規定のような企業に監査
を義務付ける法規定がなく，したがって，アメリカの監査人は監査を義務と
はしないクライアント企業のニーズに応える必要があり，費用の掛かる精細

13　T. A. Lee, *The Development of American Public Accountancy Profession: Scottish Chartered Accountants and the Early American Public Accountancy Profession*, 2006, p. 17.

14　Matthews, *A History of Auditing*, p. 148.

15　友岡『会計学の基本問題』137～139頁。
　　友岡賛『会計の歴史（改訂版）』2018年，236～241頁。

16　山桝忠恕は次のように「帳簿つけの監査」という訳を当てている。「かのモン
　　ゴメリーは，当時のアメリカの監査を回顧し，それをもって「帳簿つけの監査」
　　（bookkeeper audit）と呼び，監査のプログラムは，つねに，一切の現金支出の
　　証憑突合，一切の計算・帳簿の突合，元帳から試算表，試算表から財務表への
　　転記の突合からなりたっていた旨を述べている」（山桝忠恕『監査制度の展開』
　　1961年，150頁（（　）書きは原文））。

17　Matthews, *A History of Auditing*, p. 144.

18　*Ibid.*, pp. 145-148.

19　同法について下記のものを参照。
　　友岡賛『会計プロフェッションの発展』2005年，45～46頁。

第13章　会計士監査史論の展開　*247*

監査（不正・誤謬の発見のための監査）はクライアント企業の望むものではな
かった，ということで[20, 21]，例えば山桝忠恕は以下のように述べている。

　「19世紀も，その末葉ともなり，20世紀への過渡期ちかくともなると，
　アメリカの会計監査は，早くも……精細監査直輸入の段階からの蝉脱
　を試みようとする徴候を，極めて顕著に現わし始め……監査手続の総
　量（したがってまた費用）の軽減を図ろうとする方向をとり始めた。
　……当時まだ法定監査の義務のもとにおかれていなかった同国の経営
　者をして自発的に監査を依頼させ利用させるには，なによりも，それ
　によって企業にもたらされる利益がそれに要する費用を償ってあまり
　あるような経済的な監査方式を編み出すことを必要としたからにほか
　ならない。……精査（complete checking）こそを本体とする文字どお
　りの精細監査[22]というのは，イギリス資本の導入などに結びついて特
　に強要される場合とか，特殊例外の場合は別として，アメリカの経営
　者に自発的に監査の委嘱を決意させるためには，あまりにも高価であ

20　Matthews, *A History of Auditing*, p. 145.

21　ただし，大矢知浩司は，けだし，1880年代のイギリスに関する A. C. リトルト
　ン（A. C. Littleton）の「依頼者は比較的簡単な表面的な検査に相当する程度の
　料金しか払いたがらないので，完全な検査をおこなうことは不可能な場合がし
　ばしばある」（リトルトン／片野一郎（訳），清水宗一（助訳）『会計発達史（増
　補版）』1978年，427頁）という記述に鑑み，「程度の差こそあれ，精密監査に対
　する時間と費用の軽減要求は，ひとりアメリカのみの特殊現象ではありえず」
　（『会計監査――アメリカにおける生成と発展』1971年，54頁）と述べ，アメリ
　カにおける「試査監査の展開はイギリス監査の発展傾向と同一のものである」
　（同上，54頁）としている。

22　なお，山桝は次のように概念を用い分けている。「精細監査（detailed audit）
　は，本来は精査（detailed checking）を旨とするが，わたくしは，精細監査の概
　念自体と精査の概念自体とは，これをわけて考えている。つまり，試査（test
　checking）は後者にこそ対立する語であり，前者すなわち精細監査そのものと
　同一のディメンションに位置するものではない」（山桝『監査制度の展開』152
　頁（　）書きは原文）。

248 第2部 会計が果たすべきこと

り，もともとアメリカ人自身の気質とも合致しなかった」[23]。

また，②は，イギリスにおいては比較的小規模な企業であっても証券市場において資金を調達していたのに対し，アメリカにおいては銀行からの資金調達が一般的であり，したがって，信用供与者のためのものとして捉えられるアメリカの監査には貸借対照表項目の検証が求められた，ということで[24, 25]，例えばA. C. リトルトン（A. C. Littleton）はイギリスの監査について以下のように述べている。

「イギリスの監査制度とアメリカの監査制度とを比較対照して考察すると，その発展史的背景にかなり異なる点の或ることを認める。19世紀中に発展したイギリスの監査は，会社自体における信用拡大の要求とはなんら関係をもたない。だから，イギリスの監査にあっては，会社の財務流動性については別に強調するところがなかったのである。また，それは内部的経営能率の検査という方面についても，特別に関心がよせられるということはなかった。イギリスの監査は，株主が取締役に委託した権限につき，取締役が責任をはたしたか否かを株主が監督検査する手段であったのである」[26]。

他方，アメリカにおける信用監査について同じくリトルトン，あるいはウォルター A. スタウブ（Walter A. Staub）はそれぞれ以下のように述べている。

---

23 同上，151～152頁（（　）書きは原文）。

24 Matthews, *A History of Auditing*, pp. 145-146.

25 ただし，後述のように，「アメリカにおける……法定監査以前の「貸借対照表監査」をどう捉えるか」（千代田『貸借対照表監査研究』iii頁）に拘泥する千代田邦夫によれば，「貸借対照表監査を信用監査とのみ結び付けることは誤りである」（同上，ii頁）。

26 リトルトン／片野（訳），清水（助訳）『会計発達史（増補版）』410頁。

第13章　会計士監査史論の展開　*249*

「1880年代における米国の会計監査は，大部分『帳簿監査』（book-keeping audit）であり，会計係および現金出納係の誠実性に関するものであった。1890年代およびそれ以後においては，公会計士は会社の合併ならびに併合の場合における発起人から，審議中の会社の資産，負債および営業を調査することを依頼された。これは株式会社が急速に発達を遂げた時期のことである。併合が完成した後においても，同じ会計士が，一般管理に当る職員に対する資料として，継続企業としての会計ならびに報告方式を設定するように要求された。この同じ会計士が，年度監査のため営業活動における組織を観察し，記録された資料を検査するよう依頼されるということは当然で……これは経営者のための会計監査であった。その後間もなく，監査は借入を行う場合の保障となった。……20世紀の最初の10年または20年間において，銀行業者は独立的公会計士によって監査された計算書類ならびに貸借対照表を準備する借入者に対して，より寛大な信用条件を付するという意図を示した」[27]。

「米西戦争につづくビジネスの急激なる発展，企業規模の拡大（1890年代末期および1900年代初頭におけるトラスト形成期の如く，しばしば他企業との合併による拡大），および，かかる大会社を監査することが原因となって，監査においては，期間の全取引に関する検査よりもむしろ勘定についての一つの選択的テストが必要になってきた。……この新しいアプローチは，主として貸借対照表検査として知られてきているものであった。……第1次世界大戦に先立つ10年間に，貸付銀行の商企業に対する信用は，評判の良さのみではなく，財務状態に関しての明確な知識にもとづいて与えられるようになった。すなわち，大都市における商業銀行は信用調査部門を設置して，会社の提出する財務

27　A. C. リトルトン／大塚俊郎（訳）『会計理論の構造』1955年，157〜158頁（（　）書きは原文）。

250 第2部 会計が果たすべきこと

諸表を慎重に調査し……始めた。……まず最初は，受信者は銀行に未
監査の財務諸表を提出したのであるが，その後，連邦準備銀行の要件
に準拠した監査証明を受けた財務諸表を提出するようになったのであ
る」[28]。

ただし，例えば森實によれば，「信用監査がとくに重要であったのは1910
年代ごろまでであり，1920年代には，もう，他の監査目的のほうが重要にな
りつつあった……。1920年代ごろになると，しだいに整備されてきた証券市
場によって資本調達を行なうことが可能により，銀行の短期金融に依存する
ことが相対的に少なくなったので，証券投資家保護のために会計士監査を利
用することを要請する社会経済状態に変化しつつあった」[29]とされているが，
しかし，千代田邦夫によれば，「（そもそも）銀行のための信用監査は……一
世を風靡したものではなかった」[30]とされる。なお，この千代田は通説，す
なわち「貸借対照表監査は，およそ1900年代から1930年代初め頃までのアメ
リカにおいて，銀行が短期融資を求める者の返済能力または財政状態を判定
するために，公会計士による監査証明を添付した貸借対照表を提出すること
を要請したことにより発達したもので，銀行のための信用監査である。……
アメリカの会計職業は，この信用監査により発展した」[31]とする説を執拗に
批判的に吟味しており[32]，そうした千代田説はこれをここに看過することは
できないが，その検討は本章の埒外とする。

閑話休題。いずれにしても，英米における監査の異同について三つの理由
を挙げるマシューズは，しかしながら，③にこそ注目し，彼によれば，「大
西洋を挟んだ両国間の監査実務の相違に関する三つ目の，そして恐らく最も

---

28 ウォルタ A. スタウプ／大矢知浩司（訳）『会計監査発達史』1966年，15〜20
頁（（ ）書きは原文）。

29 森實『会計士監査論──近代監査思考の展開（増補版）』1975年，15頁。

30 千代田『貸借対照表監査研究』ⅰ〜ⅱ頁。

31 同上，ⅰ頁。

32 同上，242〜244頁。

第 13 章　会計士監査史論の展開　*251*

重要な理由はクライアントの規模であった」[33]。

「19世紀にあってアメリカの鉄道会社はイギリスのそれの10倍の軌道距離を有し，この規模の相違は製造業の会社についても同様であった」[34]。「1933年以前のアメリカにあっては最大級の会社のみがプロフェッショナル会計士にコンサルティングや監査を依頼しており，のちに上場会社のみが監査を強制されることとなったのに対し，イギリスにおいては多くの小規模な会社が監査を受けていた」[35]。このことは「その原因を……法の要求の違いに求めることもできようが，しかし，恐らくはこれを資本市場の要求の違いに求めた方が適当であろう。これらのイギリスの小規模会社はその多くが1900年会社法によって強制される前に既に監査人……のサービスを受けることを選択していたからである」[36]。

マシューズによれば，「アメリカの会社の規模と（恐らくは規模がもたらした）経営の専門性は三つの点（ⅰ〜ⅲ）において外部監査の性格に大きな影響を与えた」[37]。

英米を比較した場合，アメリカの方が監査クライアントの規模が大きかっただけでなく，経営者の専門性もアメリカの方が高く，したがって，経営組織についても同断だった。アメリカの企業は信頼しうる簿記システムを有し，したがって，簿記監査は必要ではなく，誤謬等の発見は監査人の職務ではない，とすることができた（ⅰ）。また，クライアントの規模の大きさは精細監査をもって困難にし[38]（ⅱ），さらにまた，信頼しうる内部統制システムの存在に依拠することができた監査人は，したがって，貸借対照表の検証に時間を充てることができた（ⅲ）[39]。

33　Matthews, *A History of Auditing*, p. 146.

34　*Ibid.*, p. 146.

35　*Ibid.*, p. 147.

36　*Ibid.*, p. 147.

37　*Ibid.*, p. 148（一つ目の（　）書きは原文）.

38　「企業の規模の拡大は，事実上，完全監査の貫徹を不可能とし」（山桝『監査制度の展開』152頁）た。

39　Matthews, *A History of Auditing*, pp. 148-149.

252　第2部　会計が果たすべきこと

　叙上のことは次のように敷衍される。「イギリスの会社はその大半が規模
と組織の両面においてアメリカの会社の後塵を拝しており，恐らくはこのこ
とがイギリスにおける監査の性格を決める中心的な要素であった。イギリス
の監査人はクライアントのための帳簿の作成を依頼されることが頻繁にあり，
このことが，損益計算書の取引に焦点を合わせ，可能であればすべてを確認
し，数値の算術的な正確さを強調する，という監査のパターンをもたらした。
また，イギリスにおいてはクライアントが小規模であったため，アメリカの
場合と較べ，サンプリングに依存する必要性が低く，他方，クライアントの
内部統制への依存可能性も低かった。したがって，イギリスの監査人には，
通常，アメリカの監査人のように貸借対照表に集中する機会がなかった」[40]。

　如上の20世紀の前半における状況は，しかし，その後，イギリスの企業が
アメリカの企業に追い付いてくるにつれて変わり，イギリスの監査も「大西
洋の向こう側と同じようになっていった」[41]。

　他方，イギリスの企業の規模の拡大と経営管理の専門化の進展は会計プロ
フェッションにとって監査業務以外の面にも影響を及ぼし，例えば企業に雇
用される会計士は1951年から1991年までの間に5倍増をみ，そうした企業内
会計士[42]の多くは以前は監査人が手掛けていた財務諸表の作成等の会計業務
に従事し，また，企業内会計士の増加は管理会計の発展とも結び付いていた。
そうした企業内会計士の増加はその大きな理由をコストの削減に求めること
ができ，すなわち企業にとっては外部の監査人よりも企業内会計士の方が安
上がりだった[43]。

　コストの問題は会計士事務所にもみることができ，イギリスの会計士事務
所は1950年代以降，人件費の増大に直面していた。かつて年季奉公人は，無

40　*Ibid.*, p. 150.

41　*Ibid.*, p. 150.

42　企業内会計士（ないし企業専属会計士）（accountant in business ないし
accountant in industry）について下記のものを参照。
　　友岡『会計プロフェッションの発展』1～2頁。
　　友岡賛『会計士の誕生――プロフェッションとは何か』2010年，38～42頁。

43　Matthews, *A History of Auditing*, pp. 153-154.

給であったばかりか，事務所に謝金を支払っており[44]，いずれにしても，そうした年季奉公人の存在あってこそ，手間の掛かる簿記監査の類いはこれを行うことができた。しかしながら，会計士志望者の労働市場は買い手市場から売り手市場へと変わり，謝金の支払いはなくなり，あまつさえ，無給どころか，魅力的な俸給を支払わなくてはならなくなり，簿記監査，あるいは精細監査の類いは最早，困難となった[45]。

財務諸表の規則準拠性

　監査の「主眼点における大きな変化は1960年代の初期までに生じた」[46]。簿記監査，あるいは不正・誤謬の発見・防止は重要性の低下をみ，「不正，その他の不法行為，および誤謬の防止や発見に関わる第一の責任は経営者にある」[47]という二重責任の原則[48]はこれについて社会的な合意が得られ，「監査人たちが，不正・誤謬の発見・防止に代えて，会計と開示の準拠性を監査の主目的とするときが到来する」[49]。すなわち，これは「会計記録の正確さを問題とし，不正・誤謬の発見・防止を目的とする監査から，公表財務諸表の全体的な会計的準拠性を証明する監査へ」[50]の転換であり，これは前章に述べられた会社法会計規定上の優先規定に一貫して用いられてきている抽象的な文言，別言すれば「一般的な用語（general terms）」[51]における「真実かつ正確な概観（a true and correct view）」から「真実かつ公正な概観（a true

---

44 年季奉公制度について下記のものを参照。
　　友岡『会計プロフェッションの発展』229～247頁。
　　友岡『会計士の誕生』209～221頁。
45 Matthews, *A History of Auditing*, pp. 158-159.
46 Lee, *Corporate Audit Theory*, p. 64.
47 *Ibid.*, p. 62.
48 下記のものを参照。
　　友岡『会計学原理』188～194頁。
49 Lee, *Corporate Audit Theory*, p. 63.
50 *Ibid.*, p. 63.
51 Matthews, *A History of Auditing*, p. 140.

254　第2部　会計が果たすべきこと

and fair view)」への移行とも符合している[52,53,54]。

　イギリスの会社法は1856年株式会社法が監査人に貸借対照表の正確性の確
認を求めるとともに、貸借対照表が当該会社の業務状態に関する真実かつ正
確な概観を表示すべく適切に作成されているか否か、についての意見表明を
求め[55]、この規定は爾後、諸会社法を経て1929年会社法にも継承されてい
た[56]が、1943年に商務大臣によって任命された会社法改正委員会における議
論の結果、新たに「真実かつ公正な概観」が採択され、1947年会社法は貸借
対照表に当該会社の業務状態に関する真実かつ公正な概観を与えることを求
め、損益計算書に当該会社の損益に関する真実かつ公正な概観を与えること

52　Lee, *Corporate Audit Theory*, p. 63.

53　もっとも「「真実かつ公正な概観」規定は会計の最優先規定であることが明示
された点で従来の「真実かつ正確な概観」の要求とは異なることに注意しなけ
ればならない。……「真実かつ公正な概観」規定は……従来の「真実かつ正確
な概観」規定の法律的位置づけとは異なるのである」（山浦久司『英国株式会社
会計制度論』1993年、247頁）。

　　ただし、1929年会社法において監査人は「貸借対照表が……会社の状況の真
実かつ正確な概観を表示するよう適切に作成されているか否かを述べることを
要求され」（同上、165～166頁）ていた。

54　ここでは「一貫して用いられてきている抽象的な文言……における「真実か
つ正確な概観」から「真実かつ公正な概観」への移行」と述べ、また、「抽象性
は柔軟性に繋がる」と後述されることになるが、ただし、下記のように、「真実
かつ正確」と「真実かつ公正」の比較においては後者の方が柔軟性が大きいと
もされる。

　　「「真実かつ正確」には他の不正確なものを排除し、唯一正しいものしか認め
ないという意味がこめられ、現実の会社会計を反映していない。しかるに「真
実かつ公正」には2つ以上の「真実」を許容する可能性が含まれ、こちらのほ
うが現実的である。「真実かつ公正」という表現により会社会計の性質をあらわ
し、合理的な範囲で弾力性をもたせることができる、というのである」（山浦
『英国株式会社会計制度論』245～246頁）。

　　「真実かつ公正」は「他の不」公正「なものを排除し」ないのだろうか。

55　友岡賛「「真実且つ公正なる概観」考＜その1＞——イギリス会社法の変遷を
中心に」『三田商学研究』第28巻第4号、1985年、50頁。

56　同上、57～58頁。

第13章　会計士監査史論の展開　*255*

を求め，これは基本法たる1948年会社法に収められるに至った[57]。

リーによれば，「このことは，報告の質に関わるこうした優先規定の法的な解釈，したがって，会計的な解釈は，事情や状況にしたがって，ときの経過とともに変化しうる，ということ，そしてまた，会社の監査人は，こうした表面的な安定と表面下における不安定の組み合わせに対応しなければならない，ということを示唆している」[58]。

「法的な解釈，したがって，会計的な解釈」とされているように，ここにおいて「監査は，経済的実質よりも，むしろ報告される会計データの法的妥当性を証明することに大きく関わっている」[59]とされ，要するに，これは規則への準拠性であって，「監査人の第一の関心は，そうした準拠が会計数値の背後にある経済的な現実についての適切（relevant）[60]にして信頼しうる（reliable）報告を結果しているかどうか，ということではなく，定められた会計計算の規則が正しく適用されているかどうか，ということにあるようである」[61]とされているが，しかしまた，これはまずはアメリカにおけることながら，1970年代以降の財務会計基準審議会（Financial Accounting Standards Board）による「「概念構造」プロジェクト」[62]において「財務報告は……情報利用者が……意思決定を行うのに有用な情報を提供しなければならない」[63]として「意思決定にとって有用」[64]な情報の提供をもって財務報告の基本目的とされ，「目的適合性（relevance）および信頼性（reliability）は，会計情報を意思決定にとって有用にさせる二つの基本的な特性である」[65]と

57　同上，58〜65頁。
58　Lee, *Corporate Audit Theory*, p. 63.
59　*Ibid.*, p. 61.
60　「relevant」は「目的適合的」が定訳だろうが。
61　Lee, *Corporate Audit Theory*, pp. 61-62.
62　FASB／平松一夫，広瀬義州（訳）『財務会計の諸概念（増補版）』2002年，「訳者まえがき」6頁。
63　同上，70〜71頁。
64　同上，53頁。
65　同上，53頁。

256 第2部 会計が果たすべきこと

されたことから，リーによれば，やがて監査人には目的適合性と信頼性に関
する判断が求められることとなった[66]。

専門的判断

　財務報告の役割，したがって，監査の役割は当該企業の将来に関する評価
に関わっているが，いかに会計基準の類いが整備されようとも，そうした評
価には将来に関するプロフェッショナルな判断が用いられ，また，そうした
判断に際しては「真実かつ公正な」といった抽象度の高い表現，別言すれば
曖昧な表現が用いられてきている[67]が，「抽象性は柔軟性に繋がる」[68]。「曖
昧さは報告上の強み」[69]であって，抽象度の高さは柔軟性の高さを意味し，
すなわち，財務報告に対する社会的な期待の変化に柔軟に対応しうることを
意味するとされる[70]。[大陸法 vs. 英米法] について筆者は [ロー‐リスク・
ロー‐リターン型の法 vs. ハイ‐リスク・ハイ‐リターン型の法] といった
捉え方をしている[71]が，英米法，すなわちハイ‐リスク・ハイ‐リターン型
の法は柔軟性をもって求め，また，抽象度の高い，曖昧な概念をもって構成
される。他方，法哲学の解釈によれば，抽象度の高い専門用語は「権限を与
えられたその利用者に，その意味の決定において最大限の範囲と力を与え
る」[72]とされ，これは監査人にも当て嵌まり，監査人もそのようにしてプロ
フェッショナルな判断をもって揺るぎない独占状態を維持してきているとさ
れる[73]。

---

66 Lee, *Corporate Audit Theory*, p. 62.

67 *Ibid.*, pp. 68-69.

68 友岡賛「「真実且つ公正なる概観」考＜その3＞──意を中心に」『三田商学
　研究』第30巻第6号，1988年，4頁。

69 Lee, *Corporate Audit Theory*, p. 69.

70 *Ibid.*, pp. 69-70.

71 下記のものを参照。
　友岡賛『会計学はこう考える』2009年，187〜190頁。

72 Lee, *Corporate Audit Theory*, p. 70.

73 *Ibid.*, p. 70.

第 13 章　会計士監査史論の展開　*257*

　立法者が自身の目的を果たそうとするためには，むしろ抽象的な文言を
もって法を構成すべき，とつとにいわれてきており，また，立法者の意図す
る法の趣旨を貫くための最良の方法は，一般的な用語をもって法を構成し，
その具体的な適用はこれをすべて法廷に委ねてしまう，という方法ともされ
る[74]。

　しかしながら，これが監査にも妥当するかどうか，については見解が分か
れ，例えばトレバー R. ジョンストン（Trevor R. Johnston）[75]によれば，「真
実かつ公正な概観」という文言をもってする会社法の規定は，財務諸表が
（当該会社の業務状態および損益に関する）真実かつ公正な概観を与えているか
どうか，についての最終的な判断を監査人に委ねており，これは法の運用と
いう準司法的な（quasi-judicial）権限を監査人に与えていることを意味し，
この権限は如上の判断をなすという責任をもって伴うが，しかしながら，監
査人はそうした責任を果たしうるだけの権威と独立性を有してはいないとさ
れ[76]，他方，デビッド・フリント（David Flint）[77]によれば，確かに判断は秩
序の欠如に繋がり，財務諸表の信頼性が害われる虞があるとされるかもしれ
ないが，しかし，そこで求められているものは知識と経験に支えられた判断
にほかならず，むしろ，それは財務諸表の信頼性を高めるとされる[78]。

　ただし，リーによれば，監査の歴史にみられる大きな特徴は財務報告の質
に関する「真実かつ公正な概観」といった文言の曖昧さにあり，これは，前
述のように，柔軟性のためとみることができる一方，会計プロフェッション

74　友岡「「真実且つ公正なる概観」考＜その３＞」３～４頁。

75　Trevor R. Johnston, 'Is the Standard 'True and Fair View of the State
of Affairs' Attainable in a Balance Sheet?' *The Accountants' Journal*（N.Z.），
Vol. 45, No. 11, 1967.

76　友岡「「真実且つ公正なる概観」考＜その３＞」４頁。

77　David Flint, *A True and Fair View in Company Accounts*, 1982.
　この書については偶さかグラスゴー大学の教授がものしたこの書をもって同
大学に留学する前の数年間，英書講読の授業のテキストに用いていた思い出が
ある。

78　友岡「「真実且つ公正なる概観」考＜その３＞」５頁。

258　第2部　会計が果たすべきこと

は「諸基準の判断を難しくしておきたいがために，それらの意味を明確にしたくない」[79]とみることもでき，また，このプロフェッションは「サービスの独占と基準設定の権利を保持している」[80]。

　しかしながら，前述のような1970年代以降の「目的適合性」や「信頼性」の登場は，これらの概念について明確な定義が示されている[81]ことから，監査人にとっては曖昧さをもって自身を守ることが困難になったことを意味し，法的形式より経済的実質という実質優先思考の必要の認識をもたらすに至った[82,83]。

　また，近時の［規則主義 vs. 原則主義］の議論[84]においては「ルールの「間隙を埋める」のがプロフェッショナルの判断，ともいえようし，そうした理解からすれば，原則主義というゆき方は，わざと，間隙だらけ，にしておいて判断を活用するゆき方，ともいえよう」[85]。

79　Lee, *Corporate Audit Theory*, p. 70.

80　*Ibid.*, p. 70.

81　FASB／平松，広瀬（訳）『財務会計の諸概念（増補版）』53〜61頁。

82　Lee, *Corporate Audit Theory*, p. 70.

83　ただし，そもそもイギリス会社法の行き方は実質優先思考に通ずるともされる。すなわち，「会社法に於て a true and fair view なる文言が明確に定義されていないことにこそ，その意義が見出される。……詳細且つ具体的な規定を設けることなく個々の状況に於けるその適用を判断に委ねることこそ重要なのである。……かかる考え方は又，所謂「形式よりも実質」……という理念にも通じる。蓋し，画一的な法規定に形式的に準拠することよりも専門的判断を弾力的に行使することによってこそ実質的な a true and fair view が与えられるからである」（友岡賛「会計の基本理念としての fairness ——イギリス会社法の要請を中心に」『国際会計研究学会年報』1984年度号，1985年，116頁）。

84　下記のものを参照。
　　友岡『会計学原理』185〜188，194〜195頁。

85　同上，191頁。

結　章
公正性と客観性

　会計はどうして（ときに些か薄弱な特長ながら）客観性をもって特長の一つ
とされる取得原価に固執してきたのか。カスタムメードの会計情報の提供は
どうして未だ実現をみないのか。これが実現をみていれば，取得原価のみに
拘ることもなかったのではないか。

　カスタムメードの会計情報の提供はこれが行われれば，有用性，すなわち
種々の利害関係者のそれぞれにとっての有用性だけを考慮すればよいはず
だった。有用性をもって貫くことができるはずだった。

　しかるに，カスタムメードの会計情報の提供は実現をみず，しからば，有
用性をもって貫くことはできず，それぞれを相手とするのではなく，一般を
もって相手とする会計において公正性はこれを捨てることができない。

　あるいはまた，一般目的の会計にこそ，公正性を考慮しなければならない
会計にこそ，存在意義があるのだろうか。

　随分と昔の話だが，筆者の修士論文（助手採用論文）は「「会計に於ける客
観性概念」に関する考察」と題し，また，助手就任後，博士課程１年のとき
に執筆し，初めて活字になった某学会誌掲載の論攷は「会計の基本理念とし
ての fairness」と題していたし，さらにまた，助教授昇格の際の業績も
「「会計に於ける基礎概念」の研究」と題し，これを構成する諸論攷の多くが
「公正性」と「客観性」の両概念に関わるものだった。

　というわけで，積年の論題である。

会計の意義・目的と公正性

筆者は，会計の意義・目的は納得にある，としている[1]。会計という行為は納得を得るために行われる。

一体，誰の納得を得るのか，といえば，それは一般に「企業の利害関係者」と称される人々の納得であって，また，一体，何についての納得を得るのか，といえば，それは当該企業との関係についての納得であって，例えば株式会社形態の企業の出資者についていえば，自身が当該会社の株主であることに納得する，ということである。

如上の理解の下にあって，会計における公正性は，種々の利害関係者の納得が得られるような会計の性質，を意味し，公正な会計とは，種々の利害関係者の納得が得られるような会計，をもって意味する。

比喩的な言い様をもってすれば，例えば，種々の利害関係者のいずれに対しても等しく10のものを与えることが公正，ともいえようが，しかしながら，けだし，それぞれの利害関係者の当該企業に対する関与の度合いないし位置付けに応じ，関与の度合いが大きい或る者には30を与え，関与の度合いが小さい或る者には3を与える，といった行き方こそが公正といえようし，前者は30を与えられて納得し，後者は3を与えられて納得し，というのであれば，公正性はその存在をそこに認めることができよう。

ただしまた，種々の利害関係者の当該企業に対する関与の度合いないし位置付けの見定め方は企業観に依存し，すなわち会計ないし会計学にあっては会計主体論において採られる説[2]に依存し，例えば資本主（株主）のことばかりを考えるような説にあっては，資本主にのみ100を与え，他者には何も与えない，といった行き方が公正といえ，これは，資本主の納得さえ得られればよい，という行き方とも解されようが，しかしながら，こうした説に

---

1 例えば下記のものを参照。
友岡賛『会計の歴史（改訂版）』2018年，182〜185頁。

2 例えば下記のものを参照。
友岡賛『会計学原理』2012年，111〜115頁。

あっては，資本主は100を与えられて納得し，他者は何も与えられずとも納得する，としてそこに公正性の存在が認められることとなろう。

「公正性」概念論

会計において「公正性」概念をもって俎上に載せるというと，まずは会計公準論において要請的公準[3]の一つとされる公正性の公準が想起され，ちなみに，これは〈アーサー・アンダーセン＆カンパニー（Arthur Andersen & Co.）〉の1960年のメモランダム[4]やジェームズ W. パッティロ（James W. Pattillo）の1965年の著書[5]における所説をもって先駆的な例としていたが，あるいはまた，近年にあっては公正価値会計における「公正価値」概念における「公正」の意味が云々される[6]ことも考えられようし，あるいはさらにまた，けだし，企業や会計の社会性・公共性を重んじて次のように論ずる向きもある。

　　「「取得原価は取得時の公正価値を示す」としばしば言われている。……取得原価の会計学上の解釈がいずれであっても，取引価格そのものが基準となる情報になっている。取引価格が公正な価値を示していると言うからには，その取引が公正であるという前提がある」[7]。
　　「「取得原価は取得時の公正価値を示す」という前提は……取引当事者のもつフェアな精神・態度・行為に依存するものであり，公共哲学上の意義もそこにある」[8]。

3　例えば下記のものを参照。
　　新井清光『会計公準論（増補版）』1978年，第13章。
　　友岡『会計学原理』107〜108頁。
4　Arthur Andersen & Co., *The Postulate of Accounting: What It Is, How It Is Determined, How It Should Be Used*, 1960.
5　James W. Pattillo, *The Foundation of Financial Accounting*, 1965.
6　第 2 章。
7　黒川行治「取引における公正性の源泉」『會計』第192巻第 2 号，2017年，1 〜 2 頁。

しかしながら，むろん，これは考え方次第ではあるものの，「その取引が公正である」かどうかといったことは会計の問題ではない，ともいえようし，会計にとってはどうでもよいこと，ともいえようし，会計はあるがままの取得原価をあるがままに用いればよい，ともいえようし，また，「フェアな精神・態度・行為に依存する」としてしまえば，けだし，社会科学上の問題はその多くがこれによって片付けられてしまうのではないだろうか。

もっとも取引の公正性については，例えば会計における客観性の意義を論ずるハロルド E. アーネット（Harold E. Arnett）も「相互に独立した当事者間の公正な取引」[9] をもって客観的な会計資料の要件の一つとはしているが，しかし，そうした要件はこれを厳格に適用した場合には企業の経営者が管理責任を有する資産の多くが会計記録から除かれてしまう虞があることなどを指摘している[10] し，そもそもこの要件は「取引の合理性（reasonableness）」[11] に関わるものであって，「フェアな精神」などといった高邁なものではない。

上掲の所説のような論はその啓蒙的な意義は，むろん，これを認めつつも，会計と会計学の存在理由（レーゾン・デートル）について思量する筆者とすれば，会計の職分のなかにおける公正性をこそ考えたい。

なおまた，「公正性」という語をもって起稿した本章ながら，「fairness」をもって直ちに「公正性」とすることにも問題がなくもなく，すなわち，「fairness」には種々の意味があって，大まかには「公正性」ないし「不偏性」といった類いの訳が相応しい意味と「明瞭性」といった類いの訳が相応しい意味が存する[12] が，とりあえずは「公正性」という語が用いられる。

とはいえ，いま少し附言すれば，例えばトム K. コーワン（Tom K.

---

8 黒川行治「「取引と取得原価」考──取引におけるフェアネスの意義」『産業経理』第74巻第2号，2014年，85頁。

9 Harold E. Arnett, 'What Does 'Objectivity' Mean to Accountants?' *The Journal of Accountancy*, Vol. 111, No. 5, 1961, p. 65.

10 友岡賛「「客観性概念」論＜その1＞──伝統的な解釈を中心に」『三田商学研究』第30巻第2号，1987年，115～116頁。

11 同上，116頁。

結 章 公正性と客観性　*263*

Cowan）によれば，「fair」には「clear」という意味と「free from bias」という意味があり，また，英米において「fairness」の解釈の異同がある。アメリカにおいては主として「freedom from bias」と解されている一方，イギリスにおいては主として「clarity」と解されているが，その事訳はイギリスにあって財務諸表はその提供対象が株主に限られていることにある[13]。

　英米の企業の資金調達方法の異同はこれが監査の異同[14]をもたらし，あるいはまた，財務諸表の質を担保する「fairness」概念の意味の異同をもたらす。

「公正性」概念論の先駆

　「会計プロフェッションの最も重要な責務の一つは企業の会計および財務報告書の作成に用いられる客観的な基準を開発することである」[15, 16]という記述をもって始まる〈アーサー・アンダーセン＆カンパニー（Arthur Andersen & Co.）〉の『会計の公準』（*The Postulate of Accounting*）と題するメモランダムは唯一の基本的な会計公準について次のように述べている。

　　　「会計原則の基礎をなす唯一の基本的な会計公準は産業界のすべての
　　　構成員（経営者，従業員，株主，債権者，顧客，および一般大衆）に対す
　　　る公正性を求める公正性の公準であるといえようし，この公正性は政

12　友岡賛「会計の基本理念としての fairness ──イギリス会社法の要請を中心に」『国際会計研究学会年報』1984年度号，1985年，112頁。

13　Tom K. Cowan, 'Are Truth and Fairness Generally Acceptable?' *The Accounting Review*, Vol. 40, No. 4, 1965, pp. 790-792.

14　第13章。

15　Arthur Andersen & Co., *The Postulate of Accounting*, 'Preface,' n.p.

16　ただし，ここにおける「客観的な基準」の「基準（standard）」は抽象的な概念として用いられており，客観的な基準およびその基底をなす指針（guide）は公準（postulate），原則（principle），および規則（rule）等をもって構成される，といった用語法が採られ，公準，原則，および規則等については具体的な定義が示されている（*Ibid*., 'Preface,' n.p.）。

治的・経済的な環境および如上の構成員の考え方や慣習に鑑みて定められ，評価されるものであり，また，この公準の目的は，これにもとづく会計原則をもって，法定の権益についてすべての構成員に公正な財務会計をもたらすことにある」[17]。

　また，如上の〈アーサー・アンダーセン＆カンパニー〉の所説に「負うところが大」[18]とするパッティロはまずは「有用性」概念をもって俎上に載せ，「有用性の概念を認められた会計実務の唯一の決定要因とすることに反対」[19]の上，「会計理論および会計実務の構造において会計原則や手続が承認できるかどうかを判断する基準として有用性の代りに「すべての利害関係者集団に対する公正性」という概念を提案し」[20]ている。

　なお，パッティロは「公準（postulate）」ではなくして「基礎的基準（基本的基準）（basic standard）」という概念を用いているが，それはさて措き，「有用性の概念が財務会計の理論と実務のあらゆる面にゆきわたっている場合には，利害関係の帰属についての等級づけが恣意的になるという問題が生ずる。……したがって，企業の財務諸表はもっとも重要なグループを規定して作成されるようになり，これらの財務諸表は，また主要なグループの利害関係によって規定される原則や規則を適用することによって作成されるようになってきた」[21]とする彼は「有用性の概念を会計概念および実務を判断する基本的基準とすることは拒否しなければならない」[22]と断じ，「会計は本質的に社会的な性格をもち，社会に対する重要な責任をもっていると結論をくだす」[23]パッティロによれば，「公正性という社会概念が基本的基準として選定される」[24]こととなる。

17　*Ibid.,* p. 31（（　）書きは原文）.

18　パッチロ／飯岡透，中原章吉（訳）『財務会計の基礎』1970年，57頁。

19　同上，「日本語版への序文」2頁。

20　同上，「日本語版への序文」2頁。

21　同上，63頁。

22　同上，63頁。

23　同上，68頁。

結　章　公正性と客観性　*265*

「この基本的基準は客観性を得る手段となることを目的とした会計原則および規則の妥当性を測定するものである。したがって，すべての利害関係者集団に対する公正性は，会計の唯一の基本的基準となるよう形成される。公正性はすべての会計上の命題が，会計構造に包含される前に反映されねばならない基準またはテストである」[25]。

[公正性 vs. 有用性]

　こうした［公正性 vs. 有用性］という捉え方はそもそもいつ頃から行われるようになったのだろうか。

　会計公準論史には〈アーサー・アンダーセン＆カンパニー〉とパッティロの間にアメリカ公認会計士協会（American Institute of Certified Public Accountants）の1961年の報告書[26]があり，同協会の会計調査研究部長モーリス・ムーニッツ（Maurice Moonitz）の名をもって同部の調査研究報告書の第1号として刊行されたこれは『会計の基礎的公準』（*The Basic Postulates of Accounting*）と題され，有用性について次のように述べていた。

　「会計その他の領域において，「有用性」を一つの基準として強調するものは何人でも，つぎに指摘する二つの質問に解答しなければならない。——何人に対して有用なのか，またそれは，いかなる目的のために有用か。(useful to whom? and for what purpose?) そしてここに危険性が介在する。例えば事業界，行政機関，投資家，税務当局といったある特殊な利害関係者集団という見地から，われわれはややともすれば会計を定義し，会計の公準，原則および準則を形成しやすい。しかし会計なるものは……あらゆる経済組織の出来事に対して用いられてきているものである。たとえある特定の利害関係者集団が，当該会計

24　同上，68頁。
25　同上，68頁。
26　Maurice Moonitz, *The Basic Postulates of Accounting*, 1961.

の発展や財務諸表および報告書の形式における会計の最終生産物に主たる関連を有すると否とを問わず，とにかく会計がある一特定の利害関係者集団の独占物（the monopoly of any one group）であるという前提に立って議論することはできない」[27]。

　この報告書は，このように，有用性はこれを否定しているものの，しかし，パッティロとは違い，ことさらに公正性をもって重視するものではなかったが，ただしまた，有用性否定の論拠においてはパッティロの所説と相通ずるものがあった。

　他方，前述のように有用性を否定するパッティロは「財務諸表のすべての読者のすべての要請に適合する一般目的財務諸表を作成するのは不可能であること」[28]，別言すれば，種々の利害関係者の各々に対してそれぞれに有用な会計情報を提供することは不可能，という事実をもって問題視している[29]が，けだし，この問題視には公正性の意識が潜在し，前提されている。

　すなわち，［公正性 vs. 有用性］の比較をもって公正性に軍配を挙げた，というわけではなくして，公正性を前提として有用性が否定された，ということだった。有用性を強調すると公正性が得られない，ということだった。

　しかるに，1966年に公表されたアメリカ会計学会（American Accounting Association）の『基礎的会計理論に関するステートメント』（*A Statement of Basic Accounting Theory*）（*ASOBAT*）は有用性こそを重んじ[30]，けだし，これは，近い将来におけるコンピュータリゼーションの進展に鑑みれば，カスタムメードの財務諸表を作成し，カスタムメードの会計情報を提供することがやがて可能になるとの展望の下，しからば有用性をもって貫くことができ

---

27 *Ibid.*, pp. 4 -5.
　　アメリカ公認会計士協会（編）／佐藤孝一，新井清光（訳）『会計公準と会計原則』1962年，35～36頁。
28　パッチロ／飯岡，中原（訳）『財務会計の基礎』62頁。
29　同上，62～63頁。
30　友岡賛『会計学はこう考える』2009年，34～38，125～126頁。

結　章　公正性と客観性　*267*

るだろう，ということだった[31]。

「利用者のどの有力な集団の判断と意思決定にも適合すると考えられるあらゆる情報を報告することを提唱する」[32] この *ASOBAT* に代表される「情報会計論的な立場は，50年代以降の環境要因の変化によってもたらされた多面的な情報要求に積極的に対処しようとする思想に根ざすものであ」[33] って，「情報の多元化とそれにともなって予想されるデータ範囲の拡張も，手計算の時代には不可能事であったに違いないが，すぐれた情報処理機械の出現によって新しい技術力を賦与されたという認識があ」[34] った。

ASOBAT が公表をみてほどない頃に上梓された新井清光の書はわが国の会計公準論をもって代表しているが，この書は次のように有用性に軍配を挙げている。

> 「「有用性」の公準は，各種利害関係者グループの異なる情報要求にそれぞれ即応するために，会計情報の種類および内容を多様化する方向へと導き，したがって財務会計の理論は多元的な様相を呈し，また財務報告書は，いわゆる「一般目的財務報告書」から「特殊目的財務報告書」へと変化して行くであろう。これに対して，「公正性」の公準

---

[31]　もっとも *ASOBAT* は「さまざまな利用者の利用目的に適合する報告を作成するにあたって，会計情報のあらゆる異なった利用者の要求を詳細に知ることは必要ではない。ある種類の情報は多くの意思決定のために適合しているからである」（アメリカ会計学会／飯野利夫（訳）『基礎的会計理論』1969年，29頁）とし，また，「多元的測定による一般目的の報告書を作成すべきである，との結論に達し」（同上，34頁）ているが，しかしながら，「あらゆる情報を報告することを提唱する」（同上，34頁）*ASOBAT* は「いかなる価値概念も単独ではこの要求を満たすことはできないと信じ，したがって相当広範囲の要求に応えるために，多元的測定による一般目的の報告書を作成すべきである，との結論に達し」（同上，34頁）ているのである。

[32]　同上，34頁。

[33]　原田富士雄『情報会計論』1978年，61頁。

[34]　同上，61頁。

は各種利害関係者グループの異なる情報要求に対して，「妥協または均衡を求めることを強く意味する」ものとなるために，会計情報はある統一的な方向づけを与えられ，したがって財務会計の理論は一元的な理論として，また財務報告書は「一般目的財務報告書」としてとどまるであろう」[35]。

「このように考えてくるとき……要請的公準として，「有用性」の公準のみを採ることも，「公正性」の公準のみを採ることも不適当であり，両者の公準がともに必要であると考えるが……しかしながら……「公正という目標がどの程度達成されたかを確かめることは困難であり」……結局，「有用性」の概念が，要請的公準の主役を占めることになると思われる」[36]。

しかるに，カスタムメードの会計情報の提供は未だ実現をみていない。

実現をみていないのは，できないからなのか，それとも必要がないからなのか。それとも「一般目的」であることにこそ意味があるからなのか。

ただし，のちに新井は「公正性の公準については，これを企業会計上の重要な会計理念として受け入れながらも，現実の企業会計に対する要請的公準としては，主たる利害関係者（投資者・課税当局）に対する有用性の公準を第一義的に考えざるをえないと思われる」[37]としており，この場合，カスタムメードの会計情報は念頭になく，また，ムーニッツの報告書やパッティロが憂慮した「ある一特定の利害関係者集団」，「もっとも重要なグループ」，ないし「主要なグループ」の偏重はこれを認めている。

公正性と客観性

公正性は客観性がこれを支える。

35　新井清光『会計公準論』1969年，202頁。

36　同上，202〜203頁。

37　新井『会計公準論（増補版）』327頁（（　）書きは原文）。

結　章　公正性と客観性　*269*

　例えばトム・リー（Tom Lee）によれば，会計における公正性とは会計情報が客観的にして不偏的に（in a manner which is objective and without prejudice）作成され，開示されていることを意味するが[38]，けだし，「without prejudice」は「in a manner which is free from bias」ということであって，したがって，公正性（fairness; freedom from bias）の言い換えともいえ，したがって，客観性が残る。

　なお，前出のパッティロの引用は「この基本的基準（公正性）は客観性を得る手段となることを目的とした会計原則および規則の妥当性を測定するものである」としていて「公正性」と「客観性」の関係はこれが些か分かりにくいが，彼は次のようにも述べている。

> 「客観性だけではすべての利害関係者集団に公正な財務諸表を作成することはできず，たんに全体にわたる公正性に役立つだけにすぎない。個人的な偏見は当然排除されるが，しかも主観的な意思決定は企業における社会階層の相対的な経済的権利および利害関係を表示する際に，会計資料をもっとも適切にするために，厳密な客観性をやわらげるのである。……このようにして「寛大になった」客観性の原則についての現在の解釈は，すべての利害関係者集団に対して公正なのである」[39]。

　「客観性だけでは……公正な財務諸表を作成することはでき」ない，ということは，公正性は客観性がこれを支える，ということを含意していようし，また，パッティロは「公正性は公平性（impartiality）および客観性の意味を含んでいる」[40]ともしており，「impartiality」は「freedom from bias」であって，この点はリーの解釈と同様といえよう。

38　Tom Lee, *Company Auditing*, 2nd ed., 1982, p. 50.
39　パッチロ／飯岡，中原（訳）『財務会計の基礎』112頁。
40　同上，67頁。

取得原価と客観性

客観性といえば取得原価，取得原価といえば客観性である[41]。

しかしながら，例えば上野清貴は「取得原価会計の代表的提唱者として，井尻（井尻雄士）をあげ」[42]，井尻の論拠を「「会計責任」と「測定の客観性・硬度性」」[43]に求め，後者については次のように述べている。

> 「これまで会計学の文献において現れた「取得原価」の用語を検討してみると，そこには2つの概念が含まれていることに気づく。すなわち，一方では，取得原価の用語は過去の「購入価額」と同義語として使用され，他方では，それは過去の購入価額に基づいて原価配分された額を表すために使用された。……購入価額の客観性および硬度性に関しては異論はない。……しかしながら，原価配分額はそうではない」[44]。

要するに，上野によれば，当初の取得原価は実際の取引額であって，これは客観的だが，けだし，減価償却等の，その後，行われる配分は客観的になされるものではなく，したがって，原価配分額は客観的ではない。

「取得原価の用語は……他方では……過去の購入価額に基づいて原価配分された額を表すために使用された」といった理解については疑問もあり，すなわち，取得原価にもとづく原価配分額を「取得原価」と称してよいのか，ということについては疑問もなくはないものの，しかしまた，配分は客観的ではなく，取得原価には配分が必須，ということであれば，取得原価会計は客観的ではない，ということもいえようが，こうした取得原価の客観性ないし原価配分について代表的なテキストの著者たち，すなわち飯野利夫，ある

41　第3章および第4章。

42　上野清貴『会計理論研究の方法と基本思考』2017年，41頁。

43　同上，41頁。

44　同上，44頁。

いは桜井久勝，あるいは広瀬義州は次のように述べている。

> 「期間損益を正しく計算するために，いずれ費用となるべき支出額を
> 当期と次期以後の期間に配分することを費用配分といい，これは期間
> 損益を正しく計算するためには必要不可欠な手続である。……いずれ
> 費用となる支出額を関係のある期間に配分する手続を支える根本思考
> を費用配分の原則という。またいずれ費用となる支出額の典型的なも
> のは，資産の取得原価であることから，この原則が原価配分の原則と
> よばれることもある」[45]。

> 「取得原価額は，契約書・送り状・支払記録などの証拠に基づき，客
> 観的に測定することができる」[46]。
> 「取得原価での資産評価は……支出額を通じて客観的な測定が可能で
> あるだけでなく……検証可能性をも具備している。……利益測定に影
> 響する資産評価額は，異論の生じない客観的なものでなければならな
> い。取得原価が事業用資産の評価基準として採用されているのは，取
> 得原価がこの要請に合致しているためである」[47]。
> 「原価基準のもとでは……事業用資産は，いったん取得原価で資産計
> 上されたあと，その消費に応じて各事業年度の費用として配分されな
> ければならない。この処理原則を費用配分の原則または原価配分の原
> 則という。……費用配分の原則は，発生主義を具体的に適用したもの
> であるといえる」[48]。

取得原価会計とは「すべての資産の原初入帳数値は，原則として，交
換市場において独立の当事者間で成立した価額に基礎をおき，この価

---

45 飯野利夫『財務会計論（3訂版）』1993年，3-16～3-17頁。
46 桜井久勝『財務会計講義（第18版）』2017年，82頁。
47 同上，88頁。
48 同上，88頁。

額が損益計算のための出発点となり，かつ，それは，当該資産が企業
内に保有されている期間中ずっとその意味をもちつづける会計方
式」[49] である。
　原価配分の原則とは「現金その他現金同等物以外の非貨幣性資産の取
得原価を資産の費消額と資産の未費消額とに分け，当期の費用額を測
定し，期末の貸借対照表価額を決定するための考え方」[50] である。

　本章の冒頭の辺りに述べたように，筆者によれば，公正性は，要するに，
種々の利害関係者の納得が得られることを意味し，そうした納得を得るには
「出発点」たる「原初」記録の客観性がまずは肝要ともいえ，①原初記録か
らして主観的な時価，および②原初記録は客観的ながら，のちに主観が介入
する原価，という二者の比較において，②における原初記録の客観性はやは
り肝要ともいえようが，しかし，①も②も結局は同じ，ともいえようし，
「ずっとその意味をもちつづける」という「その意味」は客観性ではない。
例えばパッティロによれば，「客観性は勘定に記入され，終局的には財務諸
表および付属報告書に要約された形で現われている情報の起源に重点をおい
ている」[51] ともされているが，しかしまた，彼は「客観性は会計上のエン
ティティへの価値の流入および会計上のエンティティからの価値の流出のみ
ならず，会計単位内でのある段階から他の段階への価値の流れ（たとえば，
機械の総原価を製品に配分すること）の問題でもある」[52] ともしている。
　あるいはまた，山桝忠恕と嶌村剛雄によれば，「原価主義の根拠のひとつ
に，価額の客観性があげられるが，それは測定技術上の長所のひとつであっ
て，そのこと自体が決定的な理由ではない」[53] とされ，さらには次のように
述べられる。

49　広瀬義州『財務会計（第13版）』2015年，127頁。

50　同上，62頁。

51　パッティロ／飯岡，中原（訳）『財務会計の基礎』109頁。

52　同上，110頁（（　）書きは原文）。

53　山桝忠恕，嶌村剛雄『体系財務諸表論　理論篇（4訂版）』1992年，249頁。

結　章　公正性と客観性　*273*

「収益の価額が，そのときの取引価額でもってそのまま測定されるの
に対し，費用の価額は，取引価額が期間的に配分されるために，配分
の段階において判断の要素が介入する……。したがって，取引価額そ
のものにこそ，立証しうる客観的な証拠にもとづく価額として，それ
なりの客観性を認めうるにせよ，期間費用としての配分額もまたおな
じく客観的であるとはかぎらない。……このように，原価配分の原則
にもとづく費用の価額の客観性はきわめて相対的な性格のものとして
あらわれるが，これは，原価配分の根拠が，費用の価額の客観性それ
自体にあるのではなく，投下資本（原価）の回収（実現）余剰の意味
における分配可能利益の計算にあることを示すものである」[54]。

　「他著ではほとんど触れられていない点まで事細かに言及され，卓越した
見識が示されている」[55] と評されるこの二人のテキストの面目躍如というべ
きか。

　ただしまた，原価配分をもって含む会計処理はこれが一般に認められた会
計原則（generally accepted accounting principles）（GAAP）に準拠して行われ
ているのであれば，「一般に認められた」は客観性ないし公正性を担保する
ものではないのか[56]。

客観性の相対性

　客観性といえば，W. A. ペートン（W. A. Paton）と A. C. リトルトン（A. C.
Littleton）の「検証力ある客観的な証拠」[57] である。彼らは1940年に上梓され

54　同上，197〜198頁（（　）書きは原文）。
55　第9章。
56　公正性と GAAP の関係についてはかつて下記の論攷において俎上に載せてお
　り，そこでは，GAAP への準拠をもって公正とする捉え方は皮相的に過ぎる，
　としているが，若気の至りというべきか。
　　友岡「会計の基本理念としての fairness」。

274

た共著『会社会計基準序説』(*An Introduction to Corporate Accounting Standards*) において「会計の基底に存する基礎概念」[58] の一つとしてこれを挙げている。

> 「記録された収益は，相互に独立した当事者間の真実の販売から作製された客観的な証拠を基礎としてのみ有効とせられた。記録された支出は，その取引に関する確実な営業上の文書によって備えられた客観的な証拠を基礎としてのみ有効とせられた。この証拠は記録された事実を検証するための重要な手段を提供した。……それゆえ，検証力ある客観的な証拠は，会計の重要な要素となり，信頼しうる情報を提供するという会計の機能を正当に遂行するうえに必要な附属物となった」[59]。

また，「客観性」の意味については「ここにいう「客観的」とは，事実を個人的な偏見から乱すことなしに表現することを指している。すなわち，心理状態，希望，偽瞞の作為などの個人誤差が結果に影響をおよぼすことを示唆する「主観的」という言葉と対照的なものである。「客観的な証拠」とは，それゆえ，非個人的でその当事者の根拠なき意見または希望と対照的に，もっとも関係の深い当事者にとって外的な証拠である」[60] と説かれるが，ここにいう「非個人的 (impersonal)」[61] とは具体的にはどういうことなのだろうか。

けだし，彼らはそれを「互いに独立した当事者間の，自由な商議 (unrestricted negotiations between independent parties)」[62] ないし「純粋な意味で，

---

57 ペイトン，リトルトン／中島省吾（訳）『会社会計基準序説（改訳版）』1958年，29頁。

58 ペイトン，リトルトン／中島（訳）『会社会計基準序説（改訳版）』12頁。

59 同上，29頁。

60 同上，30頁。

61 W. A. Paton and A. C. Littleton, *An Introduction to Corporate Accounting Standards*, 1940, p. 19.

相互に独立している当事者間の精一ぱいの商議（arm's-length bargaining between genuinely independent parties)」[63] に求めており，このことは「価格総計は取引についての主要な量的な事実であり，客観的に決定された金額として受け入れられ記録に使用せられるべきである。しかも，もしこの価格総計が当事者一方のみの判断にもとづいているならば，客観的に決定されたとの名に値いしないということを銘記すべきである」[64] という記述，あるいは「純粋な意味で，相互に独立している当事者間の精一ぱいの商議の結果とはいえない取引においては，「価格」はある程度の懐疑をもって見られるべきである」[65] という記述に窺うことができる。

　なお，取得原価の客観性には①取得原価数値は売り手と買い手の取引関係において客観的に決定された数値である，という意味，および②取得原価数値（歴史的原価数値）は過去の事実のなかに客観的に存在する数値（過去の事実にもとづく客観的な数値）である，という意味，この二つが看取され[66]，①を「非個人的」と捉え，②はこれを「検証力ある客観的な証拠」の検証可能性（verifiability）と捉えることもできよう。

　閑話休題。しかるに，ペートンとリトルトンによれば，「会計上の事実は必ずしも決定的に客観的でもなく，または完全に検証力を備えてもいない」[67]。

　　「取得された用役が流れ込んでくるについての事実と，供与された用役が流れ出ていくについての事実とは，一般に客観的な証拠によって

---

62 *Ibid.*, p. 27.
　　ペイトン，リトルトン／中島（訳）『会社会計基準序説（改訳版）』46頁。
63 Paton and Littleton, *An Introduction to Corporate Accounting Standards*, p. 27.
　　ペイトン，リトルトン／中島（訳）『会社会計基準序説（改訳版）』46頁。
64 同上，44〜45頁。
65 同上，46頁。
66 友岡『会計学原理』163〜164頁。
67 ペイトン，リトルトン／中島（訳）『会社会計基準序説（改訳版）』30頁。

十分に基礎づけられている。しかし，このような記録された事実のそ
の後の会計上の取り扱いは，より直接的に各種の理論の影響下にあり，
またより以上に経営者の希望に追従しがちなため，十分に客観的でな
い証拠に依存することが多い。このようなその後の会計処理との関連
において，客観的な決定という概念が若干の修正に従わざるを得なく
なるのである。何故なれば……与えられた処理を裏づける証拠は，完
全に客観的なこともあり，得心のいく程に客観的なこともあり，疑わ
しい程度に客観的なこともあり，あるいは明らかに非客観的なことも
あるのだから」[68]。

「十分に客観的でない」「その後の会計上の取り扱い」は前出の原価配分が
これに該当することは言を俟たず，したがって，山桝と嶌村，あるいは上野
を待つことなく，ペートンとリトルトンが既にこの問題点をもって指摘して
いたということになろうが，しかしながら，彼らは完全な客観性には固執し
ない。

「もっとも好ましいのは完全に客観的で，利害関係者の不確定な個人
的意見に濁らされていない証拠である。しかしすべての場合について
このような判定への合否に固執して非弾力的となることは，先に長い
生命を持っているゴーイング・コンサーンにとって破壊的とすらなる
短期的な観点の採用を強いることになろう。たとえば，減価償却の完
全に客観的な決定は，その設備項目が永久にその用役を免ぜられたと
きにのみあらわれる」[69]。

しかるに，いずれにしても，ペートンとリトルトンはこの検証力ある客観
的な証拠という「基礎概念を設定することによって，資産の取得原価主義に

68　同上，31頁。
69　同上，31〜32頁。

結　章　公正性と客観性　*277*

よる評価や収益の実現主義による計上を主張するための理論的な基盤を与え
ようとしていると考えられる」[70] のである。

> 「最高度の客観性はこのような高度のものをうることが，ゴーイン
> グ・コンサーンの長期的な観点と相反しない限りは，最上のものであ
> る」[71]。

エピローグ

　会計はどうして（ときに些か薄弱な特長ながら）客観性をもって特長の一つ
とされる取得原価に固執してきたのか。カスタムメードの会計情報の提供は
どうして未だ実現をみないのか。これが実現をみていれば，取得原価のみに
拘ることもなかったのではないか。

　カスタムメードの会計情報の提供はこれが行われれば，有用性，すなわち
種々の利害関係者のそれぞれにとっての有用性だけを考慮すればよいはず
だった。有用性をもって貫くことができるはずだった。

　しかるに，カスタムメードの会計情報の提供は実現をみず，しからば，有
用性をもって貫くことはできず，それぞれを相手とするのではなく，一般を
もって相手とする会計において公正性はこれを捨てることができない。

　あるいはまた，一般目的の会計にこそ，公正性を考慮しなければならない
会計にこそ，存在意義があるのだろうか。

70　新井『会計公準論』94頁。
71　ペイトン，リトルトン／中島（訳）『会社会計基準序説（改訳版）』34頁。

文献リスト

會田義雄「簿記の意義」會田義雄，會田一雄『簿記テキスト』国元書房，1988年。

F. アマトーリ（F. Amatori），A. コリー（A. Colli）／西村成弘，伊藤健市（訳）『ビジネス・ヒストリー——グローバル企業誕生への道程』ミネルヴァ書房，2014年。

アメリカ会計学会（American Accounting Association）／飯野利夫（訳）『基礎的会計理論』国元書房，1969年。

アメリカ公認会計士協会（American Institute of Certified Public Accountants）（編）／佐藤孝一，新井清光（訳）『会計公準と会計原則』中央経済社，1962年。

アメリカ公認会計士協会（American Institute of Certified Public Accountants）／川口順一（訳）『財務諸表の目的』同文舘出版，1976年。

安藤英義「会計」安藤英義，新田忠誓，伊藤邦雄，廣本敏郎（編集代表）『会計学大辞典（第5版）』中央経済社，2007年。

Anon., 'Double Account Form of Balance-Sheet,' in George Lisle (ed.), *Encyclopædia of Accounting*, Vol. 2, William Green & Sons, 1903.

青柳文司『会計学への道』同文舘出版，1976年。

青柳文司『会計学の原理（新版）』中央経済社，1979年。

新井清光『会計公準論』中央経済社，1969年。

新井清光『会計公準論（増補版）』中央経済社，1978年。

Harold E. Arnett, 'What Does 'Objectivity' Mean to Accountants?' *The Journal of Accountancy*, Vol. 111, No. 5, 1961.

Arthur Andersen & Co., *The Postulate of Accounting: What It Is, How It Is Determined, How It Should Be Used*, Arthur Andersen & Co., 1960.

浅野千鶴「リトルトンと客観性」上野清貴（編著）『会計学説の系譜と理論構築』同文舘出版，2015年。

フィリップ S. バグウェル（Philip S. Bagwell），ピーター・ライス（Peter Lyth）／梶本元信（訳）『イギリスの交通——産業革命から民営化まで』大学教育出版，2004年。

Rouba Chantiri-Chaudemanche「デヴィッド・ソロモンズ——会計の評価理論から会計理論へ」ベルナルド・コラス（Bernard Colasse）（編著）／藤田晶子（訳）『世界の会計学者——17人の学説入門』中央経済社，2007年。

千葉準一『英国近代会計制度——その展開過程の探究』中央経済社，1991年。

千代田邦夫『貸借対照表監査研究』中央経済社，2008年。

ベルナルド・コラス（Bernard Colasse）（編著）／藤田晶子（訳）『世界の会計学者——17人の学説入門』中央経済社，2007年。

Tom K. Cowan, 'Are Truth and Fairness Generally Acceptable?' *The Accounting Review*, Vol. 40, No. 4, 1965.

醍醐聰「サロン・ド・クリティーク」『企業会計』第39巻第1号，1987年。

醍醐聰『会計学講義（第4版）』東京大学出版会，2008年。

Jean-Guy Degos, Gary John Previts「ペイトン＆リトルトン――帰納学派と演繹学派による会計基準化の試み」ベルナルド・コラス（Bernard Colasse）（編著）／藤田晶子（訳）『世界の会計学者――17人の学説入門』中央経済社，2007年。

H. W. ディキンソン（H. W. Dickinson）／磯田浩（訳）『蒸気動力の歴史』平凡社，1994年。

Lawrence R. Dicksee, *Auditing: A Practical Manual for Auditors*, Gee & Co., 1892.

Lawrence R. Dicksee, *Advanced Accounting*, Gee & Co., 1903.

Lawrence R. Dicksee, *Depreciation, Reserves, and Reserve Funds*, Gee & Co., 1903.

江頭憲治郎「企業の法人格」竹内昭夫，龍田節（編）『現代企業法講座［第2巻］　企業組織』東京大学出版会，1985年。

ジャン・ファヴィエ（Jean Favier）／内田日出海（訳）『金と香辛料――中世における実業家の誕生（新装版）』春秋社，2014年。

Financial Accounting Standards Board, Statement of Financial Accounting Concepts No. 1, *Objectives of Financial Reporting by Business Enterprises*, 1978.

Financial Accounting Standards Board, Statement of Financial Accounting Concepts No. 5, *Recognition and Measurement in Financial Statements of Business Enterprises*, 1984.

FASB（Financial Accounting Standards Board）／平松一夫，広瀬義州（訳）『FASB財務会計の諸概念（増補版）』中央経済社，2002年。

David Flint, *A True and Fair View in Company Accounts*, Published for the Institute of Chartered Accountants of Scotland by Gee & Co., 1982.

藤井秀樹『現代企業会計論――会計観の転換と取得原価主義会計の可能性』森山書店，1997年。

藤井秀樹『入門財務会計（第2版）』中央経済社，2017年。

二神恭一（編著）『ビジネス・経営学辞典（新版）』中央経済社，2006年。

Emile Garcke and J. M. Fells, *Factory Accounts: Their Principles and Practice*, Crosby Lockwood & Co., 1887.

グローバル・マネジメントグループ（編纂）『新ビジネス英語大辞典――英和・和英』PMC出版，1987年。

後藤元『株主有限責任制度の弊害と過少資本による株主の責任――自己資本の水準から株主のインセンティブへ』商事法務，2007年。

Edwin Guthrie, 'Depreciation,' in George Lisle (ed.), *Encyclopædia of Accounting*, Vol. 2, William Green & Sons, 1903.

羽田正『興亡の世界史［第15巻］　東インド会社とアジアの海』講談社，2007年。

原秋彦『ビジネス法務基本用語和英辞典』商事法務，2005年。

原田富士雄『情報会計論』同文舘出版，1978年。

Ron Harris, *Industrializing English Law: Entrepreneurship and Business Organization, 1720-1844*, Cambridge University Press, 2000.

ロン・ハリス（Ron Harris）／川分圭子（訳）『近代イギリスと会社法の発展——産業革命期の株式会社　1720-1844年』南窓社，2013年。

Herapath's Railway and Commercial Journal Vol. 5, No. 182, 1843.

日置弘一郎，高尾義明「解説」ジョン・ミクルスウェイト（John Micklethwait），エイドリアン・ウールドリッジ（Adrian Wooldridge）／鈴木泰雄（訳），日置弘一郎，高尾義明（監訳）『株式会社』ランダムハウス講談社，2006年。

平林喜博「友岡賛『近代会計制度の成立』（書評）」『三田商学研究』第39巻第2号，1996年。

平林喜博『会計史への道—— 一つの覚書』関西学院大学出版会，2007年。

広瀬義州「取得原価主義会計のフレームワーク」田中弘（編著）『取得原価主義会計論』中央経済社，1998年。

広瀬義州『財務会計（第13版）』中央経済社，2015年。

久野秀男『英米（加）古典簿記書の発展史的研究』学習院，1979年。

久野秀男「イギリス会計史——英国簿記書の文献史的研究」小島男佐夫（責任編集）『体系近代会計学［第6巻］　会計史および会計学史』中央経済社，1979年。

堀江優子「売買目的有価証券・その他有価証券の評価差額」石川鉄郎，北村敬子（編著）『資本会計の課題——純資産の部の導入と会計処理をめぐって』中央経済社，2008年。

飯野利夫『財務会計論（3訂版）』同文舘出版，1993年。

池田幸弘「平成28年度学位記授与式式辞（通信教育課程）」『三色旗』第812号，2017年。

池田幸典『持分の会計——負債・持分の区分および資本取引・損益取引の区分』中央経済社，2016年。

壹岐芳弘「時価主義と計算構造」北村敬子，新田忠誓，柴健次（責任編集）『体系現代会計学［第2巻］　企業会計の計算構造』中央経済社，2012年。

石川純治『変貌する現代会計』日本評論社，2008年。

石川鉄郎「本書の目的」石川鉄郎，北村敬子（編著）『資本会計の課題——純資産の部の導入と会計処理をめぐって』中央経済社，2008年。

伊藤邦雄『新・企業価値評価』日本経済新聞出版社，2014年。

伊藤邦雄『新・現代会計入門（第2版）』日本経済新聞出版社，2016年。

岩田巌『利潤計算原理』同文舘（同文舘出版），1956年。

Trevor R. Johnston, 'Is the Standard 'True and Fair View of the State of Affairs' Attainable in a Balance Sheet?' *The Accountants' Journal* (N.Z.), Vol. 45, No. 11, 1967.

Pierre Jouanique「ルカ・パチョーリ——世界で初めて印刷された会計書」ベルナルド・コラス（Bernard Colasse）（編著）／藤田晶子（訳）『世界の会計学者——17人の学説入門』中央経済社，2007年。

金戸武『イギリス鉄道会計発達史』森山書店，1991年。

笠井昭次「序」山桝忠恕先生13回忌追悼論文集編集委員会（編）『山桝忠恕先生13回忌追悼論文集』税務経理協会，1996年。

笠井昭次「処理規約の規定要因（3）——利益観・企業の経済活動の態様・計算方式を巡って」『三田商学研究』第59巻第2号，2016年。

片岡泰彦「複式簿記の誕生とパチョーリ簿記論——イタリア簿記史」平林喜博（編著）『近代会計成立史』同文舘出版，2005年。

片岡泰彦「複式簿記の生成・発展と「パチョーリ簿記論」への展開」千葉準一，中野常男（責任編集）『体系現代会計学［第9巻］　会計と会計学の歴史』中央経済社，2012年。

加藤盛弘「William A. Paton, *Corporate Profits: Measurement, Reporting, Distribution, Taxation,* 1965.」『同志社商学』第18巻第5号，1967年。

川北稔『イギリス——繁栄のあとさき』ダイヤモンド社，1995年。

J. Kitchen and R. H. Parker, *Accounting Thought and Education: Six English Pioneers,* Institute of Chartered Accountants in England and Wales, 1980.

菊地正俊『良い株主　悪い株主』日本経済新聞出版社，2016年。

木村太一「貸方区分議論の整理と検討」『三田商学研究』第59巻第5号，2016年。

木村太一「利益計算と貸方区分」『三田商学研究』第59巻第6号，2017年。

トーマス A. キング（Thomas A. King）／友岡賛（訳）『歴史に学ぶ会計の「なぜ？」——アメリカ会計史入門』税務経理協会，2015年。

喜多了祐（編著）『英和和英ビジネス法律用語辞典』中央経済社，2000年。

北村敬子「純資産会計の将来展望」石川鉄郎，北村敬子（編著）『資本会計の課題——純資産の部の導入と会計処理をめぐって』中央経済社，2008年。

北村敬子「資産負債観と財産法」北村敬子，新田忠誓，柴健次（責任編集）『体系現代会計学［第2巻］　企業会計の計算構造』中央経済社，2012年。

北村敬子「公正価値測定の意義とその展開」北村敬子（編著）『財務報告における公正価値測定』中央経済社，2014年。

古賀智敏「国際会計基準と公正価値会計」『會計』第174巻第5号，2008年。

コーラー（Eric L. Kohler）／染谷恭次郎（訳）『会計学辞典』丸善，1973年。

小島男佐夫（責任編集）『体系近代会計学［第6巻］　会計史および会計学史』中央経済社，1979年。

久野光朗（執筆者代表）「大学レベルの簿記テキストの検討」『産業経理』第45巻第1号，1985年（長井敏行稿）。

久野光朗「簿記の種類，歴史，および前提」久野光朗（編著）『簿記論テキスト（改訂版）』同文舘出版，2006年。

黒川行治「「取引と取得原価」考——取引におけるフェアネスの意義」『産業経理』第74巻第2号，2014年。

黒川行治「取引における公正性の源泉」『會計』第192巻第2号，2017年。

黒澤清『近代会計学（新版）』春秋社，1960年。

草野真樹『利益会計論——公正価値評価と業績報告』森山書店，2005年。

Dionysius Lardner, *Railway Economy: A Treatise on the New Art of Transport, Its Management, Prospects, and Relations, Commercial, Financial, and Social,* Taylor,

Walton, and Maberly, 1850.

P. D. Leake, *Depreciation and Wasting Assets and Their Treatment in Assessing Annual Profit and Loss*, Henry Good & Son, 1912.

Tom Lee, *Company Auditing*, 2nd ed., Gee & Co., 1982.

Tom Lee, *Corporate Audit Theory*, Chapman & Hall, 1993.

T. A. Lee, *The Development of American Public Accountancy Profession: Scottish Chartered Accountants and the Early American Public Accountancy Profession*, Routledge, 2006.

Yannick Lemarchand「ジャック・サヴァリーとマチュー・ド・ラ・ポルト——フランスの大世紀を代表する簿記の大家」ベルナルド・コラス（Bernard Colasse）（編著）／藤田晶子（訳）『世界の会計学者——17人の学説入門』中央経済社，2007年。

George Lisle, *Accounting in Theory and Practice: A Text-book for the Use of Accountants, Solicitors, Book-keepers, Investors, and Business Men*, William Green & Sons, 1900.

A. C. Littleton, *Structure of Accounting Theory*, American Accounting Association, 1953.

A. C. リトルトン（A. C. Littleton）／大塚俊郎（訳）『会計理論の構造』東洋経済新報社，1955年。

A. C. Littleton, *Accounting Evolution to 1900*, 2nd ed., Russel & Russel, 1966.

リトルトン（A. C. Littleton）／片野一郎（訳），清水宗一（助訳）『会計発達史（増補版）』同文舘出版，1978年。

前川千春「利益計算システム類型化の意義」『経理研究』第57号，2014年。

前川修満『事件は帳簿で起きている』KK ベストセラーズ，2016年。

万代勝信「測定属性」斎藤静樹，徳賀芳弘（責任編集）『体系現代会計学［第1巻］　企業会計の基礎概念』中央経済社，2011年。

万代勝信「岩田巌先生——岩田学説を貫く記録と事実の照合」『企業会計』第69巻第1号，2017年。

Ewing Matheson, *The Depreciation of Factories, Mines and Industrial Undertakings and Their Valuation*, E. & F. N. Spon, 1884.

Ewing Matheson, *The Depreciation of Factories, Mines and Industrial Undertakings and Their Valuation*, 2nd ed., E. & F. N. Spon, 1893.

松下真也「資産負債アプローチの歴史的検討」『企業会計』第68巻第11号，2016年。

松下真也「収益費用アプローチの歴史的検討」『企業会計』第68巻第12号，2016年。

Derek Matthews, *A History of Auditing: The Changing Audit Process in Britain from the Nineteenth Century to the Present Day*, Routledge, 2006.

George O. May, *Financial Accounting: A Distillation of Experience*, Macmillan, 1943.

John Micklethwait and Adrian Wooldridge, *The Company: A Short History of a Revolutionary Idea*, Weidenfeld & Nicolson, 2003.

ジョン・ミクルスウェイト（John Micklethwait），エイドリアン・ウールドリッジ（Adrian Wooldridge）／鈴木泰雄（訳），日置弘一郎，高尾義明（監訳）『株式会

社』ランダムハウス講談社，2006年。

峯村信吉『固定資産会計の理論と実務』中央経済社，1958年。

峯村信吉『減価償却会計』中央経済社，1961年。

峯村信吉『近代会計学原理』白桃書房，1966年。

峯村信吉『会計学の基本問題——会計理論と会計的利益の概念』有斐閣，1969年。

峯村信吉『財務諸表の基礎理論』中央経済社，1977年。

水口剛，平井裕久，後藤晃範『企業と会計の道しるべ』中央経済社，2017年。

Maurice Moonitz, *The Basic Postulates of Accounting*, Accounting Research Study No. 1, American Institute of Certified Public Accountants, 1961.

森實『会計士監査論——近代監査思考の展開（増補版）』白桃書房，1975年。

森川八洲男「テェア・フェーン教授のサヴァリー観——サヴァリー会計研究の一側面」『明大商学論叢』第52巻第4・5号，1969年。

森川八洲男『精説簿記論Ⅰ（改訂版）』白桃書房，2001年。

茂木虎雄『近代会計成立史論』未來社，1969年。

茂木虎雄「オランダ会計史」小島男佐夫（責任編集）『体系近代会計学［第6巻］　会計史および会計学史』中央経済社，1979年。

茂木虎雄「会計史研究の方法について——イギリス東インド会社会計史の研究によせて」『産業經理』第44巻第4号，1985年。

茂木虎雄『イギリス東インド会社会計史論』大東文化大学経営研究所，1994年。

茂木虎雄「友岡賛著『歴史にふれる会計学』（書評）」『書斎の窓』第464号，1997年。

村田直樹『近代イギリス会計史研究——運河・鉄道会計史』晃洋書房，1995年。

村田直樹『鉄道会計発達史論』日本経済評論社，2001年。

村田直樹「株式会社会計の源流」村田直樹（編著）『会計の諸機能——企業会計の史的展開』創成社，2001年。

永積昭『オランダ東インド会社』近藤出版社，1971年。

中村萬次『英米鉄道会計史研究』同文舘出版，1991年。

中村忠『現代簿記（新訂版）』白桃書房，1993年。

中村忠「会計学」安藤英義，新田忠誓，伊藤邦雄，廣本敏郎（編集代表）『会計学大辞典（第5版)』中央経済社，2007年。

中野常男「株式会社と企業統治：その歴史的考察——オランダ・イギリス両東インド会社にみる会社機関の態様と機能」『経営研究』第48号，2002年。

成田修身『減価償却の史的展開』白桃書房，1985年。

西尾実，岩淵悦太郎，水谷静夫（編）『岩波国語辞典（第5版)』岩波書店，1994年。

新田忠誓「収益費用観と損益法」北村敬子，新田忠誓，柴健次（責任編集）『体系現代会計学［第2巻］　企業会計の計算構造』中央経済社，2012年。

小笠原直『監査法人の原点（改訂版)』幻冬舎，2016年。

小栗崇資『コンパクト財務会計——クイズでつける読む力』中央経済社，2016年。

大黒俊二『嘘と貪欲——西欧中世の商業・商人観』名古屋大学出版会，2006年。

岡部孝好「会計」神戸大学会計学研究室（編）『会計学辞典（第6版)』同文舘出版，2007

年。

岡部孝好「会計学」神戸大学会計学研究室（編）『会計学辞典（第6版）』同文舘出版，
　　2007年。

岡本愛次『会計学の基本問題』ミネルヴァ書房，1977年。

興津裕康，岡野憲治『簿記原理（改訂第2版）』白桃書房，2009年。

小野正芳「ウィッティントンと剥奪価値」上野清貴（編著）『会計学説の系譜と理論構築』
　　同文舘出版，2015年。

太田哲三『固定資産會計（増補）』中央経済社，1954年。

太田哲三，新井益太郎『新簿記原理』中央経済社，1976年。

小樽商科大学会計研究会「大学レベルの財務会計テキストの検討（1）」『産業經理』第54
　　巻第2号，1994年（野口昌良稿）。

大塚久雄『株式会社発生史論』有斐閣，1938年。

大藪俊哉「複式簿記と記帳技術の基礎」大藪俊哉（編著）『簿記テキスト（第5版）』中央
　　経済社，2010年。

大矢知浩司『会計監査――アメリカにおける生成と発展』中央経済社，1971年。

R. H. パーカー（R. H. Parker）／友岡賛，小林麻衣子（訳）『会計士の歴史』慶應義塾大学
　　出版会，2006年。

W. A. Paton and A. C. Littleton, *An Introduction to Corporate Accounting Standards*,
　　American Accounting Association, 1940.

ペイトン（W. A. Paton），リトルトン（A. C. Littleton）／中島省吾（訳）『会社会計基準
　　序説（改訳版）』森山書店，1958年。

James W. Pattillo, *The Foundation of Financial Accounting*, Louisiana State University
　　Press, 1965.

パッチロ（James W. Pattillo）／飯岡透，中原章吉（訳）『財務会計の基礎』同文舘出版，
　　1970年。

F. W. P［ixley］, 'The Joint Stock Companies' Acts 1862 and 1880 and Auditors（IV）,' *The
　　Accountant*, Vol. 8, No. 377, 1882.

Jacques Richard「シモン，シュマーレンバッハ，シュミット――ドイツ会計界の3S」ベ
　　ルナルド・コラス（Bernard Colasse）（編著）／藤田晶子（訳）『世界の会計学者
　　――17人の学説入門』中央経済社，2007年。

斉藤昭雄「山桝先生の会計学説――形成の軌跡」『三田商学研究』第29巻特別号，1987年
　　（山桝忠恕先生13回忌追悼論文集編集委員会（編）『山桝忠恕先生13回忌追悼論文
　　集』税務経理協会，1996年，所収）。

齋藤真哉「資本維持」斎藤静樹，徳賀芳弘（責任編集）『体系現代会計学［第1巻］　企
　　業会計の基礎概念』中央経済社，2011年。

齋藤真哉「公正価値測定の限界」北村敬子（編著）『財務報告における公正価値測定』中
　　央経済社，2014年。

斎藤静樹「千葉準一著『英国近代会計制度――その展開過程の探究』（書評）」『會計』第
　　141巻第4号，1992年。

斎藤静樹『企業会計入門——考えて学ぶ』有斐閣，2014年。

榊原英夫『規範的財務会計論——原価主義・時価主義・価値主義会計論の検討』同文舘出版，1986年。

桜井久勝『財務会計講義（第18版）』中央経済社，2017年。

佐々木重人『近代イギリス鉄道会計史——ロンドン・ノースウェスタン鉄道会社を中心に』国元書房，2010年。

William Robert Scott, *The Constitution and Finance of English, Scottish and Irish Joint-Stock Companies to 1720*, Vol. 1, *The General Development of the Joint-Stock System to 1720*, Cambridge University Press, 1912.

William Robert Scott, *The Constitution and Finance of English, Scottish and Irish Joint-Stock Companies to 1720*, Vol. 2, *Companies for Foreign Trade, Colonization, Fishing and Mining*, Cambridge University Press, 1912.

柴健次「原価主義と計算構造」北村敬子，新田忠誓，柴健次（責任編集）『体系現代会計学［第2巻］　企業会計の計算構造』中央経済社，2012年。

繁本知宏「財務会計の機能に関する再考察——企業の所有構造の変化を踏まえて」『香川大学経済論叢』第88巻第3号，2015年。

清水廣一郎『中世イタリア商人の世界——ルネサンス前夜の年代記』平凡社，1982年。

科野孝蔵『オランダ東インド会社の歴史』同文舘出版，1988年。

小学館ランダムハウス英和大辞典第2版編集委員会（編）『小学館ランダムハウス英和大辞典（第2版）』小学館，1994年。

J. A. Simpson and E. S. C. Weiner (eds.), *The Oxford English Dictionary*, 2nd ed., Oxford University Press, 1989.

Walter A. Staub, *Auditing Developments during the Present Century*, Harvard University Press, 1942.

ウォルタ A. スタウプ（Walter A. Staub）／大矢知浩司（訳）『会計監査発達史』中央経済社，1966年。

鈴木卓也「新株予約権」石川鉄郎，北村敬子（編著）『資本会計の課題——純資産の部の導入と会計処理をめぐって』中央経済社，2008年。

田島四郎「総論」横浜市立大学会計学研究室（編）『新簿記事典』同文舘出版，1975年。

高木泰典「会計上の資産概念と評価の構造——資産概念の不完全性と貸借対照表能力に関連して」『嘉悦大学研究論集』第53巻第2号，2011年。

高松和男「総論」横浜市立大学会計学研究室（編）『現代会計学基礎講座2　簿記論』同文舘出版，1979年。

竹林滋（編者代表）『研究社新英和大辞典（第6版）』研究社，2002年。

武田隆二『簿記一般教程（改訂版）』中央経済社，1983年。

田中弘（編著）『取得原価主義会計論』中央経済社，1998年。

田中弘『会計学の座標軸』税務経理協会，2001年。

田中弘『時価主義を考える（第3版）』中央経済社，2002年。

田中茂次『現代会計の構造』中央経済社，1976年。

田中茂次『物価変動会計の基礎理論』同文舘出版，1989年。

田代樹彦「為替換算調整勘定」石川鉄郎，北村敬子（編著）『資本会計の課題――純資産の部の導入と会計処理をめぐって』中央経済社，2008年。

徳前元信「複式簿記の基礎的考察――会計と簿記の関係性から」『會計』第192巻第 3 号，2017年。

友岡賛「会計の基本理念としての fairness ――イギリス会社法の要請を中心に」『国際会計研究学会年報』1984年度号，1985年。

友岡賛「「真実且つ公正なる概観」考＜その 1 ＞――イギリス会社法の変遷を中心に」『三田商学研究』第28巻第 4 号，1985年。

友岡賛「「真実且つ公正なる概観」考＜その 2 ＞――アーガイル・フーズ社の事例を中心に」『三田商学研究』第29巻第 3 号，1986年。

友岡賛「「公正性概念」考＜序＞――利害調整会計の意義を中心に」『三田商学研究』第29巻第 5 号，1986年。

友岡賛「「客観性概念」論＜その 1 ＞――伝統的な解釈を中心に」『三田商学研究』第30巻第 2 号，1987年。

友岡賛「「客観性概念」論＜その 2 ＞――主観的な要因の認識を中心に」『三田商学研究』第30巻第 3 号，1987年。

友岡賛「「客観性概念」論＜その 3 ＞――「合意」としての解釈を中心に」『三田商学研究』第30巻第 4 号，1987年。

友岡賛「「真実且つ公正なる概観」考＜その 3 ＞――意を中心に」『三田商学研究』第30巻第 6 号，1988年。

友岡賛「「客観性概念」論＜その 4 ＞――知覚に関わらしめての解釈を中心に」『三田商学研究』第31巻第 6 号，1989年。

友岡賛「減価償却思考の確立，これの胚胎，逡巡――イギリス会計史：19世紀」『三田商学研究』第32巻第 6 号，1990年。

友岡賛「＜ stewardship ＞――イギリス会計史：19世紀」『三田商学研究』第33巻第 1 号，1990年。

友岡賛『近代会計制度の成立』有斐閣，1995年。

友岡賛『歴史にふれる会計学』有斐閣，1996年。

友岡賛『株式会社とは何か』講談社現代新書，1998年。

友岡賛『会計プロフェッションの発展』有斐閣，2005年。

友岡賛『会計の時代だ――会計と会計士との歴史』ちくま新書，2006年。

友岡賛『会計学はこう考える』ちくま新書，2009年。

友岡賛「ジャック・サヴァリ『完全な商人』（1675年）」『MediaNet』第16号，2009年。

友岡賛『会計士の誕生――プロフェッションとは何か』税務経理協会，2010年。

友岡賛『会計学原理』税務経理協会，2012年。

友岡賛『会計学の基本問題』慶應義塾大学出版会，2016年。

友岡賛『会計の歴史（改訂版）』税務経理協会，2018年。

辻山栄子「会計測定と時価の諸概念」『COFRI ジャーナル』第42号，2001年。

辻山栄子「訳者あとがき」G. ウィッティントン（G. Whittington）／辻山栄子（訳）『会計
　　測定の基礎——インフレーション・アカウンティング』中央経済社，2003年。
辻山栄子「資本と利益」斎藤静樹，徳賀芳弘（責任編集）『体系現代会計学［第1巻］
　　企業会計の基礎概念』中央経済社，2011年。
上田晋一「少数株主持分」石川鉄郎，北村敬子（編著）『資本会計の課題——純資産の部
　　の導入と会計処理をめぐって』中央経済社，2008年。
上野清貴『会計測定の思想史と論理——現在まで息づいている論理の解明』中央経済社，
　　2014年。
上野清貴（編著）『会計学説の系譜と理論構築』同文舘出版，2015年。
上野清貴『会計理論研究の方法と基本思考』中央経済社，2017年。
梅原秀継「資本概念と利益計算」石川鉄郎，北村敬子（編著）『資本会計の課題——純資
　　産の部の導入と会計処理をめぐって』中央経済社，2008年。
宇南山英夫「複式簿記の原理」横浜市立大学会計学研究室（編）『現代会計学基礎講座2
　　簿記論』同文舘出版，1979年。
渡邉泉「行き過ぎた有用性アプローチへの歴史からの警鐘」渡邉泉（編著）『歴史から見
　　る公正価値会計——会計の根源的な役割を問う』森山書店，2013年。
渡邉泉『会計の歴史探訪——過去から未来へのメッセージ』同文舘出版，2014年。
渡邉泉「複式簿記の発生以前に簿記は存在したか」『會計』第190巻第1号，2016年。
渡邉泉「会計の役割——受託責任と信頼性」『企業会計』第68巻第10号，2016年。
渡邉泉「会計の生成史を論ずるに先立って」『會計』第191巻第6号，2017年。
渡辺和夫『リトルトン会計思想の歴史的展開』同文舘出版，1992年。
渡邉敏郎, Edmund R. Skrzypczak, Paul Snowden（編）『研究社新和英大辞典（第5版）』
　　研究社，2003年。
G. ウィッティントン（G. Whittington）／辻山栄子（訳）『会計測定の基礎——インフレー
　　ション・アカウンティング』中央経済社，2003年。
T. S. Willan, *The Early History of the Russia Company, 1553-1603*, Manchester
　　University Press, 1956.
山田有人「友岡賛著『会計士の誕生——プロフェッションとは何か』（書評）」『産業經理』
　　第70巻第2号，2010年。
山田有人「したたかで，ひたむきな会計士の歴史を学ぼう」『税経セミナー』第58巻第4
　　号，2013年。
山田勝「イギリス王立アフリカ会社の設立と経営」『駒大経営研究』第7巻第2号，1976
　　年。
山口忠昭『物価変動会計論』同文舘出版，1994年。
山桝忠恕「「財務会計」の財務的機能——財務会計と財務管理」『PR』第6巻第6号，
　　1955年。
山桝忠恕「総説」小高泰雄，山桝忠恕（監修）『会計学の展開——戦後わが国における会
　　計学の発展』慶應通信，1959年。
山桝忠恕『監査制度の展開』有斐閣，1961年。

山桝忠恕「「財務会計」の意味」『三田商学研究』第 5 巻第 5 号，1962年。

山桝忠恕『近代会計理論』国元書房，1963年。

Tadahiro Yamamasu, 'A Reconsideration on the Nature of "Financial Accounting",' *Keio Business Review*, No. 2, 1963.

山桝忠恕「経営財務会計の性格」飯野利夫，山桝忠恕（編）『会計学基礎講座［第 2 巻］ 経営財務会計』有斐閣，1963年。

山桝忠恕「公会計としての近代会計」慶應義塾経営会計研究室（編）『経営組織と計算制 度』中央経済社，1964年。

山桝忠恕「会計学の領域と体系」『會計』第104巻第 5 号，1973年。

山桝忠恕「序説」山桝忠恕（編）『会計学（改訂版）』有斐閣，1975年。

山桝忠恕「会計理論における伝統と変容」山桝忠恕（責任編集）『体系近代会計学［第 1 巻］ 会計学基礎理論』中央経済社，1980年。

山桝忠恕「「会計」の定義に関する吟味＜序説＞」『三田商学研究』第25巻第 3 号，1982年。

山桝忠恕『複式簿記原理（新訂版）』千倉書房，1983年。

山桝忠恕「会計学の対象と方法——会計学の基礎」『税経セミナー』第30巻第 1 号，1985 年。

山桝忠恕，嶌村剛雄『体系財務諸表論　理論篇（ 4 訂版）』税務経理協会，1992年。

山本昌弘『会計とは何か——進化する経営と企業統治』講談社，2008年。

山浦久司『英国株式会社会計制度論』白桃書房，1993年。

安平昭二『簿記要論（ 6 訂版）』同文舘出版，2007年。

安本隆晴『新入社員から社長まで ビジネスにいちばん使える会計の本』ダイヤモンド社， 2016年。

蓑田英人『コーポレート・ガバナンスと会計法——株主有限責任と会社債権者保護』日本 評論社，2008年。

湯沢威「鉄道の発生と世界への普及」湯沢威，小池滋，田中俊宏，松永和生，小野清之 『近代ヨーロッパの探究⑭　鉄道』ミネルヴァ書房，2012年。

湯沢威『鉄道の誕生——イギリスから世界へ』創元社，2014年。

財務会計基準審議会（Financial Accounting Standards Board）／平松一夫，広瀬義州 （訳）『FASB 財務会計の諸概念（増補版）』中央経済社，2002年。

Aleksandra B. Zimmerman and Robert Bloom, 'The Matching Principle Revisited,' *The Accounting Historians Journal*, Vol. 43, No. 1, 2016.

人名索引

Aristotéles（アリストテレス）　*13*

Arnett, Harold E.（アーネット）　*262*

Baxter, William T.（バクスター）　*240, 241*

Bloom, Robert（ブルーム）　*89, 91, 92*

Bonbright, James C.（ボンブライト）　*241*

Cowan, Tom K.（コーワン）　*262*

Dicksee, Lawrence R.（ディクシー）　*122, 125-127, 239, 240, 242*

Edey, Harold C.（エディー）　*241*

Favier, Jean（ファヴィエ）　*36, 37*

Fells, J. M.（フェルズ）　*132*

Flint, David（フリント）　*257*

Garcke, Emile（ガーク）　*132*

Habermas, Jürgen（ハバーマス）　*236*

Harris, Ron（ハリス）　*167, 168*

Hopwood, Anthony（ホップウッド）　*241*

Johnston, Trevor R.（ジョンストン）　*257*

Kohler, Eric L.（コーラー）　*10*

Kosiol, E.（コジオル）　*75, 76*

Lardner, Dionysius（ラードナー）　*232*

Leake, P. D.（リーク）　*122*

Lee, T. A. ／ Lee, Tom（リー）　*241, 244, 245, 255-257, 269*

Lisle, George（ライル）　*133, 134*

Littleton, A. C.（リトルトン）　*10-12, 14, 17, 31, 32, 34, 40, 73, 77, 91, 99, 234, 235, 240, 247, 248, 273, 275, 276*

Matheson, Ewing（マセソン）　*123, 124, 133*

Matthews, Derek（マシューズ）　*243, 245, 246, 250, 251*

May, George O.（メイ）　*11, 39*

Micklethwait, John（ミクルスウェイト）　166

Montgomery, Robert H.（モンゴメリー）　246

Moonitz, Maurice（ムーニッツ）　*265, 268*

Paciolo, Luca（パチョーリ，パチョーロ，パツィオロ）　*15-19*

Parker, R. H.（パーカー）　*239*

Paton, William Andrew（ペートン，ペイトン）　*77, 91, 99, 207, 273, 275, 276*

Pattillo, James W.（パッティロ，パッチロ）　*261, 264, 266, 268, 269, 272*

Pixley, Francis W.（ピクスリー）　*132, 239, 240*

Proctor, Nicholas（プロクター）　*160*

Richard, Jacques（リシャール）　*95*

Savary, Jacques（サバリー，サヴァリー）　*95-97*

Schmalenbach, Eugen（シュマーレンバッハ）　*30, 95-98*

Schmidt, Fritz（シュミット）　*70, 98*

Scott, William Robert（スコット）　*158*

Smith, Adam（スミス）　*158*

Solomons, David（ソロモンズ）　*241*

Staub, Walter A.（スタウブ）　*248*

Stephenson, George（スティーブンソン，スティーヴンソン）　227, 228

ter Vehn, A.（テア・フェーン）　*96-98*

Tinker, Tony（ティンカー）　*241*

Walb, Ernst（ワルプ）　*75*

Watt, James（ワット）　*227*

Whittington, Geoffrey（ウィッティントン）　*63, 241*

Wooldridge, Adrian（ウールドリッジ）　166

Zimmerman, Aleksandra B.（ジマーマン）　*89, 91, 92*

會田義雄　*1*
青柳文司　*10-14*
新井清光　*267-268*
飯野利夫　*177, 178, 185, 186, 190, 196, 270*
池田幸典　*145*
石川鉄郎　*142, 143*
井尻雄士　*270*
岩田巖　*92-94*
上野清貴　*65, 82, 270*
江頭憲治郎　*180, 181*
大黒俊二　*30*
太田哲三　*135*
大塚久雄　*164, 166, 170*
大矢知浩司　*247*
岡本愛次　*70, 78, 79*
笠井昭次　*35, 44*
片岡泰彦　*16*
片野一郎　*21*
金戸武　*233*
川分圭子　*155*
北村敬子　*92*
木村太一　*23, 146*
黒澤清　*129, 130, 134*
後藤元　*180*
斎藤静樹　*53, 238*
齋藤真哉　*22, 23*
榊原英夫　*72*
桜井久勝　*105, 106, 109-111, 177-179, 183, 185, 186, 271*
佐々木重人　*131, 233*
繁本知宏　*40*
科野孝蔵　*164*
柴健次　*21, 101*
嶌村剛雄　*186, 190, 192, 193, 272, 276*
醍醐聰　*144, 238*
高尾義明　*166*
田中茂次　*81, 83-85, 100*

田中弘　*48, 237*
千葉準一　*236-238, 240*
千代田邦夫　*248, 250*
辻山栄子　*236*
徳前元信　*207*
友岡賛　*100, 107, 117, 176, 184, 185, 187, 199, 204, 207, 229, 235, 240, 258*
中野常男　*164, 174*
中村忠　*191, 221, 223*
中村萬次　*229, 230, 233*
成田修身　*234*
日置弘一郎　*166*
久野秀男　*230*
平林喜博　*238*
広瀬義州　*71, 72, 78, 142, 178, 179, 183, 186, 271*
福澤諭吉　*34*
藤井秀樹　*64, 65, 97, 175, 176*
堀江優子　*142, 143*
前川修満　*167*
前川千春　*84, 85*
松下真也　*89, 91, 141*
山田勝　*159*
万代勝信　*94*
峯村信吉　*1, 73, 74, 114, 118, 120, 128-130*
村田直樹　*230*
茂木虎雄　*119, 226, 229, 234, 235, 243*
森川八洲男　*97, 98*
森實　*250*
山浦久司　*235-238, 240, 254*
山桝忠恕　*1, 104, 106, 109-112, 116, 117, 186, 189-191, 193-195, 197, 199, 201, 203, 207*
葭田英人　*181, 183, 185*
渡邉泉　*29-35, 39, 41-43, 47, 66, 210, 211, 215-218, 223*

事項索引

Alphabet

AAA（アメリカ会計学会）　*39, 41, 89, 179, 203, 266, 267*

accountability　*39, 244* →「会計責任」もみよ

accountancy　*9-12* →「会計」もみよ

accountants　*16* →「会計士」もみよ

accounting　*9-12, 16* →「会計」もみよ

accounts　*11* →「会計」もみよ

AICPA（アメリカ公認会計士協会）　*40, 41, 265*

ASOBAT（『基礎的会計理論に関するステートメント』）　*179, 203, 266*

depreciation →「減価償却」

FASB（財務会計基準審議会）　*47, 51, 88-90, 148, 255*

FASC（財務会計基準委員会）　*39, 41, 43, 89*

GAAP（一般に認められた会計原則）　*273*

IASB（国際会計基準審議会）　*39, 41, 43, 59, 89, 147, 148*

ROA（総資産利益率）　*90*

ROS（売上高利益率）　*90*

stewardship →「受託責任」

あ行

アーサー・アンダーセン＆カンパニー　*261, 263-265*

アカウンタビリティ　*19, 71, 78* →「会計責任」もみよ

アフリカ会社　*159, 168*

アメリカ会計学会 →「AAA」

アメリカ公認会計士協会 →「AICPA」

『イギリス鉄道会計発達史』　*233*

『イギリスにおける会計プロフェッションの発展』　*239*

イギリス東インド会社　*154, 163-165, 168, 170, 173-175, 236*

『イギリス東インド会社会計史論』　*236*

意思決定　*44, 63-66, 73, 74, 130, 161, 177, 179, 192, 204, 255, 267, 269*

――支援　*20, 187, 188*

一般購買力　*82, 86* →「購買力資本」もみよ

――資本維持　*82, 84, 101*

一般に認められた会計原則 →「GAAP」

一般物価指数修正会計　*241*

一般物価変動会計　*48, 54*

一般目的財務報告書　*267, 268*

一般目的の会計　*277*

入口価格　*61, 65*

『インフレーション会計――序論』　*63*

売上高利益率 →「ROS」

売掛金　*108, 109, 245*

運河　*226, 227, 230, 231*

――会計　*231, 233*

営業利益　*89, 90, 111*

『英国株式会社会計制度論』　*236*

『英国近代会計制度』　*236*

『英米（加）古典簿記書の発展史的研究』　*230*

『英米鉄道会計史研究』　*229*

エンティティ →「経済的単一体」

オランダ東インド会社　*153, 154, 164, 173-175, 236*

か行

会計　*1, 9-19, 22, 37, 44, 55, 69, 73, 87, 93, 100, 103, 104, 108, 116, 122, 150, 153, 168-171, 176-178, 187, 189, 193, 194, 199, 203-205, 207, 210-214, 234, 242, 243, 260, 277*

――企業経験記録説　*71, 73*

——基準　43, 60, 65, 89, 148, 256
——言語説　11, 18
——公準　22, 263
——公準論　261, 265, 267
『——史および会計学史』　230, 236
——主体論　260
——世界一周論　234
——たらしめるもの　69, 80, 87, 242
『——の基礎的公準』　265
『——の公準』　263
——の定義　19, 177, 191
『——発達史』　10, 14, 17, 31, 33, 240
——報告　12, 38, 72, 131, 186, 237
会計学　1, 9-14, 16-19, 103, 116, 189,
　192, 194, 197, 204, 205, 238-240, 242,
　260
『——基礎講座』　196
『——原理』　189
『——の基本問題』　189
——の対象　191, 193
会計士　16, 45, 239, 242, 249, 252, 253
——会計学　225, 239, 242
——監査　225, 229, 230, 238, 239, 243,
　250
——事務所　252
『——の誕生』　239
会計責任　38-44, 71, 208, 209, 270
——解明機能　21
会計プロフェッション　45, 225, 229,
　230, 238, 239, 243, 245, 251, 252, 257,
　258, 263
『——の発展』　239
『会社会計基準序説』　91, 99, 274
会社財産留保措置　182
会社法　236, 257, 258
　1900年——　246, 251
　1929年——　254
　1947年——　237, 254
　1948年——　255
——会計制度　236, 237
概念フレームワーク　88-90, 142
外部監査　73, 251
掛取引　106
貸倒れ　181

カスタムメードの会計情報　259, 266,
　277
稼得利益　142, 143, 147, 149
株式　154, 162, 166-168, 174, 232, 244
——社団　156
——の自由譲渡性　19
株式会社　16, 19, 153-157, 164-166, 173,
　175, 181-184, 227, 231, 249, 260, 170
『——とは何か』　153
——法　236, 254
株主　19, 42, 72, 73, 88, 123, 142, 155,
　156, 169-171, 173-175, 180, 182-184,
　186, 199, 202, 203, 225, 231-233, 248,
　260, 263
——資本　139, 140, 142-144, 146, 147
——保護　171
貨幣　23, 33, 84, 85, 87, 105, 192
——価値修正原価　74
——価値変動会計　48
——購買力維持　22
——資本　22, 23, 71, 74, 82-84
——資本維持　22, 23
為替換算調整勘定　139, 142-144
監査　1, 45, 77, 160, 195, 225, 229, 236,
　239, 243-253, 255-257, 263
『—— ——理論と実践』　246
——意見　77, 238
『——制度の展開』　230
——人　229, 239, 245, 246, 251-257
『——の歴史』　243
『——論』　122
『完全な商人』　95-98
管理　43, 191-193, 195, 200
——運用　39, 41, 43, 44
——会計　12, 13, 194, 196-205, 252
——機能　208, 209 →「財産管理機
　能」もみよ
——責任　161, 244, 262 →「財産管理
　責任」もみよ
——保全　39, 43, 71, 72
機会原価　241, 242
期間計算　19, 80, 105, 117, 147, 226, 229,
　234, 271
企業　19, 41, 45, 54, 55, 63, 71, 73, 74, 83-

85, 90, 179, 192, 212, 247
　──会計　21, 23, 76, 191-195, 197-
　　200, 268
　──会計基準委員会　59
　──会計基準公開草案第43号　59, 60,
　　62
　『──会計原理』　196
　──価値　58, 91
　──価値評価　58
　──内会計士　252
『基礎的会計理論に関するステートメント』
　→「ASOBAT」
記帳　114, 154, 222, 223
　──の二重性　32, 33
機能資本家　164
客観性　44, 55, 56, 67, 69, 71, 72, 76-79,
　　88, 99, 100, 102, 128, 259, 262, 265,
　　268-270, 272, 275, 277
キャッシュ・フロー　56, 62, 65, 90, 115,
　　116
　将来──　47, 49, 50, 56, 58, 64, 65
ギルド　154, 159, 165
記録　10, 20, 22, 23-25, 31, 35-38, 44, 45,
　　71, 73, 93, 108-110, 161, 177, 179,
　　208-210, 212-221, 249, 274, 276
　──マニア　24
『近代イギリス鉄道会計史』　233
『近代会計制度の成立』　229
『近代会計成立史論』　229
『近代会計理論』　190, 191, 193
口別計算　105, 106
繰延資産　118
グレート・ウェスタン鉄道　123
『経営管理会計』　196
『経営財務会計』　196
経営成績　176, 177
経済的単一体　140, 272
経済的な実態　54, 55
継続企業　48, 105, 106, 245　→「定着企
　　業」もみよ
原価　71, 74, 76, 78
　──会計　→「取得原価会計」
　──配分　270-273
減価償却　117, 119-128, 130-132, 134,

135, 229, 230, 234, 236, 241, 270, 276
　『──の史的展開』　234
　──費　133, 121, 124, 129
　──引当金　131
現金主義　104-107, 109-115
　──会計　105, 106, 111, 115, 118, 129,
　　130
現金収支簿記　34
現在価値　47-49, 54, 56, 58, 61-66, 74
　──会計　48, 49, 54
現在原価　48, 51, 52
　──会計　48, 54
検証可能性　44, 275
検証力ある客観的な証拠　76, 99, 100,
　　274-276
公共圏　236
工場会計　200
公証人　24, 29, 37
公正価値　47, 49, 50, 56, 59-64, 66, 261
──会計　29, 39, 43, 44, 47, 59, 63-66, 69
公正性　259-266, 268, 269, 273, 277
　──の公準　261, 263, 267, 268
交通革命　231
購入時価　57
購買力資本　48, 81　→「一般購買力」も
　　みよ
国際会計基準　50
　──審議会　→「IASB」
国際財務報告基準　59
古代ローマ起源説　33
固定資産　117, 119-121, 124-127, 129,
　　130, 132, 135, 136, 225, 229-231
個別価格変動会計　48, 54
コモン・ロー　237, 238

さ行

債権　36-38, 118, 131, 132, 178, 179, 208,
　　209, 222
　──者　178-186, 198, 199, 202, 203
　──者保護　169, 173, 175, 176, 178,
　　180, 184, 186
在庫　36, 95, 96, 106, 117, 245
財産管理　22, 35, 42, 174, 199, 216, 217,
　　229

──機能　71, 216
──責任　40
財産計算　219, 220, 222
財産拘束機能　182
財産法　92-94
財産保全機能　216
財産目録　38, 95, 96
再調達（取得）原価　47, 61, 74
最低資本金　182
債務　36, 37, 114, 131, 173, 208, 209, 222
財務会計　12, 13, 40, 66, 169, 177, 179, 185, 186, 194, 196, 197, 199-205, 267, 268
──概念書　47
──基準委員会　→「FASC」
──基準審議会　→「FASB」
『──論』　190
財務諸表　10, 11, 39, 40, 51, 53, 77, 88, 89, 91, 125, 126, 131, 212-215, 245, 249, 250, 253, 257, 263, 264, 266, 269
──監査　72, 77, 78, 244
サバリー法典　95　→　人名「Savary」
　もみよ
サリー鉄道　227, 228
産業革命　226, 227, 229, 231
残高勘定　131, 214, 215
時価　47, 49, 50, 54-57, 60-63, 66, 69, 79, 97
──会計　47-50, 54-56, 59, 70, 80
──主義　21, 101
──評価　64, 138, 139, 145
資金調達　185, 198, 201, 202, 246, 248, 268
自己資本　138, 139, 199, 201
自己責任原則　185
資産　23, 37, 38, 42, 49-51, 53, 56, 58, 59, 61-66, 71, 73, 77, 78, 82, 83, 92, 112, 114, 117, 119-122, 126, 127, 130, 132, 138, 145, 241, 245, 249, 272
──の測定基準　50
──の部　138
──評価　80, 84, 100, 101, 115, 271
──負債アプローチ　88, 89, 91-94, 139-141, 148, 149

実現主義　20, 81-83, 101, 110, 111, 113, 277
実現利益　80-82, 142, 143
実在勘定　94
実際取替原価　48
実質資本　48, 85, 86
──維持　22, 82
実体資本　48, 84-86
──維持　65, 81, 82, 101
資本　20, 64, 65, 74, 75, 83, 85, 92, 107, 116, 119, 121, 128, 130, 138-141, 144-147, 167, 181, 182, 191-193, 195, 217, 218, 228, 233
──維持　75, 80, 81, 83-85, 100, 123, 145
──委託　35, 44
──勘定　125, 131, 134
──調達　162, 163, 186, 201, 203, 250
──直入項目　139, 140, 142, 143, 145-147
──と経営の分離　199, 225, 244
──主関係　32
──の部　138-141, 143, 144, 146, 147
社員総会　174
写像　108-110, 212, 213
収益　38, 60, 82, 89-94, 105, 106, 109-113, 115, 125, 126, 130, 134, 213, 232, 233, 273, 274
──勘定　125, 129, 131, 132, 135
──性　58, 90, 98
──費用アプローチ　87-91, 93-95, 102, 116, 148, 149, 242
──力　90-92
修正原価　48, 51, 57, 101
──会計　82
修繕費　132, 133
受託資本　39, 44, 72
受託責任　39-44, 71, 72, 73, 77-79, 175, 244
取得原価　20, 22, 23, 47-51, 57, 61, 66, 69, 71, 73, 74, 78, 81, 82, 100, 101, 116, 128, 129, 234, 259, 261, 270-272, 275, 277
──会計　20, 21, 48-50, 54-56, 59, 66,

69-73, 75, 77, 79-83, 87, 95, 99, 101, 116, 197, 198, 270, 271
──主義　69, 70, 76, 83, 87, 88, 98, 100, 102, 116, 118, 242, 272
『──主義会計論』　69
純資産　92, 138-140, 144, 145, 147, 183, 185
──の部　138, 139, 144, 146
純利益　112, 139, 142, 143, 145, 147-149
順列加減法　211
ジョイント－ストック・カンパニー　153-161, 164, 165, 167, 169
証拠　35, 37, 64, 72, 77, 271
商事王令（1673年）　95-98
少数株主持分　138-141
情報　10, 20, 44, 50, 57, 63-65, 72, 77, 78, 178, 179, 185, 187, 204, 205, 259, 272, 274
──開示　59, 77
──提供　177, 178, 180, 181, 183, 185-187
──提供機能　59, 175, 176, 178, 180, 182, 188
──の有用性　44, 63-66, 115, 127, 148, 255
正味実現可能価額　47
正味売却価額　61
女王からの借入金　163, 167
処分可能利益　77, 80
新株予約権　138-141, 144
真実かつ公正な概観　237, 253, 254, 257
人名勘定　38, 36
信用監査　248, 250
信頼性　43, 44, 53, 72, 77, 78, 255-258
スチュワードシップ　→「受託責任」
ストックトン・ダーリントン鉄道　228
『スムマ（スンマ）』　16-19
成果資本維持　85, 101
制規組合　154, 158, 159, 161, 165, 167-169
清算　74, 106, 107, 112, 132, 167
静態観（論）　30, 88, 96-98, 199
精密（精細）監査　244, 246, 247, 251, 253

『世界の会計学者』　17, 18
説明責任　39-44, 71, 244
──履行機能　188
セラーズ，ディクシー＆カンパニー　240 → 人名「Dicksee」もみよ
全体計算　80, 105, 107
全体利益　80, 84, 85
──一致の原則　146
選別加減法　211, 212
専門的判断　256, 258
総資産利益率　→「ROA」
測定属性　51-53, 60, 61
その他有価証券評価差額金　139, 140-143, 144, 147
損益　105, 109, 110, 121
──勘定　214, 215
──計算　19, 32, 34, 35, 41, 71, 75, 74, 80, 81, 93, 97, 105, 120, 130, 139, 140, 147, 211, 215, 216, 219, 220, 222, 229, 272
──計算機能　216
──計算書　88, 91, 93, 94, 106, 111, 115, 140, 142, 144, 214, 237, 245, 252, 254
──法　93, 94, 111
存在理由　→「レーゾン・デートル」

た行

『体系近代会計学』　230, 236
『体系財務諸表論』　185, 190
貸借対照表　19, 40, 54, 55, 72, 76, 88, 90, 91, 94, 97, 125, 126, 131, 133-135, 138, 141, 145, 214, 237, 245, 248-252, 254, 272
──監査（検査）　244, 246, 249, 250
貸借の均衡性　32, 33
代理人　160, 161
棚卸し　245
単式簿記　29-32, 34, 199, 218, 221-223
中間項目　139, 145, 146
中間独立項目　138-141, 144
調達原価　96, 97
帳簿　16, 24, 25, 29, 30, 37, 38, 108, 161, 217, 245, 246, 252

『――監査』　249
勅許会計士　122, 240
勅許状　158, 160
追跡可能性　72, 77, 78
低価主義　97
ディスクロージャー　→「情報開示」
定着企業　105, 116　→「継続企業」もみよ
出口価格　60, 61, 65
鉄道　226-233, 251
　――会計　231, 234
　――規制法　125, 131, 231, 232, 234, 237
　『――経済論』　232
伝統的会計実践　70, 81
投機　232, 233
当座企業　104, 106, 154
投資者（家）　58, 73, 179, 180, 182, 185, 250, 265
　――保護　175, 176, 178
動態観（論）　30, 70, 88, 95-100, 199, 211
『動的貸借対照表論』　30
特殊目的財務報告書　267
特許会社　166
特許状　164, 166, 173, 174, 175
取替価格　83, 98, 130
取替価値会計　48, 54, 65
取替原価　48, 96, 97, 100, 101, 127, 128
　――会計　48, 54
取替法　127-130, 136

な行

内部統制　251, 252
納得　11, 22, 72, 79, 100, 187, 188, 260, 261, 272
南海会社　168
二重の因果　93, 94, 102
年季奉公人　245, 252, 253

は行

パートナーシップ　159, 165
廃棄会計　129
売却価額　47
売却時価　48, 57, 61, 66, 70, 81, 97

――会計　48, 54
配当　58, 79, 80, 107, 123, 124, 132, 160, 162, 163, 168, 169, 173-175, 183, 185, 232, 233
　――可能利益　182, 183
パガトリッシュ・ビランツ　76
剝奪価値　241
発生主義　60, 77, 103, 104, 107-110, 112-119, 226, 229, 234, 236, 271
　――会計　60, 104-106, 114, 115, 118, 119, 130, 131
ハドソン湾会社　168
払込資本　142
払い込み請求　162, 163, 167, 169, 170
販売価格　100, 101
引当金　118, 126, 128, 131, 135
非現金主義　110, 114, 118
非支配株主持分　138
備忘機能　208, 209
備忘記録　36, 38
費用　38, 60, 65, 71, 74, 89-94, 105, 106, 109-113, 115, 116, 119-122, 125, 128-132, 213, 247, 271, 273
　――時価説　70
　――収益対応の原則　113, 118
　――配分　95
　――配分の原則　271
複会計システム　124-129, 131, 133, 225, 230-233, 237
複式簿記　15, 16, 19, 29-35, 41, 42, 87, 105, 154, 199, 215, 217-223
　『――原理』　193
負債　37, 51, 59, 61, 62, 64-66, 92, 112, 114, 126, 131, 138-141, 144-146, 245, 249
　――性引当金　114
　――の部　138, 141
物価変動　69, 73, 75, 101
　――会計　47, 48, 50, 64, 65, 241
物財勘定　38, 36
物的資本　48
　――維持　84, 85
フランス商業条例　→「商事王令（1673年）」

不良債権　*132*
不労所得　*143*
分配可能利益　*175-178, 183, 186, 187,*
　273
包括利益　*139, 142, 145, 147-149*
俸給経営者　*228*
報告機能　*209*
簿記　*10, 15-17, 20, 22, 30-36, 38, 95,*
　103, 104, 193, 199, 207-217, 221, 222,
　234, 251 →「単式簿記」,「複式簿記」
　もみよ
　──学　*19*
　──監査　*244-246, 251, 253*
完全な体系的な──　*32, 33*
保守主義　*95, 111*

ま行

未実現利益　*80-83, 96, 97, 142, 143*
無機能資本家　*164, 170, 231*
無形資産　*49*
無限責任　*155, 156, 164, 165, 169, 173,*
　181, 184, 185
名目勘定　*36, 38, 94*
名目資本　*48, 71, 74, 82, 83, 86*
　──維持　*20, 22, 23, 54-56, 59, 69, 70,*
　75, 80-82, 84, 85, 87, 100-102, 116, 145,
　242
目的合理性　*64, 255, 256, 258*
モスクワ会社　→「ロシア会社」

や行

有限責任　*19, 155, 156, 164, 166, 169-*
　171, 180-184
　──制　*154, 164-166, 169, 170, 180,*
　184
有用性　*64, 99, 148, 149, 259, 264-268,*
　277
　──の公準　*268*

要請的公準　*261, 268*

ら行

利益　*20, 54, 55, 57-59, 64, 77, 80, 82, 89-*
　92, 107-110, 114, 115, 122, 124, 128,
　130, 138, 140, 142, 143, 212-214, 217,
　218, 247
　──計算　*57, 58, 80, 84, 106, 111, 146,*
　176
　──情報　*44, 57*
　──操作　*123*
　──測定　*91, 104, 113, 271*
　──測定機能　*21*
利害調整　*20, 100, 184, 186-188, 225, 233*
　──機能　*173, 175, 176, 178, 180, 182-*
　184, 187, 188, 232
利潤　*92-94, 191, 192*
　──計算　*32, 94*
離脱規定　*237, 238*
流動資産　*120*
レーゾン・デートル　*1, 21, 22, 37, 69,*
　79, 103, 233, 262
歴史的原価　*48, 52, 69, 74, 76, 115, 116,*
　275
　──会計　*48, 50*
　──主義　*116*
レバント会社　*169*
連結会計主体論　*138, 140*
ロシア会社　*153, 157-161, 163, 166-171*
ロバート・スティーブンソン社　*228*
ロンドン＆ノースウェスタン鉄道　*131,*
　132, 233
ロンドン＆バーミンガム鉄道　*131*

わ行

割引現在価値　*47-50, 66, 67, 81, 101* →
　「現在価値」もみよ
　──会計　*48*

著者紹介

友岡　賛（ともおか　すすむ）

慶應義塾大学卒業。
慶應義塾大学助手等を経て慶應義塾大学教授。
博士（慶應義塾大学）。

著書等（分担執筆書の類いは除く。）
『近代会計制度の成立』有斐閣，1995年
『アカウンティング・エッセンシャルズ』（共著）有斐閣，1996年
『歴史にふれる会計学』有斐閣，1996年
『株式会社とは何か』講談社現代新書，1998年
『会計学の基礎』（編）有斐閣，1998年
『会計破綻』（監訳）税務経理協会，2004年
『会計プロフェッションの発展』有斐閣，2005年
『会計士の歴史』（共訳）慶應義塾大学出版会，2006年
『会計の時代だ』ちくま新書，2006年
『「会計」ってなに？』税務経理協会，2007年
『なぜ「会計」本が売れているのか？』税務経理協会，2007年
『会計学』（編）慶應義塾大学出版会，2007年
『六本木ママの経済学』中経の文庫，2008年
『会計学はこう考える』ちくま新書，2009年
『会計士の誕生』税務経理協会，2010年
『就活生のための企業分析』（編）八千代出版，2012年
『ルカ・パチョーリの『スムマ』から福澤へ』（監修）慶應義塾図書館，2012年
『会計学原理』税務経理協会，2012年
『歴史に学ぶ会計の「なぜ？」』（訳）税務経理協会，2015年
『会計学の基本問題』慶應義塾大学出版会，2016年
『会計の歴史』税務経理協会，2016年（改訂版，2018年）

慶應義塾大学商学会　商学研究叢書 22

会計と会計学のレーゾン・デートル

2018 年 2 月 20 日　初版第 1 刷発行

著　者────友岡　賛
発行者────慶應義塾大学商学会
　　　　　　〒108-8345　東京都港区三田 2-15-45
　　　　　　TEL　03-5427-1742
制作・発売所──慶應義塾大学出版会株式会社
　　　　　　〒108-8346　東京都港区三田 2-19-30
　　　　　　TEL　〔編集部〕03-3451-0931
　　　　　　　　　〔営業部〕03-3451-3584〈ご注文〉
　　　　　　　　　〔　〃　〕03-3451-6926
　　　　　　FAX　〔営業部〕03-3451-3122
　　　　　　振替 00190-8-155497
　　　　　　http://www.keio-up.co.jp/
装　丁────友成　修
印刷・製本──株式会社加藤文明社
カバー印刷──株式会社太平印刷社

©2018　Susumu Tomooka
Printed in Japan　ISBN978-4-7664-2491-1